한국 산업안전 불평등 보고서

新산업안전관리론

김윤배 지음

한울
아카데미

이 도서의 국립중앙도서관 출판예정도서목록(CIP)은
서지정보유통지원시스템 홈페이지(http://seoji.nl.go.kr)와
국가자료공동목록시스템(http://www.nl.go.kr/kolisnet)에서 이용하실 수 있습니다.
CIP제어번호: CIP2017001910(양장) CIP2017002013(학생판)

머리말
대한민국, 왜 산재왕국이라는 오명을 갖게 되었을까

　우리나라 경제 규모는 세계 10위권을 오르내린다. 이렇게 괄목할 만한 경제성장을 이룬 나라에서 왜 안전불감증이란 고질적 병폐 속에 많은 사고가 쉴 새 없이 일어나는 것일까? 우리 기술, 공학, 의학은 세계 최고 수준을 자랑한다. 우리는 바다 위로 20킬로미터의 교량, 하늘로 555미터의 빌딩, 땅속으로 수백 킬로미터의 지하철을 건설했고, 고속열차는 시속 300킬로미터로 국토를 질주하고 있으며, 우리의 의술은 세계 곳곳에서 두각을 나타내고 있다. 그런데 우리나라는 왜 산재왕국, 사고공화국의 오명을 얻게 되었을까?

　나는 정부기관에 오래 몸담고 있으면서 산업안전에 획기적 개선이 필요하다는 것을 절실히 느꼈다. 나름대로 문제의식을 갖고 전전긍긍했지만 능력 부족으로 헤아리지 못한 면이 많았다. 밖으로 나와 현장 사람들을 두루 만나면서 이런저런 고민과 궁리의 시간을 보내며 살펴보니 어느 정도 윤곽이 잡힌다. 그래서 한걸음 더 나아가 내가 배우고 천착해온 흔적의 조각들을 모아 체계적으로 정리하고 싶은 마음이 들었다.

　산재왕국, 사고공화국이라는 오명은 우리를 부끄럽고 곤혹스럽게 만든다. 드러날 진실을 맞대면하게 될 생각을 하면 우울한 마음이 든다. 하지만 모든 것을 내려놓고 사실을 마주하고 진실을 추구해야 해결책이 나온다. 근로자 안전과 보건 문제를 남김없이 드러내고 허심탄회하게 얘기해보자. 기업은 왜 산재를 산재로 처리하지 않는가? 실제 발생하는 산재는 얼마나 되는지 가용

역량을 다 투입해 제대로 알아보자. 그렇게 해서 나온 결과가 지금보다 더 심한들 어떤가? 결코 부끄러운 일이 아니다. 틀린 것을 틀렸다고 말할 용기가 없는 그것이야말로 진짜 부끄러운 일이 아닐까?

짧지 않은 세월, 국가와 기업의 산재사고와 질병문제에 대해 고민하고 연구해오면서 어느 정도 그 결실을 맺게 되었다. 1987년 한국산업안전공단의 출범으로 본격적인 산업안전행정 시스템이 정립되어 작동된 지 이제 30년이 된다. 이 책을 서술하면서, 근로자 안전과 건강 문제에 대처하는 종래의 방식이 경제사회의 체질과 환경이 바뀐 오늘에 와서는 약효를 소진했다는 비판적 검토와 함께 앞으로의 전망과 접근법에 대해 고민했다. 그리하여 앞으로 또 다른 한 세대의 기간 동안 효과를 발휘할 수 있는 처방을 제시하고자 노력했다.

지금까지 나온 안전관리에 관한 책들 대부분은 기술 공학적 내용으로 채워져 있다. 이 책은 종래의 접근법과 달리 근로자 안전과 보건 문제를 경제, 문화, 법, 경영, 행정이라는 시각에서 조명한 책이다. 과문(寡聞)에 대한 비난을 각오하고 자부(自負)에 대한 혜량을 구하며, 산업안전과 보건에 대해 본서와 같은 접근을 시도한 예는 지금껏 없었다는 것을 감히 말씀드린다. 이 책을 펴내는 의미가 여기에 있다.

이 책에서 얘기하는 안전관리는 보건관리가 포함된 개념이다. 별개로 다룰 필요가 있다고 본 경우에는 보건관리에 대한 설명과 견해를 따로 써놓았다. '위험성평가'나 '안전관리체제' 부분에서는 환경 분야에 대해서도 언급했다.

이 책에서 다룬 산재사고나 직업병 사례 속에는 독자들의 생동감 있는 이해에 도움이 되도록 기업이나 조직 또는 자연인의 실명을 거론한 경우가 드물지 않다. 이는 오로지 이 책의 유일한 집필 목적인 '일하는 사람의 안전과 건강 보호'라는 공익을 위한 것일 따름이지 언급된 조직이나 개인의 명예를 훼손하려는 생각은 추호도 없었음을 말씀드린다.

안전보건전문가, 기업경영진, 정책당국자 등 유관기관 분들이 이 책을 보시면 깊이 공감하시리라 믿는다. 노조 관계자 등 「산업안전보건법」과 「산재보험법」이 제대로 지켜지지 않는다고 답답해하는 분들도 그 원인에 대한 궁금증 해소와 문제 해결의 단초 발견을 위해 읽어보시기를 권한다. 특히 안전이나 보건 관련 대학 선생님들이 읽어주시기를 소망한다. 안전과 보건을 전공하는 대학원생과 고학년 학생들이 읽는다면 장차 활동할 현장의 모습을 예습하게 될 것이다. 총수나 회장 등 최고 의사결정권자들도 읽었으면 하지만, 시간이 부족하다면 이미 읽은 이들이 작성한 독후감 혹은 핵심요약보고서라도 전달되기를 바라는 심정이다.

읽는 데 불편함이 없도록 각주와 참고자료를 최대한 본문의 일부로 처리했다는 것과 그렇게 하지 못한 많은 전문연구, 단행본, 잡지, 일간지 등의 자료는 책 끝에 한꺼번에 실었음을 알려드린다.

책을 내는 것은 혼자 독주(獨奏)하는 일이 아니라 많은 사람의 도움이 필요한 일종의 사회적 작업이라는 것을 다시 한 번 깨달았다. 신세 진 많은 분들께 진심으로 감사드린다.

여러 가지로 도움을 받고 정성을 들였음에도, 미비함과 흠결이 드러난다면 순전히 내 지혜와 지식이 부족한 탓이다. 겸손하게 고개 숙여 독자들의 바다 같은 양해를 구할 뿐이다. 읽는 분들의 아낌없는 비판과 조언을 기대한다.

2017년 1월
김윤배

차례

제1부 대한민국 산업안전의 민낯

제1장
몇 가지 사례들

1. 텔레마케터 K 씨의 편지

선생님, 안녕하세요? K입니다. 선생님께선 제가 대학 졸업을 앞두고 있을 때 K제화에 정규직으로 입사하게 도와주셨죠. 거기 계속 다녔다면 본사로 갈 기회가 있었을 텐데, 아쉽게도 제가 매장 판매사원으로 일하면서 상사와의 트러블을 참지 못해 그만두게 되었죠. 이후 비정규직으로 다른 직장에 다니며 사회복지 대학원까지 마쳤으니 제 나름대로 열심히 살았다고 할 수 있겠지요. 최근에 다닌 직장에선 텔레마케터였어요.

전화로 건강식품과 화장품을 판매하는 회사였어요. 건강식품부와 화장품부로 분리되어 있는데 저와 같은 텔레마케터 근로자들이 그 양쪽 부서에 스무 명씩 되었어요. 아, 정말 거기는 일할 곳이 못되었어요. 계약직이라 그런 것만은 아니었어요.

'업무 매뉴얼'이라고, 회사 문서에 상대방의 성별, 연령, 거주지별로 전화판매원의 고객응대요령이 자세히 나와 있어요. 처음 하루는 강의식 교육, 또 하루는 전화 응대 실습을 받은 다음 업무에 투입되었어요.

저는 건강식품부에 배치되었죠. 제가 여자니까, 상대가 여자 고객인 경우는 응대하기가 좀 나아요. 하지만 남자의 경우엔 나이를 막론하고 욕설과 성희롱이 다반사여서 너무 괴로웠어요. 물건을 사고 싶지 않으면 안 산다면 그만일 텐데, 왜 그렇게 차마 입에 담을 수 없는 성희롱을 해대는지, 참 많이도 참았어요. 고객의 어떤 말에 대해서도 불쾌한 감정을 드러내면 '절대' 안 된다고 '매뉴얼'에 적혀 있었죠. 감정이 목소리에 나타나면 시말서를 제출하는 게 사규였어요. 그런데 고객 응대에서만 스트레스가 쌓이는 게 아니었어요. 더 큰 일이 기다리고 있거든요.

매주 월요일마다 텔레마케터 다섯 명씩 한 조가 되어 매니저 면담을 했는데, 실적이 좋지 않은 사원은 통화 녹음 테이프를 재생해 같이 듣게 했죠. 고객의 욕하는 소리에 불쾌한 목소리로 응답한 직원은 무조건 시말서 제출이었어요. 두 번째부터는 감봉이었고요. 일주일 할당량을 채우지 못한 사원에겐 뭐라고 하는 줄 아세요? 다른 사원에게 하는 소리를 곁에서 들은 게 아니고, 선생님, 제가 직접 당한 일이었어요.

"너 머리가 돌이니? 목소리가 안 되냐? 얼굴은 좀 되니까 그쪽 일 할래?"

선생님, 저 처음에는 정말로 죽고 싶었어요. 집에 가서 엄마에게 하소연하려 해도 말이 안 나왔어요. 엄마가 육십 전까지는 일하신다며 아직도 마트에서 계산원으로 있거든요.

거긴 더해요. 확 트인 매장에서 CCTV로 실시간 감시를 당하니까요. 진상 손님, '까다롭고 불쾌한' 고객을 만나면, 저도 텔레마케터 해봐서 잘 아는데 미칠 지경이지요. 면전에서 웃으면서 대하기가 오죽하겠어요. 고객인 것처럼 위장해 계산원에게 시비 걸기도 하고…… 직통 불만 전화, 고객 소리함 등 여러 가지가 있는데, 인터넷에 불친절하다고 올라가기라도 하면 큰일이 났죠. 경위서 제출은 말할 것 없고, 시말서와 공개사과, 경고 등 불이익이 엄청 났어요. 확 트인 공간에서 매니저들의 보이지 않는 눈초리에 매순간 신경써야 하는 게 일상이 되었죠. 저도 그랬지만 계산원들은 다 계약직이죠.

저와 엄마 같은 근로자들을 '감정노동자'라고 한다면서요? 우리나라에 700만 명이나 된다는 얘길 들었어요. 왜 아니겠어요. 판매원, 웨이터, 음식점 종업원, 영업사원, 계산원, 승무원 등등 엄청나겠죠. 거의 다 계약직이죠. 감정노동은 '회사에서 요구하는 감정과 표현을 보여주는 업무'라고 되어 있잖아요. 우리 '감정노동자'들은 자기 마음을 자기 마음대로 못하고, 관리되는 마음(The Managed Heart), 감독자들이 관리하는 거라고 하잖아요.[1] 게다가 계약직이니 잘못 보이면 잘리는 거고요. 이런 감정노동이 정규직으로 전환되면 좋겠어요.

우리 같은 감정노동자가 스트레스 푸는 방법이 뭔지 아세요? 버스 기다리며 노래 부르거나, 주방에 가서 고객 흉보거나, 손님도 기분 나빴을 거라고 고소해 하거나, 혼자 소리나 지르는 정도예요. 감정을 억제하는 게 습관이 되면 신경계통에 과부하를 주게 되어 나중에 고혈압이나 암에 걸리기 쉽다는데, 저는 젊으니까 그렇다 쳐도 엄마가 걱정이에요.

정부에서 '감정노동에 따른 직무 스트레스 관리 지침서(KOSHA GUIDE)'라는 걸 만들었다고 들었어요. 그건 뭔가요? 거기 정한 대로 회사가 지켜야 하는 거 아닌가요? 우리가 하는 일은 물건이나 기계를 상대하는 게 아니고, 고객인 사람을 상대하는 거니까 뭔가 좀 달라야 할 것 같아요.

감정노동자가 현재 700만 명이나 된다는데, '감정노동 종사자 건강관리에 관한 법률'이라도 만들어서 어떻게 좀 해줬으면 좋겠다 싶어요. 선생님, 아무리 '인생은 고해(苦海)'라고 해도 일하는 게 이렇게 힘들어야 할까요. 일하는 사람의 건강에도 갑을 관계가 있는 걸까요? 인간 생명에도 계급이 있어야 하나요? 선생님, 불평등도 이런 불평등이 없어요.

2. W건설 현장 소장 이야기

저는 신봉에 본사를 둔 W건설의 임원입니다. W건설은 재벌 2세가 사주이며, 도내 도급순위 1위 업체입니다. 저는 지금 전라남도 형산 지구 신도시 조성 현장에서 소장으로 있습니다. 이곳저곳에서 현장 소장으로 일해온 지 벌써 15년이 됩니다. 이곳 형산 지구는 공사 대금만 해도 천억 원이 넘으니 큰 현장이라고 할 수 있습니다.

물론 우리 회사가 직영으로 다 할 수 없으니까 여러 공구로 나눠 하청을 줬습니다.

---

1 '관리되는 마음(The Managed Heart)'이라는 용어는 '감정노동'이라는 용어를 처음(1983) 사용했다고 알려진 사회학자 알리 혹쉴드(Arlie R. Hochschild)의 저서 제목이다.

현장이 넓어서 열네 군데 공구에 제법 큰 아홉 개 회사가 들어와 있습니다. 그리고 다들 알다시피 '하청에 하청'이라고, 소위 2차 협력업체라는 데가 또 한 삼십여 군데 이상 들어와 있습니다. 겉으로 드러나지 않지만 수십 개 회사가 현장에 들어와 있는 겁니다.

얼마 전이었습니다. 현장 사무실에서 본사에 보낼 서류를 검토하고 있을 때 사고가 났다는 전화연락을 받았습니다. 사망사고였습니다. '골치 아프게 되었군.' 죽은 사람에 대한 애도에 앞서 이 생각부터 관행처럼 먼저 들었습니다. 알아보니 사고 사망자는 '하청의 하청' 소속 근로자였습니다. 아니, 더 정확히 말하면 '하청의 하청' 회사 사장이었습니다. 갓 서른을 넘긴 젊은이였습니다. 하청의 하청 회사는 'D인력' 이름으로 사업자등록을 내고, 여섯 명의 근로자를 데리고 다니며 하청에서 시킨 일을 하는 형편이었습니다. 건설 현장에는 이런 사례가 많습니다.

회사에서는 상황이 어떻든 현장에서 사람이 죽었을 때 일 처리 잘하는 걸로 현장 소장의 능력을 평가합니다. 저는 회사 입장에 어쩌지 못하고 순응해왔고 지침에 따랐습니다.

당장, 유가족들이 여기저기 떠돌고 다니지 않게 막아야 합니다. 아울러 다른 공구 현장으로 소문이 퍼지는 것도 최대한 막아야 합니다. 이런 일 처리가 채 되기 전에 관청에 먼저 알려지면 정말 좋지 않게 됩니다. 소문이야 입단속으로 끝날 수 있다 해도, 아주 복잡한 관청 일은 그리 수월한 게 아니니까요. 먼저 산재 신청을 합니다. 사람이 다치기만 했을 때는 산재로 하지 않습니다. 그냥 공상처리[2]하고 말지요. 돈으로 다 해결됩니다. 산재 처리할 때보다 많이 주면 되니까요. 본사에선 입찰자격심사 (PQ)에서 손해 보기 때문에 산재 처리를 금기시합니다. 당연히 산재는 발생되지 않은 것으로 처리됩니다.

하지만 사망사고의 경우에 공상처리를 했다간 뒤탈이 날 염려가 있으므로 불가피

---

2 산재사고가 났을 때 사업주가 산재처리를 하는 대신 근로자에게 직접 치료와 보상을 해주는 방식의 하나.

하게 산재로 처리합니다. 물론 하청의 하청 이름으로 하지요. 전체 현장을 우리 회사가 시공하니까 협력업체 안전관리도 우리 회사가 하는 게 당연한 것 같지만, 그건 법으로 면제되어 있다시피 합니다. 「산재보험법」에는 하수급인을 보험가입자로 할 수 있는 제도가 보장되어 있고, 「산업안전보건법」에도 도급사업주의 책임이라는 것이 피해나가기 매우 쉽게 되어 있기 때문입니다. 아무튼 법적으로는 문제가 없습니다. 그래서 일 처리 후 관청에서 감독이 나오는 것에도 별 걱정은 하지 않습니다.

문제는 입찰자격심사(PQ)입니다. 하청의 하청이 사고를 내도 원청인 우리 회사에서 발생한 것으로 간주되는 것이라서요. '환산재해율제도'라는 것이 있어서 사망 1건은 부상 5건으로 계산되어 불이익을 받습니다. 건설회사는 공사를 따야 먹고 사는 거니까 입찰에서 그런 불이익을 받는 것은 회사의 존망과 연결됩니다.

혼자 고민하다 노동부에 근무하는 친구에게 전화로 부탁했습니다. 다행히 그럴 만한 근거가 있었습니다. 죽은 사람은 3미터 깊이의 구거[3]에 추락했는데, 그곳은 마침 우리 회사가 시공하지 않는, 다른 공사 현장과의 경계 지점이었습니다. 우리 쪽은 공사가 끝났고, 저쪽은 아직 끝나지 않은 상태였습니다. 공사를 끝낸 우리는 안전 펜스를 칠 필요가 없었던 겁니다. 고인이 왜 거길 갔는지는 모릅니다. 그래서 저는 '사업주 귀책사유 없는 사고'로 사망한 것이니 그 사고는 입찰자격심사(PQ) 합산에서 제외되어야 한다고 주장했습니다.

제 부탁을 받은 노동부 친구는 난감해 하더군요. 그러는 동안 노동부에서 재해조사를 나왔고, 며칠 후 노동부 친구가 입찰자격심사(PQ) 합산 제외는 안 된다는 걸 알려왔습니다. 나중에 이의신청을 해보라더군요. 그러면서 한마디 덧붙이기를, 재해조사 나왔던 감독관이 한 말이라면서 '회사가 다른 것 걱정은 전혀 없이 오직 입찰자격심사(PQ)만 신경 쓰더라'라고 했다더군요. 저는 머리를 한 대 맞은 것 같았습니다. 대규모 회사가 시공하는 건설 현장의 안전관리와 산재사고 처리 실상이 이렇습니다.

'건설공사 안전관리에 관한 특별조치법'을 만든다고 들었는데, 언제쯤 되는지 궁금

---

3 인공적인 수로.

합니다. 처음 공사를 수주한 원청이 하청 준 공사까지 모두 안전관리를 책임지는 그 법이 제정되면 원청 사주 한 사람만 빼놓고 다들 환영일 것입니다. 협력업체 사장들, 거기 근로자들도 숙원을 이룬 것처럼 다 좋아할 것입니다. 특히 저 같은 대규모 건설 회사 현장 소장들은 두말할 것도 없습니다. 무엇보다 산재를 공상처리로 넘기지 않고 산재 그대로 처리할 수 있으니까요. 원청-하청이 명백히 갑을관계인데 거기서 일하는 근로자들의 안전이야말로 한 마디로 표현할 수 없을 정도로 불평등하다는 걸, 이렇게 산재처리 상황을 빌려 알려드립니다.

3. 저승사자 이야기

'J반도체'라고 다들 들어보셨지요? 경기도 가양지구에 엄청나게 큰 공장 단지를 짓고 있습니다. 대지 면적 백만 평 규모에 연면적 3만 7천 평이나 되는 건물을 짓고 있으니 어느 정도인지 짐작가시지요? 건물 동 수만도 스무 개가 넘습니다. 땅값을 제하고도 건축과 설비에만 4천억 원인가 들어간다고 합니다.

저는 J반도체 직원으로 안전환경팀에서 일합니다. 저희 팀에는 실력이 좋아 산업안전공단에서 스카웃되어 온 사람도 있어요. 저는 입사 5년차지만 여태 그냥 사원일 뿐입니다. 컴퓨터 프로그램이 전공이지만 어찌어찌하다 지금 회사에선 안전관리자로 일하게 되었습니다. 학교 다닐 때 취업 스펙으로 산업안전관리기사 자격증을 땄거든요. 이렇게 말씀드리니까 회사에서 제가 하는 일이 궁금하시죠?

저는 아침에 출근하자마자 그날 일하러 들어오는 협력업체 명단을 죽 읽습니다. 현장이 몇 개나 되는지, 인력과 차량, 장비의 규모가 어떤지, 어디에 어떻게 배정되었는지를 살피는 것입니다. 그런 다음 현장 순회 계획을 짜 그것을 사내 메일로 팀장에게 보내고 곧장 현장에 갑니다. 현장에서 하는 일이 정말 중요합니다.

각 현장에 숨어서 '안전수칙 지침'을 위반하는 사람을 잡아냅니다. 사람만 잡지 않고 장비도 잡습니다. '지침'을 소개하자면, 저희 J반도체(갑)에서 만들어 협력업체(을)

와 계약할 때 계약 내용의 일부로 꼭 첨부하는 '안전관리지침'입니다. 일부를 옮기면 이렇습니다.

- 을의 근로자는 갑이 정한 안전수칙을 준수하여야 한다.
- 수칙을 준수하지 않는 을의 근로자에게는 갑의 근로자가 경고장을 발부한다.
- 을의 근로자 중 한 명이 경고장을 3회 받으면 을은 퇴출된다.

제가 바로 갑의 근로자입니다. 협력업체 사람들은 저를 저승사자로 부르기도 합니다. 왜냐고요? 제게서 경고장을 두 번 받으면 회사에서 쫓겨나니 그렇습니다. 세 번 받으면 자기네 회사가 우리 회사 일을 못하고 쫓겨나니까 아예 경고장을 두 번 받으면 회사에서 잘린다는 거였습니다.

저는 경고장을 발부하고 사무실에 돌아오면 그 발부현황을 입력하는 일을 합니다. 그러면 협력회사별로 경고장 발부 내역이 합산됩니다. 안전관리 불량업체, 그러니까 직원 중 한 명이 안전수칙 위반으로 경고장을 세 번 받게 된 업체는 자동으로 나가게 되는 거지요.

그럼 협력업체 근로자들에게 안전관리수칙을 제대로 교육시키는지 궁금하시지요? 그건 저도 잘 모릅니다. 우리 J반도체에서는 협력업체 사장단 간담회 때 그 자리에서 교육내용을 알려줍니다. 협력업체 사장님들이 자기 회사 근로자들에게 전달교육을 하는지는 우리가 관여할 일이 아닙니다. 참, 그런데요, 우리 회사에서 협력업체 근로자들을 대상으로 직접 교육하거나 일괄적으로 안전관리를 하면 경영간섭이 되어 문제가 된다면서요? 파견직에 대해서 안전교육을 실시하고 일지를 작성해 두었는데, 그렇게 하면 직고(직접고용)로 간주된다면서요? 정말 그런 건가요?

협력업체 사장님들 말로는 일 물량은 많고 시간은 없어 안전수칙을 지키는 게 무리라고 합니다. 대신 일의 단가를 좋게 쳐준답니다. 산재보험도 우리가 드는 게 아니고 협력업체별로 가입하기 때문에 우리 회사는 산재문제가 거의 없습니다. 우리 회사는 개별실적요율 적용을 받아 산재보험료를 평균보다 훨씬 덜 내고 있습니다.

사고가 나도 협력업체에서 나는 거고, 안전수칙 위반자는 제가 체크해 내보내니까, 우리 회사로서는 환상적인 안전관리를 하는 셈인 거지요. 사실, 저는 안전관리 유공자 표창까지 받았습니다. 그렇지만 나름 염려가 되어, 안전공단에서 스카우되어 온 사람들에게 협력업체의 안전관리에 어떤 대책이 필요한 거 아니냐니까, 그저 묵묵부답이었죠.

삼성전자나 엘지전자도 우리 회사 같을까요? 거기서는 협력업체 안전관리를 어떻게 하는지 궁금합니다. 정부에서 '사내 도급사업 안전관리에 관한 특별법'인가 뭔가 만든다던데. 그런 법령이 생기는 것 무조건 좋습니다. 저와 같은 안전관리자에게도 좋고 협력업체 사장님과 근로자들에게도 다 좋을 겁니다. 무엇보다 저는 지금 당장이라도 하청업체에서 제게 붙인 '저승사자' 별명이 떨어졌으면 하고 바랍니다.

현장에 있는 한 사람으로서 하청업체들, 아니 하청업체 근로자들이 겪는 갑을관계와 안전관리 불평등에 관해 안타까움을 갖고 얘기를 꺼내게 되었습니다.

4. 국민 경차 M

젊은이들이 애호하는 승용차 가운데서 소위 가성비가 가장 좋은 경차가 무엇일까요? 유사한 성능의 타사 제품이 치고 올라온다지만 아직까진 'M'을 최고로 쳐주는 걸로 알고 있습니다. 가성비, 그러니까 가격 대비 품질이 제일 좋은 차가 M이라는 말입니다.

그런데 여러분, M을 어디서 만드는지 아십니까? 예, 바로 'D'입니다. 우리나라의 대표 자동차 메이커인 그 'D'입니다. 광주광역시에 있는 D 자동차 공장이 바로 M 생산기지입니다.

값싸고 품질 최고인 국민 경차 M이 만들어지는 광주 공장에 함께 가볼까요? 놀랍게도 M을 조립하는 광주 공장에는 D 직원들이 아주 적습니다. 그럼 대체 M을 만드는 사람은 누구일까요?

D 자동차 광주 공장에는 M 조립 라인이 모두 열두 개 있습니다. 라인마다 행해지는 작업은 같기도 하고 다르기도 합니다. 조립 라인마다 사장이 따로 있는데, 제4라인 '동아오토'처럼 모두 D의 퇴직 임원들입니다. 각 라인이 세금을 따로 내는 독립된 사업체랍니다. 공장 안에 여러 명의 사장이 있지만, 전체 공장 주인은 D입니다. D 광주 공장에서 D맨들은 뭘 하고 있을까요? 그들은 'D는 관리회사'라고 합니다. M을 만드는 건 D의 직접적인 일이 아니고 다만 관리자로 존재한다는 거지요. 여러 라인의 주인인 사장들, 그들이 M을 조립하는 책임자들이라는 것입니다.

얘기하고자 하는 핵심이 바로 여기 있습니다. M을 생산하는 D는 산업재해가 제로인 것입니다. 산재보험료도 개별실적요율 적용을 받아 적게 냅니다. 그럼, M을 조립하는 D 광주 공장에선 산업재해가 발생하지 않느냐고요? 아닙니다. 절대 그렇지 않습니다. 공장 안에 여러 조립 라인이 있다고 하지 않았습니까? 조립 라인은 앞서 얘기 드린 대로 모두 따로 사업자등록증을 낸 독립된 사장들이 운영합니다. 그러니까 D에선 산재가 발생하는 일이 전혀 없지만, 각각의 조립 라인에선 어제도 오늘도 산재가 발생하고 있습니다.

공장 안의 M 조립 라인에서 날마다 산재가 발생하는데, M 생산업자 D는 무재해 상태로 있다는 것, 이런 실상이 D에만 있는 걸까요? 이게 바로 대한민국 사내하청의 현주소입니다. '사내 도급사업 안전관리에 관한 특별법'을 만든다던데, 어찌 되고 있는지 모르겠습니다.

같은 곳에서 같은 일을 하면서 돈도 적게 받는 데다(사내 하도급 업체 사람들이 받는 급여는 모회사인 D 사람들의 70퍼센트에 불과합니다), 안전관리마저 이런 실정입니다. 오늘도 동아오토라는, D 출신 사장님이 운영하는 생산라인에서 누군가 다쳤다고 합니다. 하지만 모회사인 D는 해마다 그래온 것처럼 올해도 오늘까지 무재해를 자랑합니다. 세상에 불평등도 이런 불평등이 없습니다.

5. '의리'과 W종합화학

혹시 'S토탈'이라고 아십니까? 지금은 어느 재벌에 인수되어, 'W종합화학'으로 이름이 바뀌었습니다. 사훈이 '성실, 의리'라고 합니다. 의리, 좋지요. W종합화학의 주력 공장은 경상북도 바닷가 연산에 있습니다. 거기 부사장으로 일하는 분의 얘기입니다.

"협력업체 사람들 안전관리는 대책이 없어요. 우리가 직접 관리하는 게 아니거든요. 협력업체 안전관리는 협력업체가 해야죠. 안전관리에 주의를 촉구하는 우리 말이 먹히질 않습니다. 공연히 경영 간섭 시비나 야기하고, 아무튼 우리와 무관합니다."

"산재 사고를 협력업체로 몬다고들 비난합니다. 우리 W종합화학과 외주업체는 하는 일이 다릅니다. 그걸 모르면서 모기업인 우리만 비난하니 답답합니다."

대규모 화학공장을 운영하는 W종합화학 최고 간부의 사내 외주업체 안전관리에 대한 시각이 이렇습니다. 부사장님 말을 요약하면, '협력업체 직원들이 안전관리에 관해 모회사의 지휘에 따르지 않는다', '협력업체가 하는 일과 모회사인 우리가 하는 일은 다르다. 그러니 협력업체 안전관리는 자기들 스스로 알아서 해야 한다'라는 것이지요.

참으로 이해할 수 없는 이상한 얘기입니다. W종합화학은 굴지의 화학회사인데 거기 협력업체 직원들이 모회사의 말을 듣지 않는다니요? 회사에 문제가 있거나 부사장님 리더십에 문제가 있는 거 아닐까요? 협력업체의 생사여탈권을 쥔 모회사 부사장의 말이라고 믿고 싶지 않습니다.

협력업체와 모회사가 하는 일이 다를 수 있을까요? 협력업체가 하는 일이 바로 모회사의 일이죠. 위험한 일은 협력업체에 맡기고 나 몰라라 하는 것처럼 보일 뿐입니다. 모회사에선 당연히 협력업체 사람들의 안전을 책임져야 합니다.

모회사의 사훈인 '의리'가 협력업체 안전에도 미치면 얼마나 좋을까요. 문득 '위험의 외주화'라는 말이 떠오릅니다. 화학공장은 공정안전관리(PSM) 시스템으로 국가에서 특별히 관리한다는데 W종합화학 같은 곳을 보면 PSM 제도에 문제가 많은 것 같습니다. 안전관리에도 뚜렷한 갑을관계가 있음을 알 수 있습니다.

제2장
산재예방의 달인, 그 빛과 그림자

정부에서는 2011년부터 매월 '산재예방의 달인'을 선정해 표창했다. 모범적으로 활동한 안전관리자 또는 보건관리자가 그 대상이다. 평가요소는 창의성, 다양성, 적극성, 예방성과이다. 2011년 선정된 12명의 달인을 중심으로 이들의 공통점을 분석해봤다.

1. 산재예방 달인의 특징

1) 달인은 독창적이다

달인으로 선정된 안전관리자와 보건관리자는 한결같이 자신의 고유 업무인 안전관리, 보건관리 분야에서 독창적인 아이디어를 실천했다. 아무리 좋은 아이디어가 있어도 상급자에게 호소력 있게 설득하고 동료들에게 다가가는 등 회사 전반에 파급시키는 것은 결코 쉬운 일이 아니다. 그러나 이런 어려움을 극복해 간 사람들이 있으니, 바로 달인이다.

R화장품 홍성 공장의 최석원 씨(40세, 가명)는 회사 종업원들이 요통을 호소하는 것을 살펴보게 되었다. 그는 송파 산대놀이 전수자였는데 탈춤사위를 운동으로 도입했다. 마당극 형식의 안전보건교육과 기공체조를 시행한 것이다. 2011년 5월, 그는 미국 산업위생학회에서 탈춤의 근골격계 예방효과에 대

해 발표했다. 그가 일하는 공장은 최근 10년간 무재해를 기록했다. 신문, 방송, 잡지에 소개되어 유명세를 치렀고, 국내외 기업이 벤치마킹을 한다며 몰려들었다.

2) 달인에게 학벌은 중요하지 않다

안전 및 보건 분야에 헌신, 공헌하는 사람들은 대부분 이론적 지식만 습득한 사람들이 아니다.

D중공업 삼척조선소의 노연호 씨(53세, 가명)는 용접공으로 입사해 작업공정을 근본적으로 개선했다. 조선업종에서 세계 최초로 실제 작업현장과 똑같은 안전체험교육관을 건립해 밀폐블록, 가설발판, 리모콘 크레인, 곤돌라, 전기, 소방 등에 관한 안전교육이 실행되도록 했다. 또한 공정별, 직종별 안전작업요령 책자를 15종류 만들었다. 그는 산업안전기사 자격증을 취득했음은 물론, 중공업 안전분야의 명장에 선정되었다. 노연호 씨의 최종학력은 중학교 졸업이다.

I철강의 백효환 씨(53세, 가명)는 국제 기능올림픽 가스용접 부문 수상자이다. 안전분야 자격증뿐 아니라 모두 19종의 자격증을 취득했다. 카이로프랙틱 강사로 사내에서 스트레칭을 지도하고, 금연 운동을 펼쳤다.

"정년 이후에는 청소년들에게 생활안전교육과 함께 하는 진로 멘토의 길을 걷고 싶습니다"라고 말하는 백 씨는 평생교육원 전문학사 출신이다.

3) 달인은 전공과 무관하다

대학에서 행정학을 전공한 정구용 씨(49세, 가명)는 D도시철도공사에 다닌다. 그는 작업 전에 종사자 적합성검사를 실시하고, 단체안전체험활동 프로그램을 진행한다. 2006년 5월부터 단 한 건의 산재사고도 발생하지 않은 데에는 그의 공이 크다. 그는 안전공단을 비롯하여, 지역 전문기관과 협업해 놀라운 실적을 보여줬다. 그가 무엇보다도 중요시하는 것은 안전교육이다. 그는 오늘도 '생각하는 안전! 실천하는 안전!'을 외친다.

"의식이 없으면 알지 못하고, 알지 못하면 위험을 볼 수 없습니다. 또한 보고도 실천하지 않으면 우리에게 내일은 없습니다. 내일은 오늘을 안전하게 보낸 데 대한 값진 선물입니다."

대학에서 법학을 전공한 정달수 씨(56세, 가명)는 1985년 K화학에 입사했다. 처음에는 법무팀에서 일하다 1995년 여수 앞바다 씨프린스호 침몰 원유 유출사고 때 '환경과 안전'을 맡았다. 그는 언제 어디서나 개인보호구 착용을 강조한다. 2001년부터 2009년 사이에 여수공장에서 발생한 상해의 33%가 손을 다치는 상해였다고 한다. 특히 협력사의 안전관리를 중요시하는 그는 이렇게 강조한다.

"기초질서가 정립되지 않은 채 안전관리를 한다면 아무리 좋은 선진기술을 도입하더라도 사상누각입니다."

4) 달인은 끈질기다

간호대학을 졸업한 박지혜 씨(52세, 가명)는 임상간호사로 4년을 보낸 뒤 K우유 대전공장의 보건관리자로 입사해 지금까지 28년 동안 근무하고 있다. 1990년대 초, 당시로는 드물게 데이터베이스 프로그램을 배우러 학원에 다녔다. 근로자들 보건관리에 꼭 필요하다고 여겨서였다. 그는 근로자 204명의 10년(1994~2004)에 걸친 건강검진결과를 데이터베이스로 만들어 체중증가(비만)가 건강에 큰 영향을 미친다는 사실을 입증했다.

"직원들과 비만이 불건강함의 원인이란 사실을 공유하고부터 해마다 건강증진사업의 제1순위가 다양한 비만관리 프로그램의 계획을 세우는 것이 되었습니다"라고 얘기하는 그는 금연사업장 운동도 하고, 2011년부터 '알맞게, 천천히, 깨끗하게'를 모토로 바른 식습관 상담소를 운영하고 있다.

"근로자가 건강검진결과표를 받아들고 '그러니까 어떻게 하라는 거야'라고 답답해하고 고민하게 해서는 안 됩니다. 저는 항상 정확하게 전달되는 다양한 경로의 응답을 연구하고 심사숙고합니다."

많은 안전관리자와 보건관리자들이 귀담아들을 얘기다.

5) 달인은 실천한다

I산업 청주공장은 1998년 4월 1일부터 2010년 11월 4일까지 무재해 목표 14배(4600일)를 달성했다. 굉장한 기록이다.

"안전에 관해 언행일치가 안 된다면 안전은 아무짝에도 소용없습니다. 머리와 말로만 내뱉는 안전이 우리를 지키겠어요? 가슴으로 새기고 그에 따른 실천이 이루어졌을 때 비로소 안전은 우리를 지켜줄 것입니다"라고 말하는 지규형 씨(51세, 가명)는 K공고 화공과 출신으로 공장에서 환경안전 그룹장을 맡았다.

스마트폰을 활용해 실시간 현장 안전관리를 하는 W산업 하남 한강신도시 현장소장 김태영 씨(51세, 가명)는 '내 몸 지키기 10계' 암기대회를 열어 근로자들을 표창한다. 암기를 하면 실천한다는 것이다. 그 내용은, "① 나는 안전활동의 주체임을 명심한다. ② 나의 안전은 가정행복의 초석이다. ③ 나는 안전교육에 100% 참석한다. ④ 나는 규정된 복장 및 보호구를 착용한다. ⑤ 나는 지정된 통로로만 통행한다. ⑥ 나는 고소작업 시 안전벨트를 반드시 걸고 작업한다. ⑦ 나는 위험 기계기구를 점검 후 사용한다. ⑧ 나는 위험요소 발견 시 작업을 중지하고 조치 후 작업한다. ⑨ 나는 제반 안전수칙을 준수하고 안전표지에 절대 순응한다. ⑩ 나는 작업장 정리정돈을 생활화 한다"라고 한다. 그는 무재해 백만 인시를 달성했다. 인시(人時)란 '근로자수×근무시간×근로일수'로 계산하는데, 2010년 7월 공사 착공 이후 지금까지 무재해라고 한다.

6) 달인은 철저하다

"안전에 대해서는 아주 작은 것이라도 확실히 관리하고 꼼꼼히 대처해야 한다는 인식을 가지고, 천릿길도 한걸음부터라는 말을 되새기며, 안전을 다함께 생활화해야 할 것입니다." S에너지(주) 여천 열병합 발전소 안전관리자인 노종선 씨(56세, 가명)는 팀장급으로 안전순찰대를 조직해 협력업체를 포함한 작업장 전체를 대상으로 불시점검을 한다. 점검에서 처음 적발되면 안전 지적서를 발부하고 사내강사가 실시하는 2시간 특별교육을 받게 되며, 두 번째 적발 때에는 경고 조치 후 직상급자 및 차상급자에게 보고된다. 3회 적발 때는 직원의 경우 인사상 불이익조치를 취하고, 협력업체의 경우에는 3진 아웃으로 영구 퇴출시킨다. 노 씨는 회사가 무재해 4040일을 달성하고 공정안전관리(PSM) 우수 등급을 획득하게 한 일등공신이다.

H전자 양산 공장 이범정 씨(51세, 가명)는 산업안전기사와 가스기능사, 소방설비 기계기사, 소방설비 전기기사, 위험물관리 산업기사, 응급처치 강사자격, 기계기능사, 크레인, 프레스 자체 검사원과 같은 안전과 직간접적으로 관련된 10여 개 분야 자격증을 보유하고 있다. 안전에 대한 철학과 소신이 분명한 그를 주위 사원들은 이렇게 평한다.

"발견된 위험은 제거될 때까지 끝장을 보는 성격이며, 대충 넘어가는 법이 없고 황소고집이어서 안전관리업무에 딱 맞는 사람입니다."

2. 달인의 빛과 그림자

달인으로 선정된 사람들은 보통 사람들이 아니다. 안전 불감증이 일상적인 현실에서 대단한 사람들임에 틀림없다. 앞에 소개한 내용에서 보듯이 달인으로 선정된 사람들은 하나같이 자신의 자리에서 최선을 다한다. 하지만 대부분의 안전관리자와 보건관리자들은 "회사 내부에서요? 안전관리자와 보건관리자들이 제대로 소리조차 못 냅니다"라고 말한다. 기업 의사결정에서 안전과 보건은 후순위로 밀린다고 한다. 왜 그럴까? 우선, 산재예방의 달인들이 필요한 역량을 갖춘 전문가들인가 생각해볼 필요가 있다. 관련 분야에 대해 체계적 교육과 훈련을 받았다기보다 스스로의 경험으로 노하우를 축적한 경우가 많다.

우리나라 기업에서는 안전보건 전문인들이 아직 관리자가 아닌 기능인에 머문다. 그렇게 된 데는 우리나라 안전관리 교육 탓이 크다. 대학의 안전과 보건 관련 전공 강의실에서는 안전'기능인'을 만드는 교육에 중점을 둘 뿐, 안전'관리자'로서 필수적으로 갖출 역량에 관한 교육은 전혀 이루어지지 않는 것이다.

대다수 안전·보건관리자들은 기능인의 소양만 갖고 취업한다. 관리자가 되기 위한 교육 훈련을 받지 못한 채 기업에 투입된다. 관리자로서의 역량은 기업 현장에서 일하면서 스스로 깨쳐야 하는 실정이다.

믿기 어려운데, 달인으로 표창을 받아 매스컴에도 소개된 어느 안전관리자는 회사에서 산재가 발생했을 때 웬만한 것은 산재로 처리하지 않는다는 놀라운 말을 하고 있다. 공상처리 한다는 것이다. 그가 안전관리 책임자로 일하는 곳은 이름만 대면 누구라도 알 만한 대기업이다.

대기업에 근무하는 안전관리 달인이 '산재은폐는 늘 있는 일입니다'라고 말하는 것을 듣자니, 산재은폐 문제가 시정되지 않는 까닭이 현실을 무시한 제도 탓인지, 우리 인식 수준이 여전히 낮은 탓인지 혼란스럽고 마음이 무거워진다.

무슨 연유인지 산재예방의 달인을 매월 선정해 표창하는 시책은 채 2년을 지속하지 못하고 흐지부지 폐지되고 말았다.

제3장
믿을 수 없는 산재통계

1. 정부 발표

정부 발표에 의하면 우리나라의 산업재해는 점점 줄고 있다고 한다. 산재 발생 건수 절대치로 봐도 그렇고 근로자수와 산재발생 건수를 비교한 산재율을 봐도 그렇다. 이는 **그림 1-3-1**에 나타나 있다.

정부는 2015년도 산업재해 발생현황을 발표하면서 '통계산출 이래 가장 낮은 수치'라고 홍보했다. 그렇다면 정부는 '대한민국, 안전한 나라'라는 공익광고를 하며 국민의 자긍심을 높이고, 기업들도 '우리 회사는 안전한 회사, 안심 일터'라고 광고할 만도 한데 전혀 그러지를 않는다. 산업재해 발생수치는 낮

그림 1-3-1 연도별 산업재해 발생 추이

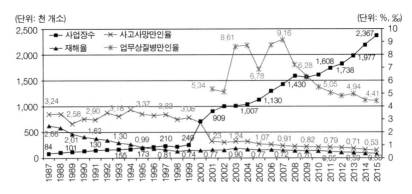

지만 안전하지 못한 나라인가? 무엇이 문제일까?

2. 문제점

1) 재해율 감소의 진실

경기하강기, 외환위기로 최악의 경기후퇴기였던 1998년에는 재해율이 0.68 %였다. 그 이후 외환위기를 탈피하는 과정, 즉 경기가 계속 좋았던 기간에는 매년 재해율이 그보다 높았다가 다시 낮아져 유사한 실적을 보여준 것이 10년도 더 지난 2011년이었다. 2008년 세계금융 위기 여파로 경기가 둔화된 2009년에 와서야 그나마 하향 추세를 보이고 있다. 현재의 산업재해 감소추세는 지속적인 경기불황에 종속되어 나타나는 현상일 가능성이 높다.

경기하강기와 대비해 경기상승기에 산업재해가 증가하는 현상은 기업 차원의 분석으로도 금방 이해할 수 있다. 기업은 제품이나 서비스에 대한 수요가 늘면, 즉 경기가 좋아지면 바로 종업원을 더 고용하는 것이 아니라(종업원의 고용에는 직간접적인 비용이 많이 수반된다), ① 현재 고용되어 있는 근로자들의 노동 강도를 높이거나(1시간에 10개의 제품을 생산하던 것을 12개 생산하는 것으로 목표를 높인다), 그래도 안 되면 ② 근로자들의 노동 시간을 늘리거나(하루 8시간 근무에서 9시간 근무로 늘린다), 그래도 안 되면 ③ 신규로 근로자를 더 채용한다.

이러한 세 가지 과정은 모두 재해발생 가능성을 높이는 것이다. 높은 노동 강도와 장시간 근로가 재해발생의 가능성을 높이는 것은 명백한 사실이고, 채용 후 6개월 이내인 근로자들에게서 재해발생 빈도가 높은 것도 널리 알려진 사실이다. 경기하강기에는 이와 정반대의 현상이 나타나서 산업재해가 감소한다. 이때는 일반적으로 반대 순서로 진행된다. (경기활황기 또는 하강기에 기업이 어떤 방식으로 생산을 증가 또는 감소시키느냐 하는 것은 자본투입과 노동투입의 증가/축소라는 두 가지 요소를 모두 고려하지만 여기서는 공장, 설비 등 자본은 일정한 것으로 가정했다. 자본투자의 증가나 축소는 상당히 장기적인 고려사항이므로 위의 이론적인 분석은 현실과 부합한다.)

2) 기준 변경 1

여기서 한 가지 지적할 것은 2013년에 발표된, 2012년부터의 통계에 관한 것이다. 고용노동부는 종전까지 근로복지공단이 제공하는 산재사망자 숫자를 그대로 사용했다. 하지만 2012년부터 기준을 변경해 사업장 외 교통사고, 체육행사, 폭력행위, 그리고 사고발생일로부터 1년이 경과된 사고 사망자를 통계에서 제외시켰다. 실제 예방할 수 있는 산재규모의 파악이 중요하다는 것이 그 이유다. 그런 사고는 일하다가 다친 것이 아니니 그 자체로는 틀린 말은 아니다.[1] 그래서 2013년 3월 발표된 2012년의 산재통계에서는 2114명이었던 산재사망자수가 254명이 사라진 1860명으로 나와 있다. 이렇게 단순 비교해 2013년에 2012년보다 재해발생이 줄었다는 식의 평가는 옳지 않다. 믿기지 않는 얘기지만, 종전과 같이 통계를 낼 경우 2013년의 모든 수치가 높아지기 때문에 그런 조치를 했다는 말이 들려왔다.

이렇게 하면 국가(근로복지공단)에서 산업재해로 인정받은 재해가 국가(산업안전공단)의 산재통계에서 제외되는 모순이 발생한다. 선진적인 안전관리에서는 사업장 외(off-the-job) 부상과 사고도 관리의 대상(예방할 수 있는 사고)에 포함시킨다는 것을 인식해야 한다.

---

[1] 운수업, 음식 숙박업 등 사업장 외 교통사고는 성격상 산재에 포함시킬 수밖에 없어 그대로 두고 있다.

3) 기준 변경 2

2014년부터는 요양 4일 이상이었던 산재보고 기준을 휴업 3일 이상으로 변경했다. 4일 이상 치료받는 경우 보고해야 했던 것을, 3일 이상 결근한 경우만 보고하면 된다고 한 것이다. 이렇게 기준을 변경하면 산재가 감소된 것처럼 둔갑한다. 일반적으로 요양 기준으로 하는 것이 산업재해의 정의에 합당하다. 요양을 필요로 하는 모든 재해가 통계에 잡혀야 산재예방에 활용할 가치가 있다. 정부 차원의 산재예방정책으로서도 그렇고 기업 차원의 안전관리에서도 그렇다. (각국의 통계 산출 대상을 보면 일본과 독일은 휴업 4일 이상, 미국은 응급처치 초과, 영국은 휴업 7일 초과로 되어 있다.)

4) 산재보험통계

정부에서 발표하는 산업재해통계는 진정한 의미의 산업재해 발생통계가 아니라 산업재해로 인정되어 「산업재해보상보험법」에 의해 소정의 산재보험금을 수령한 통계이므로 현실을 제대로 반영하지 못하고 있다.

우선 특수 직역이란 문제가 있다. 공무원, 교직원 등 150만 명 정도가 산재보험이 아닌 다른 보험으로 보상받으면서 통계에서 제외되어 있다. (이들에게도 「산업안전보건법」이 적용된다.)

문제는 건설업의 경우 더 두드러진다. 통계청 조사로는 건설업 종사자가 약 183만 명인데 산재통계에서는 약 336만 명으로 되어 있다. 이는 재해율과 사망 만인율을 실제보다 낮게 나타나게 한다. 어떤 통계가 되었든 그 모수(母數)가 통계청 조사보다 2배 가깝게 차이가 발생하는 경우는 없을 것이다. 악의를 갖고 조작하는 것은 아니겠지만 개선할 필요가 분명히 있다.

지금까지 발표되는 내용은 '산업재해 인정 통계' 내지 '산재보험금 수령자 통계'라고 해야 옳다. '산재재해 발생통계'가 아니다. 우리나라에는 아직까지 산재 발생 현황을 있는 그대로 나타내주는 통계가 없는 실정이다.

5) 시차 문제

산재발생과 동시에 통계에 잡히는 것이 아니라, 산재 승인 '신청'이라는 절차를 통해 산재가 발생한 한참 후에 산재로 '승인'되면 그제야 산재가 '발생'한 것으로 인정되고 있다. '산재승인＝산재발생'이란 현상이 초래될 수밖에 없다. 사고가 발생했다고 가정하고 재해를 입은 피재자 측에서 산재요양신청을 하는 경우 50일 정도, 사업주가 산재조사표를 제출하는 경우 30일 정도, 은폐되었던 산재가 적발된 경우에는 평균 500일 이후에야 통계에 잡힌다.

6) 이상한 괴리

재해율과 사망자 사이에 이상한 괴리가 있다. 재해자(부상자)가 많으면 사망자가 많이 발생하는 것이 일반상식이다. 그러므로 재해율이 높은 나라일수록 사망자가 많이(정확히는 사망률이 높게) 나타난다. 그런데 우리나라는 재해율이 OECD 평균기준 1/5에 불과한데, 사망재해는 OECD 평균의 3배가 넘는다. 이런 이상한 괴리현상을 설명하지 못하는 통계는 산재 발생 현실을 있는 그대로 반영하지 못한다고 하겠다.

우리처럼 제조업 강국인 독일의 산재율은 2.65%(2011년 기준)이다. 우리나라는 같은 해 0.65%였다. 독일보다 노동환경이 더 안전한 셈이다. 산재로 인한 사망률을 보면 독일은 10만 명당 1.7명, 우리나라는 10만 명당 7.9명이었다. 일하다가 다치거나 아픈 노동자는 독일의 1/4 수준인데, 죽는 노동자는 4배가 더 많은 것이다. OECD 평균과 비교해봐도 2013년 기준 우리나라 산재율은 0.59%로 전체 평균(2.7%)에 한참 못 미치지만, 산재사망률은 10만 명당 6.8명으로 압도적 1위다(≪한겨레≫, 2016.6.30).

그림 1-3-2 한국과 독일의 산업재해 비교(2011)

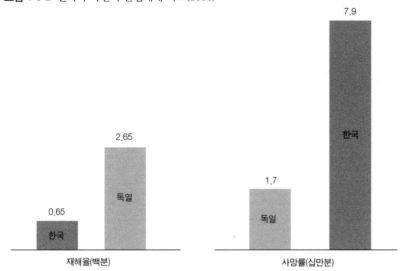

이를 그래프로 나타내면 **그림 1-3-2**와 같다. 쉽게 말하면 대한민국은 일하다 다치는 정도는 독일의 1/4 수준에 불과한 '안전한 나라'인데, 일하다 죽는 사람은 독일의 4배로 '위험한 나라'인 것이다. 정말 이상하다고 하지 않을 수 없다.

7) 분석적 통계가 아니다

의사의 자문에 기초를 두고 산재 인정여부가 결정되므로 단지 산재 여부만 판별되지, 분석적 의미에서의 산재통계가 잡히지 않는다. 산재가 왜 발생했는지 모르게 되는 것이다. 재해조사라는 다른 작업을 통해서야 원인을 알 수 있게 된다. 지금까지 나온 통계는 산재예방정책의 도구로 활용하기에 너무 부족하다. 또한 온정주의 내지 사회보장적 성격을 띤 산재보험이어서 실제로 산업재해가 아닌 경우에도 산재로 인정되는 경우가 있다는 비판이 일고 있다. 이는 산재 인정여부가 당사자 또는 유족에게 엄청난 혜택의 차이를 가져오는 데서 기인한다.

8) 숨겨진 산재

드러나지 않는 산재가 너무 많다. 최신 통계에 의하면 우리나라 산재발생은 연간 9만 129명이라고 한다(2015년). 그런데 연구에 의하면 실제로 발생하는 산재는 정부 발표의 12배 내지 16배 정도 많아서, 실제로는 100만 명이 넘는다고 한다.[2] 이런 연구는 오래전부터 이루어졌는데, 정부는 이제까지 아무런 반박도 못하고 있다. 정부 스스로 발표하는 산재통계가 사실과 거리가 멀다고 인정하는 것이다. 이런 바탕에서 추진되는 산재예방정책은 또 어떤 것일지 우려된다.

3. 결론

정부에서 발표하는 산재통계는 현실을 반영하지 못하고 있다. 산재왕국이란 오명은 억울한 누명이 아니다. 국가, 기업 차원에서 있는 그대로 산재를 드러내는 것이야말로 산재 예방의 첫걸음이다. 사실을 대면해야 제대로 된 대책이 나올 수 있다.

---

2 어느 정치인은 정부 발표 수치보다 23배 많다고 했다. 이 주장이 사실이라면 200만 명이 넘는다.

제4장
'또 하나의 약속' 삼성전자 백혈병 사건

1. 사건 개요

2006부터 2007년에 걸쳐 삼성전자 기흥공장에서 일했던 근로자 두 명이 백혈병으로 사망했다. 피해자 가족 단체(반올림)가 결성되어 문제를 제기했고, 2008년 이후 여러 매체에 보도되었다.

2010년 1월 산재인정 소송이 제기되었고, 회사는 피고보조참가인으로 관여했으며, 법원은 사망한 두 근로자의 백혈병을 산재로 인정했다.

산업안전보건연구원은 3년 동안의 조사를 바탕으로 백혈병 유발 물질의 존재를 확인하면서 노출허용기준에 미치지 않는다고 발표했다. 논란이 커지자 회사는 미국 산업안전 컨설팅 업체에 의뢰한 작업환경 연구 결과 근무자의 발암물질 노출과 백혈병 발병 사이에 상관관계가 없다고 밝혔다.

2014년 2월, 백혈병 사망자 이야기를 모티브로 한 영화 〈또 하나의 약속〉이 상영되면서 사회적 관심이 고조되었다. 회사는 갑자기 적극적으로 문제해결에 나서기 시작했다. 그러나 피해자 가족단체인 반올림 내부에서 의견 충돌이 발생했고 이후 따로 가족대책위원회가 생겼다.

2015년 초부터 회사와 반올림, 가족대책위원회의 3자가 조정위원회를 구성해 1000억 원 규모의 공익재단 설립과 피해보상을 골자로 한 조정권고안을 발표했다. 회사와 가족대책위원회는 반대했고, 반올림은 찬성했다.

2015년 8월, 가족대책위원회가 회사와 직접 협상한 결과, 회사에서 조정위원회의 권고안에 제시된 대부분의 질병에 대해 보상키로 했다. 2015년 9월에는 백혈병 보상위원회가 발족되었으며, 피해자와 유족 대부분이 보상신청을 했다.

2. 문제의 제기

삼성전자 공장에서 일하는 근로자들이 백혈병으로 사망했다. 1997년부터 여럿이라는데 정확한 숫자는 아무도 모른다. 암, 뇌종양, 악성빈혈 등 질병에 걸린 사람을 다 합하면 140명이 넘는다는 주장이 있다.

각종 전자제품에는 반도체가 필수적으로 사용된다. 삼성전자 기흥 공장에서는 웨이퍼의 제조, 회로설계 및 가공 공정이, 온양 사업장에서는 웨이퍼를 칩으로 절단하는 공정과 조립, 검사 공정이 이루어진다. 웨이퍼란 정제된 실리콘 용액을 주물에 넣어 회전시키면서 실리콘 원기둥을 만든 후 이것을 지름 5~10센티미터, 두께 수백 마이크로미터[1]로 얇게 절단하고 한쪽 면을 거울같이 연마하여 만든 원판이다. 이 웨이퍼 표면에 전자회로를 만들고 도판트(Dopant, 반도체의 전도를 향상시키기 위하여 사용하는 물질)를 추가해 작은 사각형으로 잘라낸 것이 집적회로(IC)이다.

반도체는 웨이퍼 표면에 실리콘 산화막을 형성하는 과정(Oxidation), 웨이퍼 표면에 회로를 만드는 광학현상과정(Photolithography), 산화막과 광학과정에서 만들어진 감광막을 제거하는 식각과정(Etching), 도판트 주입 과정(Doping), 웨이퍼 표면에 전도성 막을 형성하는 증착과정(Deposition), 웨이퍼 표면에 형성된 각 회로를 연결시키는 금속배선과정(Metalization)을 통해 가공된다. 이렇게 가공된 중간제품은 조립공장으로 옮겨져 연마, 절단, 칩 접착, 금

---

[1] 1마이크로미터=0.0001센티미터.

선 연결(Wire Bond, 칩 내부와 lead frame이라는 칩의 지지대를 연결하는 공정), 성형(Mold, 금선 보호를 위해 밀봉하는 공정), 인쇄, 도금, 절단 및 절곡(Trim & Form), 검사 과정을 거쳐 DRAM, SRAM, S-LSI, MODULE 등 제품으로 완성된다.

이런 각 과정의 공정에서 많은 종류의 화학물질이 사용되는데,[2] 발암성이 알려지지 않은 것이 대부분이라고 한다. 따라서 근로자들은 어떤 화학물질에 어떤 위험이 있는지 알지 못하는 상태에서 일한다. 근로자들이 직업병 위험에 빠질 수 있는 어떤 유해 물질에 노출되어 있는지 상세히 밝혀내야 하고, 제대로 관리해 근로자들이 더 이상 직업병에 시달리는 일이 없어야 한다.

반도체 공정 종사 근로자들에게서 나타난 백혈병은 벤젠과 방사선이, 림프종은 1.3부타디엔과 TCE(트리클로로에틸렌)가 유발물질로 확인되어 있다. 그러므로 반도체 제조 공정에 있는 근로자들이 그 일을 했기 때문에 백혈병에 걸렸는지를 밝혀내는 것이 근로자 건강 보호를 위해 중요한 과제이다.

3. 반도체 공장의 화학물질과 직업병

림프 조혈계 암은 혈액 및 림프 조직의 다양한 세포 계열의 분화과정에서 이상이 생겨 발생하는 혈액암으로서 골수구성 백혈병, 림프구성 백혈병, 호지킨병, 비호지킨 림프종 등으로 분류되어 있다.

급성 골수구성 백혈병의 원인은 유전, 전리방사선, 벤젠, 1.3부타디엔, 산화에틸렌, 약물(항암제) 등이 알려져 있고 흡연, 석유화학물질, 도료, 시신방부제, 제초제, 살충제 등도 발병위험도를 증가시킨다는 보고가 있다. 전리방사선, 석면, 트리클로로에틸렌(TCE)를 비롯한 유기용제 등은 림프 조혈계 암을 유발하는 의심인자로 보고되지만, 아직까지 명확한 발암인자로 확정되지

---

2 최대 431종이라는 주장이 있다.

는 않았다. 최근에는 포름알데히드도 의심물질로 파악되었다.

급성 림프구성 백혈병의 발병원인 물질로 전리방사선과 벤젠이 알려져 있고, 그 외에 확실치 않지만 농약을 포함한 유해화학물질에의 노출과 흡연 등 환경적 요인이 성인 발병률을 증가시킨다고 보고되었다. 급성 림프구성 백혈병은 2~9세에 최고 발생률을 보이고 주로 20대 이전에 발생한다고 한다.

비호지킨 림프종은 농업 종사자, 목재 취급자, 합성고무산업 종사자, 육류 및 금속산업 종사자, 수의사, 석면노출 근로자에게서 발생위험도가 높다고 알려져 있다. 이들의 근로 현장에서 사용하는 제초제 및 살충제에 포함된 다이옥신 등이 위험도가 높다고 알려져 있다. 벤젠의 경우도 마찬가지라는 보고가 있다.

전리방사선은 조혈계에 작용하여 재생 불량성 빈혈, 백혈병 등을 일으키는데, 일본의 원폭 피해 생존자들을 대상으로 한 연구 결과 전리방사선에 노출된 지 5~7년 후에 골수구성 백혈병의 발생률이 증가하는 것으로 밝혀졌다.

미국직업안전보건청(OSHA)은 1987년경 공기 중 벤젠의 허용농도를 10ppm에서 1ppm으로 낮추었고, 미국산업위생협회(ACGIH)는 0.1ppm으로 낮추도록 권장하고 있다. 우리나라에서는 1986년 무렵 작업장 안의 벤젠 농도를 10ppm 이하로 규제했으며, 2003년 7월부터는 1ppm 이하로 규제하고 있다.

4. 반도체 제조 공정의 안전성 조사

1) 역학조사 및 실태조사: 산업안전보건공단

근로복지공단은 직업병으로 산재인정 여부가 불분명할 경우 산업안전공단이나 전문기관에 역학조사를 의뢰해 그 결과를 참고한다. 2007년 6월, 근로복지공단에서 황유미 씨의 사망 원인에 대한 역학조사를 산업안전보건공단에 의뢰했다. 4개월에 걸친 조사 끝에 결론은 유보되었다.[3] 정부 역할이 소극적이라는 비난 여론이 일자, 노동부는 산업안전보건공단의 안전보건연구원으로 하여금 2008년 2월부터 12월까지 반도체 공정이 있는 하이닉스, 엠코테크놀로지 등 여타 다른 사업장까지 포함해 반도체 제조 9개 사 13개 공장에 대한 역학조사와 실태조사를 실시하도록 했다. 주요하게 취급되는 화학물질 및 방사선 발생장치에 대한 조사와 일반 국민 및 반도체 근로자의 백혈병 발생 비교분석 등이 골자였다.

작업환경측정 결과 기흥공장 3라인 3베이에서 황산, IPA(이소프로필알콜), 에틸렌글리콜, 아르신 등이 노출기준 미만으로 나왔고, 다른 공정에서도 주요 발암성 물질인 DMF(디메틸포름아미드), DMA(디메틸아세트아미드), 납, 주석 등이 노출기준보다 낮다고 보고되었다. 반도체 공장에서는 국제암연구소에서 폐암, 피부암의 발암성분으로 공인한 방사선과 아르신(삼수소화비소)가스를 웨이퍼에 이온을 증착시키는 임플란트 공정에 사용하는데, 이 또한 측정 결과 노출수준이 낮은 것으로 나왔다.

특수건강진단 결과 직업병 유소견자는 없었고, 직업병 요관찰자가 2004년 8명, 2005년 8명, 2006년 5명, 2007년 10명이었는데, 모두 소음성 난청 요관찰자로 되어 있다.

역학조사 결과 삼성전자 반도체 공정 종사 근로자 가운데 여성의 비호지킨림프종은 일반 국민에 비해 유의할 만큼 높게 나타났다. 여성근로자 전체로 보면 2.67배, 생산직여성은 2.66배, 조립공정 여성은 5.16배 높았다. 백혈병 유병률은 일반 국민 전체 발병율보다 낮은 것으로 나타났다. 고 황유미 씨의 백혈병이 직업병인지 여부는 가려지지 못했다.

역학조사와 실태조사 결과를 공개하라는 요구가 빗발쳤다. 사업장 및 근로자의 협조가 필수적인 역학조사와 실태조사에서, 질병기록 등 개인정보를 비

---

3 나중에 법원에서 산재로 판결이 났다.

롯해 기업이 영업비밀이라 주장하는 세부공정 및 사용한 화학물질에 관한 자료가 수집되었지만, 보안유지의 전제 아래 조사팀에 제출되면서 성공적인 조사 진행을 위해 확보된 정보를 비공개로 한다고 발표했기 때문이다.

유족과 유족을 대표할 사람을 역학조사에 포함시키라는 요구는 받아들여지지 않았다. 이해관계가 얽혀 있는 유족과 단체가 조사에 참여하면 이익충돌로 과학적 조사가 제약될 우려가 있다고 했다. 다른 나라에서도 역학조사는 공신력 있는 전문연구기관에서 실시하면서 노사의 직접 참여를 배제하고 있다고 설명했다.

2) 위험성평가: 서울대학교 보건대학원

삼성전자 등 반도체 제조업체들이 의뢰해, 서울대학교 보건대학원에서 2009년 6월부터 6개월 동안 반도체 사업장 위험성평가를 진행했다.

기흥공장 5라인에서는 모두 99종의 화학제품이 사용되었다. 83종은 단일화학물질, 10종은 성분미확인물질로 확인되었다. 83종 중 24종만이 작업환경 측정을 통해 모니터링되고 있었다.

또한 작업장 내 여러 장비를 현장에서 개방하고 점검·정비하는 작업이 때로는 규칙적으로 때로는 불규칙적으로 일정치 않게 실시되고 있었다. 작업 때 장비의 오염물질이 공정 안으로 유입되면 작업자에게 노출되어 유해할 수 있는데, 상하반기에 걸쳐 1회 측정된다면 그 결과에 문제가 있다고 볼 수 있었다.

감광 공정에서 벤젠, 톨루엔이 검출되었지만 극히 미량이라고 보고되었다. 밀폐형 국소배기장치가 설치되어 있어 정상 가동되는 동안 공기 중 농도는 검출한계 미만이 될 가능성이 높았다.

온양 공장에서는 33종의 화학제품이 사용되고 있었다. 회사는 납품업체가 제출하는 성분표에 의거해 성분을 파악하면서 단일물질은 2종이고, 31종은 혼합제품이라고 했다. 33종의 화학제품 성분을 조사하니 총 63종의 단일 화학물질이 확인되었고, 성분미확인물질이 3종이었는데 이는 모두 영업비밀로 되어 있는 물질이었다. 공장에서는 63종 중 14종만이 작업환경측정을 통해 모니터링될 뿐이었다.

도금 공정에는 아주 많은 화학물질을 사용하고 있었다. 황산, 질산, 염산 등의 산류와 주석, 납은 인체에 명백하게 유해한 것들이다. 근무자들 전반에 미치는 유해인자 노출수준 정도는 낮음 혹은 중간으로 평가되었다.

3) 근무환경조사: 인바이론

삼성전자가 미국의 안전보건 컨설팅 회사인 인바이론(Environ Inc.)에 맡긴 삼성반도체 생산라인 근무환경 재조사 결과가 1년의 기간을 거친 뒤 2011년 7월 발표되었다.

조사기관인 인바이론은 '노출재구성 연구결과에서 백혈병이나 림프종 등을 유발할 수 있는 어떠한 과학적 인과관계도 나오지 않았다'고 발표했다. '제조 라인에 대한 위험수준이 상당히 낮다'면서 '과거 연구결과를 토대로 노출시기(time), 빈도(frequency), 유해물질과의 근접도(proximity), 작업기간(employment duration)을 고려했을 때, 암 유발물질과 6건의 발병 사례[4]와의 연관성을 발견하지 못했다'고 결론 내렸다.

또 '대부분의 공정은 미국산업위생협회(ACGIH) 규정에 따라 매우 잘 관리되고 있다', '35개 유사노출군(SEG: Similar Exposure Group) 중 33개는 잘 관리되고 있고(highly controlled or better), 나머지 2개도 위험도 50% 미만이라고 할 수 있다(well controlled)'라고 발표했다. 산업안전보건공단의 역학조사 결과를 재확인한 수준이었다.

---

4 백혈병, 급성 림프구성 백혈병, 비호지킨 림프종 등 세 가지 병명.

급성 백혈병이 발병된 근무자의 경우, 포름알데히드와 전리방사선에 노출된 환경에서 일했고, 비호지킨 림프종이 발병된 근무자는 트리클로로에틸렌 잠재 노출 환경에서 일한 것으로 조사되었다. 요컨대 삼성반도체 공장에서는 암 유발 물질을 사용했지만 암을 유발할 수준의 노출은 없었다고 주장한 것이다.

삼성전자는 환자 두 명의 산재를 인정한 1심 법원의 판결에 대해, '가능성만으로 판단한 것이어서 과학적·의학적 원인에 대한 판단은 차후 진행되는 재판을 통해 명확히 밝혀지기를 기대한다'고 했다.[5] 그러면서 '퇴직 후 암투병 중인 임직원들에 대한 지원방안을 마련키로' 했으며 '치료비 지원대상은 근속기간, 발병시점, 수행업무와의 상관관계 등을 고려해 지원 계획을 공지할 예정'이라고 덧붙였다. 건강연구소 전문 인력도 2013년까지 8명에서 23명으로 늘린다고 했다. '미확인 위험요소(Unknown Risk Factor)' 발굴을 위해 산학협력 연구프로젝트를 추진하고 정기 컨설팅 및 세계적인 산업의학 전문가들과의 교류도 대폭 확대한다고 했다. 아울러 '안전을 희생하는 이익은 필요도 없고 있어서도 안 되며, 이번 조사가 끝이 아니라 해결 방안을 함께 찾아내는 출발점이 되기를 바란다'고 밝혔다.

보고서는 공개되지 않았고, 인바이론의 발표에서는 '객관성', '공정성', '전문가의 권위'가 반복되었음에도 많은 의문이 제기되었다. 위험성평가를 수행했던 책임자는 '인바이론 발표는 주장과 결론만 있을 뿐 데이터가 없는 보고서'라고 지적했다.

삼성전자는 인바이론을 공신력 있는 제3의 기관이라고 강조했지만, 인바이론은 1997년 필립 모리스의 의뢰를 받았을 때 간접흡연이 인체에 유해하지 않다고 하고, 고엽제가 인체에 유해하지 않다는 결론을 내려 논란을 빚은 바 있었다.

---

5 1심 재판에서 삼성은 피고보조참가인으로 참여했다.

5. 산재인정을 둘러싼 법적 분쟁과 사회적 논란

삼성전자 반도체 공장에서 일하다 백혈병으로 사망했거나 질병을 얻은 경우 산재로 인정해달라는 요구, 다시 말하면 산재보험에 의한 유족급여 및 요양급여의 청구가 2007년 6월부터 있었다. 근로복지공단은 역학조사 등을 이유로 청구에 대한 결정을 미루다 2009년이 되어서야 모두 산재 불승인처분을 했다.

유족과 환자들은 이에 불복해 2010년 1월 법원에 소송을 제기했고, 2011년 6월에 1심 법원판결이 나왔다. 법원은 5명 가운데 2명은 산재로 인정하고 3명은 인정하지 않았다.

법적으로 피고 신분인 근로복지공단은 1심 법원의 판결에 불복해 항소했으며, 이에 대해 일부 국회의원, 민간단체 등에서는 항소를 취소하라고 요구했다. 공단이 항소하는 이유는 산재 인정을 둘러싼 소송에서 1심 법원과 2심 법원의 견해차, 그러니까 판결 내용이 변경되는 사례가 적지 않았던 까닭이었다. 이런 사례는 항소되는 사건의 40% 정도를 차지하는 것으로 알려져 있다.

삼성전자는 '퇴직 임직원 암 발병자 지원제도 마련'을 발표하고(2011.8), 피해자 측에 법원에 의한 조정을 제안하는가 하면(2012.9), DS 부문[6] 사장명의로 대화를 제의했다(2012.11).

근로복지공단은 삼성전자 온양반도체 공장 여성노동자의 재생불량 빈혈에 대해 산재 승인했고(2012.4), 기흥반도체 공장 여성노동자의 유방암에 대해 산재 승인했다(2012.12).

2013년 1월, 직업병 피해자들을 대표한 '반올림'과 삼성전자 사이의 본격적인 협상이 시작되었다. 그러나 사과, 보상, 대책이라는 세 의제를 두고 서로 입장 차이가 커 타결을 이루지 못했다. 또 피해자 가족 일부가 당사자 보상 논

---

6 반도체 사업과 LED 사업을 포괄하는 직군.

의가 우선되어야 한다고 주장하고 따로 '삼성직업병가족대책위'를 구성해 나서면서 협상주체가 갈렸다. 2014년 2월, 고 황유미 씨의 이야기를 모티브로 한 영화 〈또 하나의 약속〉이 상영되어 대중적 관심이 높아졌다.

삼성직업병가족대책위(이하 가족대책위로 표기)는 제3의 조정위원회 구성을 제안했고, 삼성과 반올림이 이를 받아들이면서 '삼성전자 반도체 사업장에서의 백혈병 등 질환발병과 관련한 문제해결을 위한 조정위원회'가 구성되었다. 전 대법관 등 3인으로 구성된 조정위원회는 2014년 12월 9일부터 5차례 조정 기간을 가진 후 2015년 7월 23일 '조정은 개인적 사안을 뛰어넘는 사회적 시안'이라며 보상과 재발방지에 초점을 둔 중재안을 내놨다. 내용은 이렇게 되어 있다.

① 삼성전자가 1000억 원, 한국반도체협회가 '적정 규모 액수'의 기부를 해서 공익법인을 설립할 것
② 공익법인이 환경·안전·보건·관리 분야 등 전문가 3인을 옴부즈맨으로 임명해 삼성전자 사업장을 점검해 개선방안을 권고할 것
③ 피해자와 그 가족에 대해 삼성전자 대표이사가 공개 사과할 것

조정위원회의 중재안에 반올림은 동의했지만, 회사와 가족대책위는 사실상 거부했다. 이어 회사가 독자적인 보상안을 내놓았다. 회사는 2015년 8월 2일 '신속한 해결을 위해 1000억 원을 사내기금으로 조성하고 보상금 지급과 예방활동, 연구활동 등에 쓰이도록 하겠다'고 밝히며 조정위원회의 공익법인 설립안을 거부했다. 회사는 '조정위원회가 권고한 보상 질병 12개 항목 중 유산·불임 군을 제외한 11개 항목에 보상하겠다'는 발표도 했다. 그리고 2015년 9월 3일 '반도체 백혈병 문제 해결을 위한 보상위원회'라는 이름의 독자적인 보상위원회를 발족했다. 이 같은 삼성의 독자적 보상위원회 설립에 대해 반올림은 직업병 피해가족 55명과 더불어 강하게 비판했다.

회사는 2015년 9월 백혈병 보상위원회를 발족하고 본격적인 보상절차에 들어갔다. 피해자와 유족 대부분이 삼성전자의 보상안에 호응해 신청을 했다. 접수 시작 한 달 만에 신청자가 90여 명이 되었고, 이 중에는 반올림 제보자 및 산재신청자도 포함되어 있었다. 8년여를 끌어 온 삼성전자 백혈병사건이, 요양과 보상에 관한 해결의 마지막 관문을 통과한 것이다. (예방에 관해서는 뒤에 내용이 나오지만 실천해가야 할 과제가 많다.)

6. 검토 과제

1) 화학물질과 직업병

직업병인지 아닌지는 문제가 된 공정에서의 유해물질 종류와 사용정도, 발병자와 사망자의 근무기간, 노출정도, 작업형태, 기존의 건강상태 등을 고려해 확정한다.[7] 삼성 반도체에 근무한 사람들의 경우도 유사한 기준으로 판단했다. 유해물질과 질병의 인과관계는 그렇게 주장하는 사람이 입증해야 한다. 헌법재판소에서도 '산재(업무상 질병)와 업무와의 상당인과관계가 없음을 기업이 입증해야 한다'는 청구를 기각한 바 있다(헌법재판소, 2014헌바269, 2015.6.25).

즉, 업무상 질병이 업무에서 비롯되었다는 인과관계를 피재자 측이 입증해야 한다. 유족과 해당 근로자는 전문지식이 없고, 자기가 근무했던 사업장에서 취급한 유해물질 정보에 접근하는 것이 거의 불가능에 가깝다. 더구나 기업에는 영업비밀이 많다. 삼성전자의 반도체 제조공정에 대한 역학조사나 위험성평가에서 많은 성분미확인 물질이 영업비밀을 이유로 밝혀지지 않았다.

---

[7] 예컨대 과로를 초래하는 3교대 근무는 백혈병의 유발요소로 판단하지 않는다.

법관은 법이 허용하는 한 상대적으로 약한 위치에 있는 쪽의 편을 들어주어야 한다. 의학적, 자연과학적으로 명백한 인과관계만을 요구할 일이 아니다. 재판 결과 직업병으로 인정되는지 여부의 확정은 당사자에게 엄청난 경제적 차이를 겪게 한다. 산재보험제도에 혁신적 변화가 없는 한 이런 현실은 지속될 것이다. 산재 인정을 포함해 직업병 문제는 산재보험에서 특별한 문제로 다루어져야 한다.

2) 화학물질의 유해성 검증

세계보건기구 산하 국제암연구소(IARC: International Agency for Research on Cancer)에서는 여러 물질을 유해물질, 암 발생물질, 암 발생가능물질 등으로 분류하지만, 어떤 물질의 유해성을 밝히는 일은 오랜 기간 독성실험을 해야 하는 등 그 자체가 매우 어려운 일이다. 산업의학계에서는 역학조사에 참여하는 기회를 매우 귀중하게 생각한다. 직업병 발병 현장을 직접 확인하는 현장학습 장소가 되기 때문이다.

화학물질에 의한 직업병의 경우는 더 그렇다. 유해물질과 질병의 관계를 밝히는 역학조사는 매우 어렵고 긴 시간을 요구한다. 기술변화에 따라 변경되었거나 없어진 공정을 복원해 조사해야 하는 어려움도 있고 한계에 부딪히는 일이 많다. 외국 사례[8]에서도 알 수 있듯이 긴 기간의 인내가 요구된다.

---

8 미국에서는 국립직업안전보건연구원(NIOSH)의 IBM 에든코트(Edincott) 공장의 암 발생에 관한 연구가, 영국에서는 국영 반도체 회사 NSUK에 대한 역학조사가 시도되었거나 진행 중이다. 모두 오랜 기간에 걸친 연구라고 한다.

3) 유해물질 관리체계

반도체 공정에 사용되는 아르신(삼수소화비소)은 「산업안전보건법」상 발암물질이 아니지만 작업환경측정 대상물질이다. 방사선의 경우 「원자력법」과 「산업안전보건법」으로 관리되고 있다. 삼성전자 이온주입공정에 사용되는 방사선기기는 「원자력법」에서만 신고대상 기기로 되어 있다. 「원자력법」에 규정되어 있는 방사선 측정기준이 「산업안전보건법」에는 노출기준조차 없는 것이 현 실정이다.

세계적으로 8만 종 이상의 화학물질이 사용되는 것으로 알려져 있다. 우리나라의 경우 4만여 종이 사용될 것으로 추정하는데, 무엇보다 이런 물질의 종합관리 시스템이 필요하다. 먼저 기업 차원에서 사용 물질에 관한 정보 취득 및 관리에 힘써야 한다. 정부에서도 국가안보니 주요 기업의 영업비밀이니 하며 무조건 보호만 할 것이 아니라, 직업병 예방 및 국민 일반의 건강 보호 차원에서 정확하게 공개하는 등 안전제일주의의 태도를 적극적으로 보여주어야 할 것이다.

4) 건강진단제도의 허점

반도체 공장에서는 근로자들에게 「산업안전보건법」에서 사업주 의무로 정한 '특수건강진단'을 실시하고 있다. 그러나 삼성전자의 경우에 확연히 드러난 것처럼 건강진단을 받은 사람 중 어느 누구도 백혈병과 림프종을 의심받은 사람은 없었고, 오직 소음성 난청 환자만 나왔을 뿐이다. 특수건강진단이란 유해물질을 다루는 근로자들이 그 물질로 인한 질병에 걸렸는지 여부를 체크해야 하는 것인데, 전혀 관계없는 것을 검진한 것이었다. 만약 반도체 공장 근로자들에 대한 건강진단이 제대로 이루어져 물질별로 특유한 의심스런 질병 증상이 나타난 것이 보고되었다면 '삼성전자 백혈병 사건'은 일어나지 않았을 것이다. 근로자들은 건강진단제도를 신뢰하지 않는다. 화학물질별로 건강진단 항목과 진단 횟수에 대한 철저한 재검토가 필요하다.

5) 근로자에게 널리 알릴 의무

삼성전자의 '환경수첩'에는 '공정별 GAS'라고 하여 공정, 분류, 특성, 환경영향, 화학물질들로 항목을 나눠 간단히 기록하고, '공정별 화학물질표'라는 것을 만들어 간단히 설명하고 있다. 화학을 전공한 사람이나 알아볼 수 있는 내용이다. 인체유해성과 취급주의사항에 대해서는 아무런 언급이 없다. 화학물질에 노출된 근무자들이 알아보기 쉬워야 할 것이다. 정부차원에서 근로자들 눈높이에 맞게 정보를 전달하고, 안전한 취급 방법을 제시하는 기준을 설정하고, 현장에서의 실행 여부를 철저히 감독해야 한다.

6) 다시 하는 질문, 산재 판단 여부

삼성전자가 보상하는 사례들은 산재일까 아닐까? 삼성전자 보상공고문을 보면 질병이 생긴 근로자와 유가족에 대한 요양과 보상 내용·방법이 산재보험을 따르고 있다. 산재보험법상의 용어인 '요양급여' 대신 '요양비', '휴업급여' 대신 '위로금', '유족급여' 대신 '사망위로금'이라는 용어를 쓰고 있으며, 산재보험처럼 평균임금의 70%를 기초로 계산하고 있다. 그런데 보상공고문에는 회사가 요양비 및 위로금 등을 지급하는 행위는 '근무환경과 질병 간의 인과관계와 무관하게 관련 임직원 또는 유족들에 대한 사회적 부조차원에서 실시되는 것'이라고 명시되어 있다.

쉽게 말하면, '삼성전자 반도체 공장에서 일했기 때문에 백혈병 등에 걸렸다고 주장하지만, 정말 그런 건지 우리는 모른다. 단지 우리 회사에 근무한 인연이 있으니 돕는 차원에서 요양경비와 위로금을 준다'라는 것이다. 법적으로 책임져야 할 수준의 보상은 하면서도, 질병발생의 법적 책임시비에서는 탈출해버린 것이다.

삼성전자는 이렇듯 피해 근로자의 보상받을 법적 권리는 인정하지 않고 요양비, 위로금 따위를 사회부조 명목으로 지급하면서, 피해자의 질병이 회사의 안전하지 않은 공정 때문에 발생한 것에 대해서는 책임을 회피하고 있다. 피해근로자들의 질병이 산재인가 아닌가 하는 문제는 법적으로는 해결을 보지 못하고 있는 상태다.

7. 하고 싶은 이야기

직업병 문제에 대처하는 데는 사회 전반의 총체적 역량 제고가 요구된다.[9] 삼성전자 백혈병 사건과 관련해 침묵으로 일관하거나 왜곡한 언론 매체 또한 반성해야 한다. 백혈병 사태가 2007년부터 사회적 이슈로 등장했지만, 대부분의 언론이 보도하지 않다가 반도체 공정과 직업병의 상관관계가 없다고 발표한 미국 조사업체 인바이론 소식만 요란하게 전했다. 또한 피해 근로자에 대한 보상 방안을 제시한 조정위원회의 권고안에 대해서는 비판하고, 회사의 보상기준안에 대해서는 옹호하는 태도를 취했다. 이는 우리 사회의 저급한 의식수준과 함께, 앞으로 제2, 제3의 백혈병 사건을 거듭 겪게 될 조짐을 그대로 보여주는 것이다. 요컨대 2007년부터 8년간 삼성 백혈병 사건에 대한 대중 매체의 보도행태를 분석한 언론학자들에 따르면 "언론이 삼성 백혈병 사태를 대하는 방식은 '침묵' 아니면 '왜곡'"이었다.

독자들에게 삼성전자 백혈병 사건을 소재로 한 영화 〈또 하나의 약속〉을 보라고 권하고 싶다. 직업병에 대한 제반 문제를 고발하는 영화다. 당연히 삼

---

9 직업병에 대한 종합적 접근에 관해서는 제14장 "산업보건을 새롭게 시작하자"를 참고.

성전자에도 이 영화를 권한다. 사계 권위자들을 고충처리담당자(옴부즈맨)로 두고 작업현장 모니터링 등 많은 투자를 아끼지 않는 삼성전자의 최고경영자부터 반도체 사업장 근로자에 이르기까지 〈또 하나의 약속〉을 보기 바란다. 각자 영화를 본 소감을 쓰고 다 발표하도록 한다면, 직업병 문제에 관한 다양한 해결책이 모색될 것으로 생각한다.

제5장

Driving dEmotion[1] 한국타이어 질병사망 사건

1. 사건 요약

고무나무에서 추출한 천연고무 또는 합성고무를 원재료로 하여 자동차 등 운반용 기계에 장착될 타이어로 만드는 제조과정에서는 수많은 화학공정을 거치게 된다.

한국타이어는 대전과 금산에 공장이 있고, 대덕연구단지에 중앙연구소를 갖고 있는 국내 굴지의 타이어 제조회사다. 2007년 8월 17일 자 ≪대전일보≫는 한국타이어에서 2006년 5월 이후 심혈관계 질환 등으로 집단사망자가 발생했다고 대대적으로 보도했다. 이어 한 TV의 시사고발 프로그램에서는 세 차례에 걸쳐 같은 회사에서 일어난 유기용제 중독과 돌연사, 열악한 작업환경에 관해 보도했다. 그러면서 업무상 질병 사망사고가 사회적 이슈로 등장하게 되었다.

당시 보도에 의하면 2006년부터 2008년 사이 사망한 16명은 심장질환 7명, 암 5명(폐암 2명, 간암 1명, 식도암 1명, 뇌종양 1명), 자살 및 사고 3명, 특발성 폐 질환 1명이었고, 이들 가운데 6명이 산재승인을 받았다. 7명은 불승인 처리,

---

1 연 매출 6조 원을 상회하는 글로벌 타이어 제조 회사(한국타이어)가 기술력을 자랑하면서 운전자 감성과 결합시킨 '감동하는 운전, Driving Emotion'이라는 광고로 주목받았다. 그렇지만 현실에서 이런 굴지의 기업이 근로자 안전과 건강에 대해 믿을 수 없는 전근대적 방법으로 접근한다면 그건 감동이 아니라 '추락하는 운전, Driving Demotion'이 될 것이다.

1명은 조사 중, 2명은 산재 미신청 상태였다. 사업장별로 보면 대전공장 10 명, 금산공장 3명, 중앙연구소 3명이었다.

같은 회사에서 그처럼 많은 사람이 암에 걸리거나 사망하는 사태가 발생했다는 점에서 사회적 주목을 받게 되었고, 정부대책 등이 도마에 올랐다.

그리고 문제는 아직도 진행 중이다.[2]

2. 한국타이어 질병 사망자 현황

2007년 언론 등에서 보도하고 문제가 제기된 이후 파악된 한국타이어 내 질병 발생자는 총 22명이었다. 산재 신청자 20명 중 14명에 대해 근로복지공단에서는 안전공단에 개별역학조사를 의뢰했다.

2006년 이후 발생한 사망자 21명은 심장질환 7명, 암 8명(폐암 3명, 간암 1명, 식도암 1명, 뇌종양 2명, 비인두암 1명), 자살 및 사고 4명, 특발성 폐질환 1명, 폐렴·간염 1명이었다.

암환자의 경우, 암 발생부위 및 병태생리, 발암 유해물질 노출 여부와 노출수준, 근로자의 근무기간과 암 잠복기간, 개인생활습관 등을 종합적으로 고려해 업무와의 관련 여부를 알아보기 위한 개별역학조사를 실시했다. 암환자(뇌종양 1명 포함)는 총 7명 중에서 6명이 조사완료(승인 2명, 불승인 4명)되었다.

이 회사 근로자들에 대한 특수건강진단 결과 2005~2007년의 3년간 직업병 요관찰자[3]는 모두 720명이었으며, 모두 다 소음성 난청으로 진단되면서 발병

---

2 "한국타이어에서 지난 5년간 공식적으로 집계된 산재는 330명이고, 시정지시 67건, 과태료 10억 309만 원, 사법처리 14건 처분을 받았다. …… 그런데도 최근 산재 신청 노동자에 대한 인사상 징계, 근로복지공단에 거짓의견서 제출, 산재요양을 신청한 노동자에 대한 일방적 작업배치, 작업 중 산재에 대한 공상처리로 불이익 주기 등 각종 불법행위가 재현되고 있다"(연합뉴스, 2016.8.8).

원인이 소음으로 판정되어 역학조사가 필요하지 않은 것으로 결론이 났다.

3. 정부 조치

1) 노동부의 특별감독

2007년 8월 24일, 지방노동청에서 특별감독 계획을 통보받자 한국타이어는 노사합의에 의한 자율점검계획이 있다면서 유보해줄 것을 요구했다. 9월에서 10월까지 실시된 한국타이어 노사자율 안전보건점검 결과, 안전분야 323건, 보건분야 124건 등 모두 499건의 개선사항을 도출해냈다.

자율 안전보건점검이 미흡하다고 판단한 지방노동청은 2007년 11월 22일부터 12월 5일까지 산업안전 특별감독을 실시했다. 그 결과 산재 미보고, 국소배기시설 미설치 등 1394건의 위반사항을 적발했고, 행정적·사법적 조치를 취했다. 1심 판결에서 전·현직 공장장, 연구소장을 비롯한 임직원과 회사에 벌금형과 징역형(집행유예)이 선고되었다.

아울러 2007년 11월 말부터 12월 말까지 금호, 넥센타이어 등 전국 19개 타이어 제조 사업장을 대상으로 산업안전보건 전반에 대한 일제 점검이 실시되었다. 그 결과 금호타이어는 호이스트 과부하방지장치 고장(1대, 사용중지), 국소배기장치 미설치 등 19건, 넥센타이어는 일반건강진단 2차 검진 미실시 5건(과태료 100만 원), 국소배기장치 덕트 파손 등 15건이 지적되었다. 19개 사업장에서 모두 149건이 지적되어 사용중지, 과태료 부과, 안전보건 개선 등의

---

3 직업병 요관찰자: 직업성 질병으로 진전될 우려가 있어 추적검사 등 관찰이 필요한 자로서 직업성 질병자로는 분류되지 않는다. 직업병 요관찰자에 대해 회사에서는 의사의 사후관리 소견에 따라 건강상담, 보호구 지급, 추적검사, 근무 중 치료, 근로시간 단축 등의 조치를 하도록 되어 있다.

시행조치를 통고받았다.

2) 1차 역학조사

타이어 제조 공장에서 발생한 질병은 그 원인이 위와 같은 점검과 감독으로 규명되지 않는다. 산업안전보건연구원이 중심이 되어 임시건강진단(2007.10.22~11.10)과 작업환경측정(2007.10.31~11.2/11.14~11.16) 등 역학조사를 하고 그 결과를 두 차례에 걸쳐 발표했다.

1차 발표 내용: 심장질환자 7명에 대해 집단발병으로 간주하고 일반인구집단과의 유병율 차이를 확인할 계획이다(2007.11.8).

2차 발표 내용: 심장질환의 표준화사망률이 일반인구집단보다 5.6배 높고 협심증도 2.6배 높지만 공통적 질병요인은 확인하지 못했다(2008.1.8).

최종적으로 '고열과 과로가 뇌심혈관계 사망으로 연관되었을 개연성이 있으나, 산재인지 여부는 개별 근로자별로 판단되어야 하며, 암 질환에 대해서도 일부 발암물질 노출이 확인되었지만 마찬가지로 개별적인 판단을 요한다'고 발표되었고, '조직문화 내지는 작업방식이 건강에 미치는 영향, 허혈성심장질환에 대한 환자-대조군 비교 연구, 고무흄 및 미세분진 등이 근로자 건강에 미치는 영향에 대해서는 추가 조사가 필요하다'고 결론 내렸다(2008.2.20).

3) 2차 추가보완 역학조사

2008년 2월 13일, 역학조사 평가위원회에서 '조직문화 내지는 작업방식이 건강에 미치는 영향, 허혈성 심장질환에 대한 환자-대조군 비교 연구, 고무흄 및 미세분진 등이 근로자 건강에 미치는 영향'에 대한 추가연구 필요성을 제시했고, 노동계로부터 직무스트레스에 대한 추가조사 요구가 있었지만, 조사가 불가능해 조직문화와 작업방식(교대제)에 대한 조사로 대체되었다.

2008년 5월 16일부터 6월 19일까지 역학조사 평가위원회에서 '타이어제조 공정의 작업환경 및 건강영향 역학조사 계획'을 심의하면서 심혈관계질환 관련조사를 제외했다. 처음에 산업안전공단은 역학조사 내용 중 조직문화 조사를 민간연구기관에 위탁하려 했지만, 회사의 거부반응으로 그대로 공단이 수행키로 했다.

한국타이어에서는, 1차 역학조사로 중요한 문제점은 다 파악되었고 회사차원에서 작업환경 등 개선 방안을 자율적으로 추진 중이니 추가 역학조사를 실시하면 업무에 상당한 지장을 초래하게 된다고 주장하며 추가역학조사에 협력할 의사가 없다는 입장을 보였다가 노동부의 설득으로 협조하게 되었다.[4]

역학조사 결과 주요 내용은 다음과 같다(2009.4.30).

① 한국타이어의 작업환경평가결과

2007년에 비해 개선되어 고무흄의 노출수준이 기준치(영국 기준 0.6mg/m³)를 초과하지 않았으며, 휘발성유기화합물 및 다핵방향족탄화수소는 검출한계 미만이거나 아주 낮은 농도로 나타났다.

② 조직문화 조사결과

한국타이어의 조직문화는 보건관리체계에 긍정적 영향을 주었다고 보기 어려우며, 자체 산업보건관리를 하기에는 역량이 부족한 것으로 판단된다.

③ 개선권고사항

• 환경·안전과는 별도로 산업보건을 전담할 수 있는 체계 마련
• 산업의학·산업간호·산업위생 전문가의 팀워크를 통한 보건관리
• 고위험 근로자에 대한 건강상담과 지속적인 사후관리

---

4 필자가 대전노동청장으로 재직하면서 한국타이어 대전공장을 방문해 역학조사에 협조할 것을 요청했다. 대한타이어공업협회에서 산업안전공단에 추가역학조사보다는 자율적인 개선대책추진이 바람직하다는 건의서를 제출했지만, 한국타이어는 조사에 협조하겠다는 입장을 유지했다.

• 건강증진 활동을 긍정적으로 보는 조직문화 유도 등

4) 다른 타이어 제조사에 대한 조사

종업원 100명 이상인 타이어 제조업체 16개 곳을 조사하여 중점관리가 필요한 고열작업, 교대근무, 고무흄에 대한 보건관리 방법 등을 교육하고 보건관리를 강화하도록 지도했다.

역학조사 결과 총분진 농도와 고무흄 농도가 밀접한 관계가 있는 것으로 보이므로, 총분진 농도를 영국의 고무흄 노출기준인 0.6mg/m^3 이하로 관리하도록 권고·지도했다.

타이어 제조공정은 고열 등 뇌심혈관질환 위험요인이 상존하므로 전체 근로자를 대상으로 뇌심혈관질환 발병위험도 평가를 실시하여 고위험군 근로자의 건강관리를 철저하게 지도했다. 교대 근무 실시 사업장에서는 야간근무자가 아침 근무를 연속으로 하지 않도록 지도했다.

건강영향에 관해 논란이 지속되는 카본블랙 및 고무흄에 대해서는 유해성 평가 연구를 수행해 그 결과에 따라 노출기준 설정 여부를 결정키로 했다.

4. 주요 쟁점 사항

1) 역학조사 대상 확대

단일 사업장 문제로 업계에 전반적으로 역학조사를 하는 것은 특별한 목적이 있는 경우가 아니면 드문 일이다. 추가조사는 한국타이어 조직문화 및 작업방식이 건강에 미치는 영향 및 고무흄·분진·고열 등 유해요인을 정밀하게 분석·평가하는 것이었다. 이에 따라 역학조사 평가위원회는 타이어 제조공정에서 고무흄의 노출수준 평가에 대한 새로운 기준설정 등 추후 제도개선이 필요하고 1개 사업장 조사결과만으로는 일반적인 결론을 내기 어렵다고 판단해 조사대상을 확대하는 조치를 취했다.

2) 역학조사에 대한 거부반응

금호타이어와 넥센타이어는 2008년 9월 11일 산업안전보건공단에서 개최한 역학조사 관련 간담회에서 거부 입장을 표명했다. 한국타이어(1996~2007년)와 금호·넥센타이어(1995~2006년)의 심장질환 표준화 사망률을 비교한 결과, 넥센타이어는 사망자 발생이 없었고, 금호타이어(53.0)는 한국타이어의 사망률(151.4)의 약 1/3 수준으로 낮게 나타났다. 제조회사들이 하나같이 크게 우려하는 것은 그런 수치보다 공장가동율 감소, 노동조합의 비협조, 회사의 영업비밀 노출 등이었다. 역학조사에 대한 거부는 이후 처벌을 강화하는 내용으로 「산업안전보건법」이 개정되는 계기가 되었다.

3) 업무상 질병 대응역량 부족

질병과 관련한 법집행에서 노동부는 「산업안전보건법」 위반에 대해 행정관리 면에서 피상적 감독에 머무는 형편이었다. 보건직 공무원이라 해도 겨우 산업위생기사 자격증을 가졌을 뿐이었다. 한국타이어 질병사망 사건을 계기로 의사와 간호사 등 의료진 인력을 확충해야 한다는 인식이 확산되었다.[5] 실상, 근로자 건강관리를 위해서는 의료진의 순회 지도가 훨씬 효과적이다.

업무상 질병 같은 직업병의 발병 여부를 체크하기 위한 특수건강진단 제도

---

5 당시의 조치로 부산노동청 소속 의사 감독관을 대전노동청으로 배속시켰다. 의료인력 확충이라는 문제는 여전히 해결되지 않고 과제로 남아 있다.

가 있지만, 특수검진은 해당 근로자에게 노출되는 특정한 유해인자에 대한 건강진단으로 모든 질병을 발견하려는 것은 아니다. 한국타이어의 경우, 폐암, 부정맥 사망자들도 평소 건강진단에서는 정상 판정을 받는 등 특수검진이 부실했다는 주장이 나왔는데, 암이나 부정맥의 조기발견의 어려움은 특수건강진단의 문제가 아니라 일반적인 건강진단의 근본 한계라고 볼 수 있다.[6]

4) 사업장의 작업환경 불량

화학적 변화를 촉진시키는 공정이 있는 작업장 환경이 열악한 것이 표면화되었다. 한국타이어에서는 고열환경 등 작업환경개선계획을 수립해 연차적으로 300억 원을 투자한다고 했다.

5) 역학조사에의 의견 수렴

업무로 발생한 질병과 사망이라고 의심되는 경우, 유족들은 당연히 그 과정과 내용을 알려고 하기 마련이다. 이럴 때 유족이 직접 참여하기보다 그들의 관심과 이해를 대변할, 그들이 추천한 전문가를 포함시키는 것이 관행으로 자리 잡게 되었다.

6) 감독 부실 논란

한국타이어에 대한 근로감독이 형식적이었으므로 특별감독을 다시 실시해

---

6 한국타이어에 대한 특수검진이 부실했고 문제가 많았던 것은 사실이었다. 2006년 특수건강검진 기관 일제점검 때 대한산업보건협회가 한국타이어 근로자들의 특수검진과 질병판정을 부실하게 한 것이 적발되어 업무정지 조치를 당했다.

야 한다는 주장이 있었다. 당시 근로감독 후 1394건의 「산업안전보건법」 위반사항을 적발해 행정 및 사법 조치가 이루어졌다. 부실 감독 논란은 앞서 말한 것처럼 업무상 질병에 대처하기 위한 역량부족과 직결되며, 일반적인 근로감독으로는 업무상 질병 원인이나 관련 법 위반 사실을 적출해내기 어렵다. 의료 인력에 의한 건강관리가 중요하다는 점이 재확인되었다.

5. 보충 설명

대기업일수록 종업원 복지가 잘 되어 있다고 한다. 그러나 대기업이 운영하는 공장의 근로자와 하청업체 공장의 근로자가 제대로 대접받아야 그 이름값에 부응한다고 볼 수 있다. 기본적으로 근로자 안전과 건강이 중요하게 여겨져야 한다. 필자가 대전노동청장으로 재직하던 2008년, 한국타이어 대전공장을 방문해 확인한 결과 넘어짐, 부딪침, 끼임, 떨어짐 같은 재래형 재해가 우려되었다. 작업라인 배열과 시설들의 노후함에서 한눈에 그런 인상을 받았다. 하물며 눈에 잘 보이지 않는 직업병 유발 인자들에 대해서는 더 말할 나위가 있을까 싶었다. 이후 국정감사에서 거기에 대한 소견을 피력하기도 했는데, 지금은 다 개선되었을 것이라고 믿고 싶다.

또한 작업장 배열과 기본적인 안전시설, 사용하는 화학물질의 명칭, 유해성, 취급방법 등의 정확한 정보를 근로자들에게 알려주어야 한다. 이는 주지의무(周知義務)로서 법적인 강제사항이기도 하다. 기업 입장에서는 근로자들을 위한 안전보건 조치를 다한 다음에야 그에 협조 않는 근로자들에게 필요한 조치를 취하는 것이 순서이다. 이제 우리 기업도 근로자들을 위한 안전관리와 건강관리에 대해 생산관리, 원가관리만큼 신경 쓰고 투자할 때가 아닐까?

제6장
'한국위험물학회'의 탄생 휴브글로벌 불화수소 누출 사건

1. 사건 발생

2012년 9월 27일 오후 3시 40분경. 경북 구미 산동면 봉산리 소재 (주)휴브글로벌 구미공장에서 불산원액(불화수소)이 담긴 탱크로리 밸브가 호스가 연결되지 않은 상태에서 열려 내용물이 다량 새어나왔고, 불화수소가 안개구름처럼 분출해 반경 1.5킬로미터 범위로 확산되었다.

이 누출사고로 근로자 5명이 사망했고, 상해로 입원치료를 받은 사람이 12명이었으며, 건강검진 대상자 7162명, 농작물 피해 237.9헥타르, 차량파손 1138대 등의 엄청난 피해가 발생했다. 바람 방향이 주거단지 반대쪽으로 향

> ••• 불화수소
>
> 플루오린과 수소의 화합물. MSDS 관리물질. 화학식 HF. 강한 자극성 냄새. 허용농도 3ppm. 기화점 19.5℃. 불화수소에 물[純水]을 혼합한 불산원액은 반도체 식각재(蝕刻材, etching)로 사용한다. ㈜휴브글로벌은 불화수소에 물을 섞어 불산원액을 제조하여 삼성전자와 같은 반도체 공장에 공급하는 공장이다. 불산원액 용액이 피부에 묻으면 심한 화상을 입는다. 공기 중 불화수소에 노출되면 눈과 호흡기에 자극 증상이 있으며, 심하면 상기도에 출혈성의 궤양과 폐수종이 생긴다. 사고 당시 사망한 사람들은 고농도의 불화수소 기체를 과량 흡입했는데 폐수종과 전해질 이상이 나타났다. 불화수소는 형석(螢石, fluorite, CaF_2)에 진한 황산을 넣고 가열하여 제조한다. $CaF_2 + H_2SO_4 \rightarrow CaSO_4 + 2HF$

해 과수 등 농작물 피해가 컸다. 만약 바람 방향이 주거단지로 향했다면 상상할 수 없을 인적·물적 참사가 일어났을 것임에 틀림없다.

2. 사고 원인

(주)휴브글로벌 구미공장의 설비는 불화수소에 순수한 물을 섞는 희석설비와 저장탱크가 전부이다. 즉, 불화수소에 물을 섞어 불산을 제조하는 것이다. 불화수소는 급성독성물질로 액체 상태로 보관된다. 여기에 물을 섞으면 불산이라는 액상 물질로 변하는 것이다. 컨테이너에 담긴 불화수소를 불산 제조공정의 희석설비로 옮겨 담기 위해 작업자들은 컨테이너 위로 올라가 배관라인을 연결한 후 작업한다.

작업하며 컨테이너 밸브를 여는 것과 동시에 공기압 조절 밸브로 조절하는데, 사건 당시 배관라인 연결 전에 레버 손잡이를 건드려 개폐 밸브가 개방된 것이다. 공기 압력이 조절되면서 서서히 열려야 할 밸브가 통제 없이 열려 불화수소(HF)가 누출되었고, 누출된 액체는 급속히 기화(기화점 19.5℃)해 걷잡을 수 없이 흩어져 날아갔다.

불화수소 이송용 탱크 컨테이너에는 연결배관을 통해 불화수소를 희석설비로 옮기고, 그렇게 하는 데 필요한 압축공기를 불어넣는 크고 작은 두 개의밸브가 있다. 문제는 밸브 작동 스위치가 일상생활에서 사용하는 레버 형태로 쉽게 조작될 수 있다는 것이었다. 컨테이너 설계와 제작 때 사람의 실수(human error)로 인한 오작동의 경우에도 내용물이 바로 누출되지 못하게끔 게이트 밸브, 혹은 글로브 밸브가 설치되었어야 했다.

작업수칙과 작업절차 또한 무시되었다. 작업자들은 보호복, 방독면, 장갑을 착용하지 않았고 작업순서도 지키지 않았다. 회사는 유독물질을 취급하면서도 비상대응 매뉴얼을 작동하지 않았다. 비상사태가 발생했을 때 주변 사업장과 지역사회에 미치는 영향을 예상하고 즉각적인 경보 전파 등 정보를 공유하는 방법을 마련해 커뮤니케이션해야 하는데 모든 것이 너무나 취약했다. 미국에서는 이미 1980년대에 환경청 주관으로 「비상계획 및 정보제공법(EPCRA: Emergency Planning and Community Right-to-Know Act)」을 마련했다.

3. 사고의 파장

1) 재난사태 선포

사고의 파장이 매우 컸다. 위험물질 취급 부주의로 근로자가 사망한 데다 공장 설비 밖 유출로 주민들은 건강 위해에 대한 공포에 휩싸였고, 농작물은

> **• • 재난사태**
>
> 국민안전처장관은 … 재난이 발생하거나 발생할 우려가 있는 경우 사람의 생명·신체 및 재산에 미치는 중대한 영향이나 피해를 줄이기 위해 긴급한 조치가 필요하다고 인정하면 … 재난사태를 선포할 수 있다. … 재난사태가 선포된 지역에 대하여 다음 조치를 할 수 있다. 1. 재난경보의 발령, 인력·장비 및 물자의 동원, 위험구역 설정, 대피명령, 응급지원 등 응급조치, 2. 해당 지역에 소재하는 행정기관 소속 공무원의 비상소집, 3. 해당 지역에 대한 여행 등 이동 자제 권고, 4. 그 밖에 재난예방에 필요한 조치. (「재난 및 안전관리기본법」 제36조)
>
> **• • 특별재난지역**
>
> 재난이 발생하여 국가의 안녕 및 사회질서의 유지에 중대한 영향을 미치거나 피해를 효과적으로 수습하기 위하여 특별한 조치가 필요하다고 인정하는 경우 … 대통령은 해당 지역을 특별재난지역으로 선포 … 특별재난지역에 대하여는 … 응급대책 및 재난구호와 복구에 필요한 행정상·재정상·금융상·의료상의 특별지원을 할 수 있다. (「재난 및 안전관리기본법」 제60조)

다 말라죽었다. 정부는 이 사고를 재난사태로 규정했고, 주변 피해지역을 특별재난지역으로 선포했다.

2) 한국위험물학회의 탄생

(주)휴브글로벌 불화수소 누출사고를 계기로 '한국위험물학회'가 2012년 말에 발족했다. 소방방재청의 허가를 받아 사단법인으로 설립된 위험물학회는 '최근 위험물 누출사고가 발생하여 인근지역에 재난으로까지 확대되는 사고가 있었다'면서 '현재까지 우리나라는 위험물에 대한 체계적인 안전관리 시스템이 미약했던 것이 사실이고 위험물 취급에 대한 홍보와 교육부족에 국민들의 안전불감증까지 더해지면서 계속해서 안전사고가 일어난다'는 문제의식을 갖고, '위험물에 대한 국가의 안전관리 시스템 체계화는 시급히 수행해야 할 과제'라며 위험물질과 관련된 다양할 활동을 체계적으로 수행하는 전문가 집단임을 표방했다.

3) 정부 기구 변화

이 사고 후, 2013년 말부터 이듬 해 초까지 환경부, 소방방재청, 고용노동부 등 5개 부처와 연관된 화학재난합동방재센터가 전국에 6개소가 설치되었다. 환경부에는 화학안전과가, 고용노동부에는 화학사고예방과가 설치되었다. 또한 화학물질안전원이 설립된 것도 이 사고 여파 때문이다.

4) 법령제정과 제도변화

사고 이후 화관법(「화학물질관리법」), 화평법(「화학물질 등록 및 평가에 관한 법률」)이 제정되어 환경분야 규제에 일대 변화가 일어났다. 화학물질 신고 및 허가제도가 강화되어 위해관리계획서, 장외영향평가제도가 도입되었으며, 이 제도는 기업에서 가장 어려워하는 규제 중 하나가 되었다.

종전 고용노동부에서 시행해온 공정안전관리 대상물질과 사업장도 크게 늘었다. 공정안전관리(PSM: Process Safety Management) 대상 사업장은 5인 이상에서 1인 이상으로 적용 범위가 확장되었고(2014.1), 관리대상물질은 21종에서 불산과 염산을 포함한 산, 알칼리 및 독성 물질을 추가하여 51종으로 확대되었다(2014.9). 휴브글로벌은 공장설립 당시 작업인원이 3명이어서 공정안전보고서 제출대상이 아니었는데, 이후 8명으로 늘었을 때는 제출의무가 있는데도 무시했었다.

4. 화학사고와 제도정비

화학물질에 의한 사고는 발생확률이 낮지만(low probability) 그 발생파장은 엄청나다(high consequence). 2015년 우리나라에서 한 해 동안 발생한 산업재해 중 화학물질 관련 사고는 912건이었다. 재산 피해를 제외한 인명 피해만

그림 1-6-1 화학사고 발생과 제도 정비

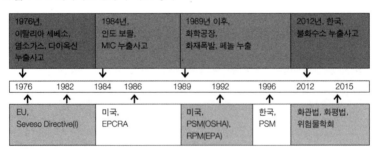

• EPCRA: 「비상계획 및 정보제공법(Emergency Planning and Community Right-to-Know Act)」
• PSM: 공정안전관리체제(Process Safety Management)
• RPM: 위해관리계획(Risk Management Plan)

보면 사망 68명, 부상 820명, 직업병이환 281명이었다.

화학물질 관련 사고는 주로 화재, 폭발이나 파열, 누출 및 접촉에 의한 것이다. 세계적으로 잊기 힘든 화학사고가 여러 번 있었는데, 그때마다 제도를 새로 마련하거나 재정비하고 있다. 한걸음 늦었지만 우리나라도 그런 형편이다. 이것을 시간 흐름과 사고 발생에 따라 정리하면 **그림 1-6-1**과 같다.

제2부 왜 이렇게 되었을까: 유효성을 상실한 이제까지의 방식

제7장
'위험한 일'에 기꺼이 종사하는 이유

1. 안전과 보건이란 무엇인가

안전(safety)이란 안전한 상태를 말한다. 사고로부터의 보호, 건강이나 경제적 손실을 초래할 무엇에 노출되는 것으로부터의 보호라는 형태를 띤다. 특히 직업안전(occupational safety)은 '수용 가능한 리스크의 정도를 달성하기 위한 확인된 위험의 통제'라고 정의되기도 한다. 사람뿐 아니라 재산의 보호까지 포함한다.

안전은 상대적이라는 것을 인식하는 것이 중요하다. 모든 위험을 제거한다는 것이 설사 가능하다 할지라도 그렇게 되기까지는 지극히 어렵고 소요비용 또한 엄청나다. 안전한 상황이란 부상이나 재산 손실의 위험 수준이 낮고 관리 가능한 것을 가리킨다. 위험이 제로(zero)일 수 없다는 사고는 위험성평가와 관련된다.

안전과 유사하게 사용되는 용어로 보안또는 안보, 이하 시큐리티(security)]이 있다. 사회적 안전 또는 공공 안전으로 불리기도 하는 시큐리티는 폭행, 강도, 파괴와 같은 고의적 범죄 행위에 기인한 피해위험을 다루는 것이다. 미국의 Department of Homeland Security를 국토안보부라고 하지 국가안전부라고 하지 않는다. 한국의 '국민안전처'는 영문 명칭을 Ministry of Public Safety and Security로 정했다. 세월호 사건(2014.4.16) 여파로 안전 업무를 담당하게 되었기 때문이다. 시큐리티는 도덕적 문제가 개입되어 있기 때문에 많은 사

•••• 위험을 의미하는 영어 단어

산업안전에 나타나는 '위험'에 대한 영어 단어에 대하여 이해하면 유용하다.

danger는 위험을 나타내는 일반적인 말로서 어원은 고대 프랑스어 dongier(힘)라고 하며, '힘' → '악에의 힘' → '무책임한 힘'으로 의미가 변화되었다고 한다. 라틴어 dominus(힘, 신)도 같은 계통이다.

hazard는 일에 따르게 마련인 우발적인 위험을 가리키는데, 고대 프랑스어에서 유래된 말로 원래는 스페인어로 '불행한 주사위'라는 의미를 가지고 있다고 한다. 아랍어 al zahr(al 정관사 + zahr 주사위)도 같은 맥락이라고 한다. "the hazards of mountaineering(등산에 따르게 마련인 위험)".

peril은 임박한 중대한 위험을 의미한다. peril은 고대 프랑스어에서 나왔으며 원래는 라틴어 periculum에서 유래했다고 한다. (periculum=periri해보다 + -culum = 해보기 → 위험). "face the peril of an enemy attack(적의 습격을 금방 받을지도 모를 위험에 직면하다)".

risk는 hazard를 초래하는 것으로 간주되는 위험. risk는 rise와 같은 어원을 가지며 무언가가 갑자기 튀어 오르는 위험한 상황을 가리킨다고 한다.

danger, risk, hazard의 차이점
Danger: 1. 뭔가를 함에 따라 수반하는, 피해를 받을 수 있는 상황으로의 노출, 위험
       2. 피해의 이유
Risk: 1. 부정적인, 가능한 결과(danger 1은 여기에 포함)
     2. (일반적으로)부정적인 결과의 가능성. 꼭 부정적인 가능성만을 뜻하는 것은 아님
Hazard: 1. 피해를 받을 가능성(무조건 부정적)
       2. Risk 1을 만들거나 Danger 1을 일으키는 것

(예 1) 뜨거운 커피가 내 손에 쏟아지는 것은 Danger, 뜨거운 커피는 나에게 피해를 줄 Risk가 있는 것이고, 뜨거운 커피 자체는 Hazard.
(예 2) 헬멧을 쓰지 않고 오토바이를 타고 도로 위를 달릴 때, 사고가 나는 것은 Danger, 사고가 났을 때 내가 다칠 확률은 Risk, 사고를 내는 나의 부주의는 Hazard.

세 단어를 구분해 쓰지 않을 때도 있지만. 구분해 쓸 때는 Danger 1, Risk 2, Hazard 1이 자주 쓰인다고 한다.

람들에게 객관적 안전(objective safety)보다 훨씬 중요하다. 예를 들면, 많은 나라에서 자동차 사고 사망이 살인사건 사망보다 일반적이지만, 살인에 의한 사망은 자동차 사고 사망보다 나쁜 것으로 간주된다.

건강 또는 보건(health)이란 '단순히 질병 또는 부상이 없다는 것이 아니라 육체적, 정신적, 사회적으로 완벽하게 온전한 상태(well-being)'를 가리킨다(세계보건기구, 1948년). 산업보건 또는 직업건강(occupational health)의 세 가지 주요 중점사항은 ① 근로자의 건강과 일할 능력의 유지 증진, ② 근로환경의 개선 및 안전과 보건에 도움이 되는 쪽으로의 업무개선, ③ 건강과 안전을 지원하는 조직과 문화의 발전이다(직업건강에 관한 세계보건기구/국제노동기구 합동위원회, 1950년).

2. 위험한 일에 기꺼이 종사하는 이유: 산업안전의 경제이론적 기초

우리는 일자리를 구할 때, 여러 가지를 따져보게 된다. 가장 핵심적으로 고려하는 것은 '과연 내가 일한 만큼 대우 받는가' 하는 것이다. 과연 대우란 무엇을 의미할까? 급여는 만족할 만한가? 일터는 집에서 가까운가? 성과급은 어느 정도인가? 이름 있는 직장인가? 내 전공과 경력을 제대로 발휘할 수 있을까? 휴가는 충분한가? 근무시간은 팍팍하지 않을까? 얼마만큼 자율성을 발휘하며 일할 수 있을까? 하는 것들일 것이다.

다시 말하면, 우리는 직업을 선택할 때 금전적 대우뿐 아니라 그 일을 함으로써 얻게 되는 모든 효용(utility) 또는 후생과 복지(welfare)를 고려한다. 이에 대해 일찍이 18세기에 경제학자 애덤 스미스(Adam Smith)가 직업을 선택하는 요소로 급여 외 다섯 가지 요소[1]를 지적한 것이 있다.

---

1 ① 직업(일)의 유쾌함 또는 불유쾌함, ② 일을 배우기가 쉬운지 또는 어려운지, ③ 고용이 안정적

수없이 많은 직업이 불가피하게 어려운 근로조건을 갖고 있다. 나쁜 근로조건을 쾌적한 것으로 만드는 일은 불가능하기도 하고 엄청난 비용이 든다. 심해작업, 경찰업무, 심야작업, 소방업무, 채탄작업 들이 그렇다. 현대 사회에서 이런 일에 사람을 채용하는 방식이 두 가지인데, 하나는 합법적 근거를 마련해 강제로 일을 시키는 것이며(강제징집을 입법한 나라가 드물지 않다), 다른 하나는 자발적으로 일하도록 유인하는 것이다.

유인책(incentive)이 발휘될 때 가장 용이한 것이 금전적인 대우를 더하는 것이다. 이렇게 제공되는 추가적인 임금과 통상적인 임금과의 격차를 보상임금격차(compensating wage differential)라고 한다. 보상임금격차 현상에 대해서는 경제학의 아버지인 애덤 스미스가 『국부론』(1776)에서 여러 가지 사례를 들어 제시해놓았다.

- 노동임금은 직업이 쉬운가 어려운가, 깨끗한가 더러운가, 명예스러운가 불명예스러운가에 따라 다르다.
- 모든 직업 중 가장 불쾌한 사형집행인의 직업은 수행하는 작업량에 비교하면 어떤 일반 직업보다 높은 보수를 받는다.
- 성과급으로 지급받는 광부의 경우, 뉴캐슬에서는 보통노동임금의 약 두 배를 벌며, 스코틀랜드 다수 지방에서는 약 세 배를 버는 것 같다. 그의 높은 임금은 전적으로 그의 작업의 어려움, 불쾌함, 더러움 때문이다.
- 건강에 매우 좋지 않은 것으로 알려진 직업에서 노동임금은 언제나 매우 높다.

이 같은 이론이 현실적으로 유효하기 위해서는 몇 가지 조건이 필요하다. ① 근로자들은 임금을 극대화하기 위해서가 아니라 효용을 극대화하기 위

인지 불안한지, ④ 일에 따르는 책임이 큰지 작은지, ⑤ 직업에서 성공 가능성 여부.

해 일한다는 것이다. 임금이란 금전적 보수를 말하며, 효용이란 일을 함으로써 얻게 되는 금전적·비금전적 만족의 총계라고 할 수 있다. 이런 가정이 어느 정도 타당하다는 것을 우리는 일상생활에서 눈으로 직접 확인 가능하다.

② 근로자들이 일자리에 관한 정보를 소상히 알고 있어야 한다. 특히 불리한 조건에 대해, 그중에서도 일의 위험에 관한 정보를 알아야 한다. 자기가 취업하려는 일자리의 위험정보는 사전에 또는 일을 시작하면서 곧바로 생각보다 쉽게 알게 된다. 그러나 어떤 경우에는 일의 위험정보 자체가 뒤늦게 알려진다. 석면의 경우, 인체에 대한 유해성이 석면에 노출된 후 이삼십 년 후에 나타난다.

③ 근로자들이 일자리를 찾아 자유롭게 이동할 수 있어야 한다. 달리 말하면 근로자가 다수의 일자리 제안을 받고 선택할 수 있어야 한다. 또한 현재 일자리가 마음에 들지 않으면 다른 일자리로 용이하게 옮길 수 있어야 한다. 계약조건이 좋지 않아서, 작업환경이 열악해서 일자리를 옮기는 현상은 드물지 않다. 통계청이 발표한 '2015 한국의 사회동향'에 의하면 국내 임금노동자의 평균 근속기간은 6.1년이고, 52.8%가 3년 미만 단기 근속자이다.

④ 근로자에게는 일정 기간 일하지 않아도 생활을 유지할 수 있는 비임금 소득이 있어야 한다. 현실적으로 오랜 기간 일하지 않고 모아둔 돈만으로 생활을 영위할 수 있는 사람은 그리 많지 않다.

그렇다면, 실제 우리 현실에서 보상임금격차가 존재하는가? 이는 이론검증 문제로 정교한 논의를 요구하지만, 간단히 말하면 이렇다.

'다른 조건이 동일하면 보다 더 위험한 일자리의 임금이 상대적으로 높을 것'이라는 주장을 검증하기 위해서는 '다른 조건'을 일정하게 통제해야 하는데 이는 몹시 어려운 과업이다. 연령, 교육정도, 성별, 노조 유무, 정규직 여부 등 통제하기 어려운 여러 변수들이 존재하기 때문이다.

또 하나는 '바람직하지 않은 일자리의 특성'을 확실하게 정의하기 어렵다는 것이다. 근로조건 가운데 '좋은 것'과 '나쁜 것'이 각각 무엇인지, 그리고 그 좋고 나쁨의 정도를 가늠하는 눈높이가 사람마다 다르다.

그러나 우리는 지금 일자리의 여러 가지 좋지 않은 특성 중 '위험'에 대해 논의하고 있다. 부상과 사망 가능성의 위험요소는 사람들이 되도록 피하고 싶어하는, 분명히 나쁜 근로조건이다. 여러 연구에서 위험에 관한 비교 가능한 통계자료를 사용해 검증한 결과, 보상임금격차가 존재는 하는데 그 정도가 선험적으로 생각하는 것보다 작았다. 예컨대 미국 쪽 연구를 보면 다른 변수를 모두 통제한 경우, 야간 근무 간호사가 주간 근무 간호사보다 12% 더 많은 보상임금을 받는 것으로 조사된 것이 있다.

3. 기업의 입장

기업이 존재하는 근본적인 이유는 생산활동을 통한 이윤(profit) 창출이다. 생산활동에는 자원이 필요한데, 그 가운데 빠질 수 없는 것이 인적 자원(노동력)이다. 다른 생산 자원과 마찬가지로 인적 자원 역시 저렴하면서도 품질이 좋기를 바란다. 하지만 노동력이라는 인적 자원은 인격과 분리하여 생각할 수 없기 때문에 다른 자본이나 토지와 같은 물적 자원과 동일한 평면에서 논할 수 없는 특징이 있다.

그러므로 다른 조건이 동일하다면 위험한 일에 대해서는 더 높은 가격(임금)에 인적 자본(근로자)을 조달하게 되는 것이다. 이렇게 하여 인적 자원이 눈에 보이지 않게 노동시장에서 배분된다. 따라서 보상임금격차라는 요소는 기업이 제 스스로 일할 노동력을 구할 수 있는 장치로 작동된다. 만약 보상임금을 지급하지 않는 기업이라면 다른 좋은 조건(여가나 유연근무 등)을 제시해야만 같은 재능이나 자질을 가진 근로자를 구할 수 있다.

그렇다면 기업으로서는 위험한 일에 더 높은 임금을 지급하거나 다른 좋은 조건을 제공하여 만족감(효용)을 충족시키면 족할 텐데 거기에 더해 왜 추가적으로 안전관리를 요구하는 것인가라고 질문할 수 있다.

안전관리란 무엇인가?

일반적으로 안전관리라고 하면 보건을 포함한다.[2] 기업경영 차원에서 안전관리란 재화 또는 서비스의 생산 활동의 정상적인 운영을 저해하는 요인에 대한 대책의 하나로, 안전한 노동조건(근로자 건강을 보살핀다는 의미에서의 보건을 포함하는 안전한 노동조건)을 만들기 위해 생산의 인적·물적 조건에 대해 경영자가 행하는 관리활동을 말한다.

기업 입장에서 안전관리에 신경을 써야 하는 이유는 보상임금 지급으로 생산에 필요한 인적 자원의 조달을 마쳤다고 끝이 아니기 때문이다. 과거의 제도는 사업장에서 사고가 발생해 근로자가 부상을 입으면 다친 근로자가 사업주의 과실을 입증해야 했다. 그러나 현대 사회에서는 사업주가 자신의 무과실을 직접 입증해야 한다. 사업장에서의 부상은 사업주의 과실 여부와 상관없이 사회보험인 산재보험으로 처리한다.

다른 차원의 논의로, 사업장에서 사고가 발생하면 사고의 경중에 관계없이 예상외로 엄청난 금전적, 비금전적 비용이 발생한다. 법률쟁송 제기, 매출 감소, 기업 명성 훼손, 종업원 사기 저하 등 미리 헤아릴 수 없었던 손해를 보게 된다.

그뿐 아니라 일터에서의 근로자 부상을 방지하기 위한 수많은 정부 규제가 존재한다. 규제를 준수하지 않을 경우 처벌을 받는다. 그런 규제를 준수해야 하는 의무주체가 기업(법인 또는 개인)이다.

이같이 기업 입장에서는 귀중한 인적 자원의 유지, 사고가 초래하는 금전적·비금전적 비용 발생 예방, 정부 규제 준수 등의 이유 또는 목적 때문에 안전관리가 중요해지는 것이다.

---

2 특별한 경우가 아니면 안전은 보건이 포함된 개념이다. 그러나 많은 대학의 교육과정에서는 이런 점을 반영하지 못해, 안전은 안전대로 보건은 보건대로 분리되어 있다.

4. 정부의 입장

시장과 정부의 관계는 논의하기 어렵다. 다만 노동(력) 시장과 관련해 정부가 할 일은 인적 자원의 양성과 공급, 일터에서의 제대로 된 처우 등을 거론할 수 있다. 특히 일터에서의 위험과 관련된 정부의 역할은 두 가지라고 하겠다.

하나는 사후적 역할로 사고가 발생했을 경우에 행하는 산재보험에 의한 요양과 보상이다. 「산업재해보상보험법」이 그것이다. 우리나라에서는 1963년 제정되었다. 정부는 일터에서 다친 사람들을 산재로 인정해 무상으로 치료를 받게 하고, 일을 못 하는 기간 동안의 보상을 휴업급여로 지급해 그들의 생계를 보살피게 된다. 또한 일터 복귀를 촉진하는 제도도 마련되어 있다.

정부의 사전적 역할은 사고가 발생하기 전에 일의 위험성에 대한 예방조치를 하는 것이다. 「산업안전보건법」이 바로 이것이다. 우리나라에서는 1981년 제정되었다. 근로자들의 안전과 보건을 위한 각종 기준을 만들어 사업주가 준수하게 하는 것이다. 각종 기준 설정이 합리적인가, 그 기준 규제를 준수하는 데 드는 비용(안전투자)을 사업주가 충분히 지불할 용의가 있느냐 하는 문제와는 별개이다.[3]

---

3 기업에서는 일반적으로 필요한 것보다 덜 투자하는데, 그렇게 될 수밖에 없는 '합리적인' 이유와 대책에 대해서는 제9장 "시대에 뒤떨어진 산업안전보건법"을 참고.

제8장
무재해, 숨겨진 진실 산재은폐의 경제학

1. 산재은폐의 현실

정부에서는 연간 산업재해 발생건수가 10만 건을 넘지 않는다고 발표한다. 그런데 정부에서 발주한 연구는 실제 발생한 산업재해가 정부의 공식발표보다 12배 정도 많다는 걸 보여주고 있다. 다시 말하면, 연간 산재발생이 10만 건을 넘지 않는다는 것이 정부 통계지만 실제로는 100만 건 이상의 산업재해가 발생하고 있고, 그중에서 산재보험처리가 되는 것은 1/10 정도도 안 된다는 것이다. 일하다 다쳤는데 산재보험을 적용받지 못한 근로자수가 정부 발표보다 12~16배 많다는 연구도 있다. 전문가들의 연구가 아니어도 산재은폐 사례는 언론 매체에 늘 등장한다.

지게차에 치여 피해자의 장기가 손상된 사고가 발생했을 때 목격자가 신고하여 출동한 119 구급차를 되돌려 보내고, 회사 승합차에 실었다가 지정 병원 구급차로 늦게 이송하여 '살릴 수 있었던 목숨'이 희생된 사례는 산재은폐의 현실을 보여주는 빙산의 일각이다.[1]

기업 현장에서 일하는 안전관리자도 같은 말을 한다.

---

1 2015년 7월 29일 청주 소재 화장품 제조업체에서 발생한 사고 개요. 이 내용에 대해서는 이 장 뒤의 부록에서 상세하게 다루었다.

산재(산재보험)와 자보(자동차보험)가 적용될 수 있는 사고가 나면요? 회사에서는 당연히 자기 차 보험처리 하라고 하죠.

_ 외국계 기업 안전관리자(2016.4).

사고 나면 산재처리 하나요? 하청에 넘기거나 그것도 안 되면 공상 처리하죠.

_ ○○에너지 안전관리자('산재예방의 달인' 표창 수상자, 2015.4).

2. 왜 은폐할까

일할 때 사고가 발생한 경우 처리하는 방식이 두 가지가 있다. 하나는 산재로 처리하는 것이고 다른 하나는 산재가 아닌 다른 방식, 예컨대 공상, 자동차보험 및 개인사고로 처리하는 것이다. 산재를 산재처리하지 않고 그런 식으로 하면서 은폐하는 이유는 무엇일까? 틀림없이 기업에 이익이 되기 때문일 것이다.

사고가 발생한 경우, 부상자의 병원 이송 등 관련된 일을 회사에서 처리하게 된다. 사고가 산재인지 여부의 결정에는 회사의 협조가 중요하다. 회사는 왜 산재로 처리하는 것을 피하는 것일까?

3. 다친 근로자의 득실

우선 근로자 입장에서 얘기해보자. 피재 근로자 입장에서는 다친 부상을 치료해야 하고, 일하지 못한 기간 동안의 급여(휴업급여)를 받아야 한다. 그 입장에서는 자기 비용만 들지 않는다면, 병원에 지급되는 치료비(요양급여)가 산재보험에서 나오든 건강보험에서 나오든 회사에서 부담하든 상관할 필요가 없다. 더군다나 산재로 처리할 때 나라에서 지급하는 휴업급여는 평균임금의 70%에 불과한데, 산재로 처리하지 않는 경우에는 근무한 것으로 간주해서 사업주가 전액(100%)을 준다. 휴업이 아닌 정상 근무로 간주해 다치기 전과 동일한 임금을 지급하므로, 피재 근로자 입장에서는 산재처리하지 않는 것이 이익이 된다. 산재처리 여부를 가릴 이유가 없으며, 오히려 당장은 산재은폐에 협조할 유인이 있는 것이다.

더구나 고용계약은 일시적 관계가 아니라 회사와 계속되는 관계이므로, 근로자 입장에서는 자기의 이익이 손상되지 않는 한 사업주에게 협조하지 않을 수 없다. 계속되는 관계에서는 일시적 관계와 달리 신뢰와 평판이 중요하기 때문이다.

사업주가 산재를 산재보험으로 처리하지 않는다―산재은폐―고 근로자가 손해를 보는 것도 아닌데 공연히 산재처리를 요구하게 되면 사업주는 그에 대한 신뢰를 거둘 것이고, 동료 근로자들 사이에서 회사에 비협조적인 인물이라며 평판에 금이 갈 것이다. 피재 근로자는 금전적 이득이 있는 데다 비금전적 손해를 방지하기 위해 회사 측의 산재은폐에 눈감거나 동조하게 된다.

다만 근로자가 산재로 사망한 경우는 사정이 다르다. 산재로 지급되는 것이 휴업급여가 아니고 유족급여이며, 지급받는 사람이 사망한 근로자가 아닌 유족이기 때문이다. 유족은 신뢰와 평판과 상관없는 사람들이다. 그래서 산재로 사망하는 경우는 산재은폐가 되기 어렵다.

4. 기업의 득실

기업의 입장을 보자. **표 2-8-1**에서 보는 것처럼 산재를 은폐하면 기업의 이익은 크고 구체적이며 손해는 적다. 그와 반대로 법대로 산재처리하면 기업에게 이익이 없을뿐더러 손해가 막심하다. 나눠서 살펴보면 다음과 같다.

표 2-8-1 기업의 산재은폐, 이익과 손해

선택	이익	손해	결과
산재 은폐	① 안전감독 받지 않음 ② 원청으로부터 불이익 없음 ③ 관급공사 수주에 유리 ④ 산재보험료 감액	⑤ 과태료(최고 1천만 원) ⑥ 치료비(건강보험으로 처리)	은폐의 이익이 훨씬 크다
산재 처리	⑦ 산재보험으로 치료 　(병원으로 지급) ⑧ 산재보험금 수령 　(근로자에게 지급)	⑨ 안전감독 받음 ⑩ 원청과 재계약 어려워짐 ⑪ 정부발주공사 수주제한 ⑫ 산재보험료 증가	
※ 근로자: 산재은폐를 문제시하기보다도 오히려 은폐에 협조할 유인이 있다(단 사망한 경우에 는 사정이 다르다).			

　근로자가 다쳤다. 산재를 산재로 처리하지 않고 은폐하는 경우 생기는 중요한 이익을 다음과 같이 구체적으로 확인해볼 수 있다.

　① 정부에서 산재발생 사실을 알지 못하므로 「산업안전보건법」에 근거한 조사와 감독을 실시하지 않는다. 사고 조사를 나오면 안전조치 및 보건조치 위반으로 벌금이나 과태료를 물게 되는 것에 예외가 없으며, 작업환경 개선명령에 따라 비용이 또 들어간다. 더불어 산재신고에 따른 각종 서류작업 등도 적잖은 부담인데, 산재처리를 하지 않으면 이 모든 것이 해결된다.

　② 대부분의 중소기업은 원청회사의 일을 받아 하거나 원청 구내에 들어가서 일을 하는 경우가 비일비재하다. 사실, 대기업 안전관리자의 주 업무는 하청업체가 안전관리를 제대로 하는지 감시하는 것이다. 하청기업에서 사고가 나면 다음에는 일을 주지 않는다. 원청의 일을 받는 것은 하청회사의 생사와 직결되므로 원청이 알게 될 산재처리는 될 수 있으면 피하는 것을 상책으로 여긴다(제1장의 "저승사자 이야기" 참조).

　③ 건설회사가 공공기관의 공사를 수주하기 위해 받는 입찰참가자격 사전심사제(PQ: Preliminary Qualification)라는 것이 있는데, 여기에 산재 실적이 들어간다. 그전에는 산재 발생빈도와 강도에 따른 감점제였다. 지금은 산재가

없으면 가산점을 부여하는 방식으로 변경되었다. 산재은폐가 적발되면 결국 감점된다. PQ 점수는 공공공사를 수주해야 하는 건설사의 낙찰 성공 여부에 중요한 변수로 작용한다. 산재은폐는 여러 가지 이유로 적발 가능성이 낮으므로 PQ 제도는 산재처리를 기피하게 만드는 원인을 제공하고 있다(현장감을 느낄 수 있는 사례는 제1장의 "W건설 현장 소장 이야기" 참조).

④ 산재보험이 적용되는 기업에서 납부한 산재보험료와 정부에서 산재로 지급한 요양급여, 휴업급여 등 보험급여액의 각 3년간 총액을 고려해 그 기업이 속한 업종의 평균보험요율보다 적게 하거나 더 하는 것을 개별실적요율제라고 한다.

개별실적요율제로 2012년 한 해 5만 8070여 개 기업이 총 1조 1376억 원의 산재보험료를 절감했다. 산재 발생이 적으면 이 요율이 하락하고, 많으면 상승한다. 산재가 발생했을 때 산재처리를 하지 않고 다른 방법으로 처리하면 (산재은폐를 하면) 이 문제는 해결된다. 산재로 처리된 기록을 남기지 말아야 하는 것이다. 기업의 산재예방 노력을 촉진하는 장치로 설계된 개별실적요율제가 거꾸로 가급적이면 산재보험 처리를 기피하려는 요인이 되고 있다.

⑤ 산재가 발생하면 회사는 반드시 신고할 의무가 있으며 불이행 때는 처벌이 따른다. 사업주는 사망자가 발생하거나, 3일 이상의 휴업이 필요한 부상을 입거나 질병에 걸린 사고가 발생한 경우 1개월 이내에 산업재해조사표를 작성해 제출해야 한다.

산업재해조사표에 근로자 대표의 확인을 받아야 하고, 기재 내용에 대해 근로자 대표의 이견이 있는 경우 그 내용을 첨부해야 한다. 다만 건설업의 경우에는 근로자 대표의 확인을 생략할 수 있다. 산업재해 발생 사실을 이같이 보고하지 않으면 산재은폐가 된다. 산재은폐가 발각되면 과태료 처벌을 받는다.[2]

산재은폐가 발각되면 이렇게 과태료 납부라는 손해를 보게 된다. 그러나

---

2 「산업안전보건법」제10조(산업재해 발생 보고 등) 제72조(과태료).

이 정도 손해는 감수할 만하다. 여간해서 발각되지 않고, 발각되어도 처벌이 이익에 비해 미미하다. 과태료 상한액수는 1천만 원 이하이나, 실무에서는 최초 적발의 경우 300만 원을 부과한다고 한다.

⑥ 피재 근로자에 대한 치료비는 산재은폐의 경우 산재보험수가(産災保險酬價)가 아니고 대개 건강보험수가(健康保險酬價)로 처리된다. 사업주가 손해 보는 것은 아니다. 가끔 일반수가(一般酬價)로 처리하는 경우도 있다.

다음으로 산재를 은폐하지 않고 제대로 처리했을 경우에 대해 살펴보자.

⑦ 산재보험으로 치료하면 요양급여라는 이름의 산재보험급여가 지급된다. 이는 사업주가 납부한 산재보험료를 재원으로 하여, 산재보험을 관리하는 정부기관(근로복지공단)에서 의료기관으로 지급한다. 이것은 근로자의 이해관계와 무관한 금액이다.

⑧ 일하지 못한 기간에 대해 휴업급여라는 명목의 산재보험금이 지급되는데, 이는 사업주가 납부한 산재보험료를 재원으로 하여 근로자에게 지급되는 것이다. 요양급여나 휴업급여는 먼 장래의 개별실적요율 계산에서 불리하지 당장은 사업주와 아무런 관계가 없다.

⑨~⑫의 손해는 ①~④의 이익과 비교할 때, 그 초래되는 양태가 직접적이고도 구체적이며 명백할 뿐만 아니라 그 막대함의 정도는 경우에 따라 회사의 존망을 좌우할 지경에 이른다.

5. 본질적인 문제

이제 정부 입장을 살펴보자. 정부는 2008년 1월부터 2014년 7월까지 산재은폐 사례 7978건을 적발했는데, 건강보험공단의 부당이득금 환수자 명단을 추적해 적발한 것이 60% 이상이었고, 관리감독으로 드러난 것이 452건, 산재은폐신고에 의한 것은 19건에 불과했다(2014 국정감사자료).

실무적으로 산재은폐를 적발하는 방법은 신고, 119 자료, 건강보험 부정수급자료를 활용하는 것이다. 건강보험공단 자료를 분석하는 것은 업무적으로 엄청난 부담을 지게 되며, 신고센터에서 신고를 받는다고 하지만 이 또한 조사과정에서 신고자 또는 피재자의 신분이 드러나는 문제가 있어 실효성이 없다. 「산업안전보건법」 적용 대상은 굉장히 많은 데 비해 안전감독관 숫자는 미미하다. 법이 적용되는 사업장은 230만 곳이 넘는 데 비해, 안전감독관은 300명을 조금 넘는 실정이다. 하지만 안전감독관 숫자를 늘린다고 해결될 일도 아니다.

　본질적인 문제에 대해 고찰해보자. 산재은폐는 나쁜 것인가? 다친 근로자는 치료를 받고 일하지 못한 기간 급여를 받으면 될 것이므로 자신의 산재가 어떤 방식으로 처리되든 무방하다. 기업은 근로자를 위해 산재보험료와 건강보험료를 납부하므로 산재 근로자가 산재보험으로 치료를 받든 건강보험으로 치료를 받든 문제될 것이 없다. 오히려 위에서 설명한 것처럼 피재 근로자가 고집해 산재로 처리되면, 고용관계에서 신뢰와 평판을 상실하는 등 많은 불이익을 당하게 되므로 건강보험으로 처리하는 것이 이익이 된다.

　그렇지만 피재 근로자 입장에서 공상처리(산재은폐)되는 경우, 다음과 같은 불이익이 있게 된다. 회사에서 치료기간 단축을 강요할 수 있고, 후유증이 남거나 재발하는 경우 치료에 만전을 기할 수 없으며, 중증장애의 경우 장해급여를 받을 수 없어 생활보장을 받을 수 없게 된다.

　특히 회사가 부도나면 재해보상을 받을 길이 없다. 또한 추가적으로 받을 수 있는 민영보험인 사업주가 가입한 근재보험(근로자재해보상보험) 혜택을 받을 수 없다. 민간 보험회사에서 근재보험급여는 법에 의한 산재로 처리된 경우에만 지급하기 때문이다.

　이렇게 사고가 은폐되(어 다른 방식으로 처리되)면, 장래 닥칠 수 있는 큰 불이익을 깨닫지 못하는 피재 근로자가 목전의 손해는 없거나 외려 이득이라는 짧은 계산에 몰두하는 사이에, 그렇게 하면 돌아오는 이익이 크다는 사실을 잘 알고 있는 회사는 산재를 은폐하게 되는 것이다.

6. 산재은폐가 없어져야 하는 이유

산재은폐의 진정 심각한 근본적인 문제는 그것이 부정확한 산재통계로 이어져 부실한 정책을 낳는다는 것이다. 또한 산업재해 실상이 드러나지 않아 사고 내용과 정도를 알 수 없게 되고 그 심각성이 희석되므로 사회적, 기업적 차원에서 무관심을 낳아 재해가 반복되기 쉽다. 이는 결국 더 많은 근로자가 산재를 당하는 결과로 이어진다. 산재은폐는 없어져야만 한다. 산재은폐의 원인과 실상에 대해 2014년 국정감사에서 나온 논의를 정리해 소개한다.

우리나라는 2008년부터 2013년까지 6년간 OECD 국가 중 산재사고 사망률이 세 번째로 높았지만 사망을 제외한 산재사고 재해율은 근로자 10만 명당 평균 592명으로 낮은 편에 속하는 것으로 나타났다. 산재은폐로 그렇게 나온 것이었다. 사망사고는 은폐가 불가능한 반면, 사망 외 산재사고에 대해서는 은폐가 만연하는 것으로 추정된다.

해마다 산재은폐에 대한 문제제기가 반복되지만, 산재은폐에 대한 공익제보자 보호장치가 없다 보니, 회사 내부에서 용감하게 산재은폐를 제보한 사람은 곧바로 회사에 신분이 노출되고 있다. 또한 안전감독관들이 업체와 지나친 유착관계에 있으면서 금품, 향응을 제공받아온 사실도 드러났다. 고용노동부는 산재은폐의 주범으로 지목된 개별실적요율제가 정책효과 검증이 부실함에도 불구하고 유례없이 확대적용을 강행하고 있다.

고용노동부는 롯데건설이 하청업체에 산재은폐를 종용했음에도 이를 묵인하고 오히려 신고자에게 과태료를 매겼다. 롯데건설은 하청업체인 아하엠텍(주)에서 2009년에 산재사고가 발생하자 추후 합의금을 보전해주기로 이행각

서를 써주는 등 산재처리를 하지 않도록 적극 종용했다. 롯데건설은 하청에서 발생한 산재를 알고 있고, 공상처리 과정에 직접 가담까지 했는데 산업안전보건공단에서 '무재해 인증'을 받았다. 하청업체인 아하엠텍(주)이 뒤늦게 노동청에 사실을 실토하고 롯데건설의 산재은폐 종용을 고발했지만, 노동청은 법상 처벌규정이 없다는 이유로 고발을 각하하고 도리어 신고한 하청업체에 산재발생 보고의무 위반이라며 과태료를 부과했다. 소를 제기한 하청업체더러 산재합의금 부당이득을 롯데건설에 반환하라는 요구도 있었다. 롯데건설 대신 피재근로자 측에 합의금을 주었으니 그것을 달라는 것이었고, 당사자 사이에 다툼 없이 지급되었다는 내용이 판결문에 있었다.

롯데건설 부사장은 '협력업체 산재은폐를 원청이 종용하지 않도록 하겠다'며 산재은폐 종용사실을 인정했다. 대기업 건설사가 관급공사 수주에 불리해질 것을 우려해 하도급 업체에 발생한 산재를 은폐하고 이른바 '공상처리'하도록 강요하는 관행이 드러난 사례다.

7. 산재은폐를 없애는 방법 모색

산재은폐를 막으려면 어떻게 해야 할까? 이 질문은 달리 말하면 산재를 있는 그대로 정부에게 보고하도록 하려면 어떻게 할 것인가 하는 문제이다. 이제까지 정부에서 시행해온 개별실적요율제를 비롯하여, 산재발생실적을 건설공사 사전심사에 반영하는 것, 하청업체의 산재발생실적을 원청회사가 하청업체 평가기준으로 삼는 것 등은 모두 산재가 적게 발생한 업체에 이익을 주고 산재 예방을 장려하기 위해서였다. 하지만 하나같이 처음 취지와 다르게 산재발생을 은폐하는 메커니즘으로 작용해왔다. 정부에서 산재은폐를 막기 위해 은폐 사업장 명단 공표, 과태료 금액 상향, PQ 심사 불이익 강화 등의 대책을 강구한다는데, 이런 방식으로 산재은폐를 근절하는 것은 가능성이 희박하다.

산재은폐를 방지하려면 발상의 전환이 필요하다. 기존 제도의 존폐문제를 진지하게 검토해야 한다. 업계 실무자들과 토론한 결과 몇 가지 방안이 도출되었다.

정부에서는 항상 안전감독관 수를 늘리는 방안을 내세운다. 감독관의 주요 업무가 산재은폐 적발이 아니라는 점 말고도 증원하는 것에는 현실적으로 한계가 있다. 이는 근본적인 해결책이 아니다.

산업재해 발생보고에 관한 안전감독 및 위반제재 시스템에 대한 보완적 검토가 필요하다. 산재발생 보고를 강제하는 현행 제도는 기업이 그 발생 현황과 원인 등을 적시에 파악함으로써 재발방지대책을 수립하여 시행케 하고 국가가 산재예방정책에 고려하도록 하는 것이 주된 목적이다. 그러므로 보고의무만 이행했으면 정책 목적은 달성된 것이다. 더욱이 안전감독관이 발생사실을 알지 못하고 있는 산재를 보고했는데 그 사고에 대한 조사를 하여 징벌을 가하는 것은 본래 목적과 거리가 멀다. 산재 미보고 행위를 처벌하는 것은 옳지만, 사업주가 보고한 산재에 대해 조사를 하여 처벌하는 것은 옳은 방향이 아니다. 요컨대 사업주가 산재발생 보고 자체에 부담을 갖지 않는 방법으로 제도가 설계되고 운영되어야 한다.

건설공사 사전심사(PQ)에 산재발생을 고려하는 현행 제도를 재검토해야 한다. 건설업은 속성상 사전 수주로 사업을 수행하는데, 정부나 공공기관이 발주공사의 수주에 지장을 초래하는 평가요소의 하나로 산재발생실적을 넣는다면, 어느 건설회사든 산재은폐의 유혹을 떨치기 힘들다. 기업의 생사에 영향을 주기 때문이다.[3]

산업재해 업무처리 방식을 변경해야 한다. 현재 피재 근로자가 산재요양신

---

3 PQ에 반영하는 산재발생실적의 구체적인 개선방안은 제15장 "허점투성이 건설재해 예방제도를 정리하자"를 참고.

청을 하고 사업주가 재해발생 경위를 확인하게 되어 있다. 사업주의 확인이 없어도 가능하지만, 실무적으로는 사업주의 협조가 없으면 산재라는 사실 입증이 거의 불가능하기 때문이다. (실무에서 보면 근로복지공단 직원들은 근로자가 사업주 확인 없이 제출한 산재신청서를 회사로 보낸다.) 이것을 획기적으로 바꾸어, 처음 진료 때의 의무기록을 검토해 산재 여부를 결정하는 방식으로 변경해야 한다.

산재은폐는 피재 근로자가 주도하는 것이 아니다. 속성상 기업 주도로 이루어지게 되어 있다. 즉, 기업 입장에서는 산재은폐로 발생하는 경제적 이익과 손실을 비교하게 되는데, 산재은폐를 할 때 이익은 크게 되고 손실은 거의 없는 작금의 구조를 바꿔야 한다. 산재은폐의 유인을 없애야 하는 것이다.

산재은폐에 따른 기업의 손실을 이익보다 훨씬 크게 해야 한다. 산재은폐가 드러났을 때 입게 되는 손실이 이익보다 훨씬 커야 한다. 그런데 이런 종류의 위법 행위는 벌금이나 과태료의 증액으로 해결할 일이 아니다. 획기적으로 발상을 전환하여, 은폐한 산재(나중에 산재로 판명된 산재)에 지급되는 보험급여의 10배의 금액을 산재급여 지급 때마다 '산재은폐 과징금'으로 은폐 사업주에게 부과하는 방식 같은 것을 생각해볼 수 있다.

8. 현장의 소리

왜 사업주가 산업재해 발생사실을 보고하도록 강제하는 제도를 두고 있는가를 다시 한 번 생각하게 된다. 산재발생 사실 보고 강제제도의 존립 목적은 사업주에게 '재해발생의 경위 및 원인·재발방지대책' 등에 관한 자료를 정확하게 작성해 제출케 함으로써 산업재해 예방정책수립에 만전을 기하려는 것이다. 즉, 산재보고제도는 한마디로 사업주가 재해조사를 철저히 하고 그 자료를 제출하게 하는 제도이다. 그러므로 보고에 따른 불이익이 없어야 하며,

법 취지 그대로 산재 사실을 보고하지 않거나 허위 보고한 경우에만 처벌해야 정책목표를 달성하는 것이다.

안전관리자들의 말을 들으면, 산재를 산재로 처리하기 꺼리는(산재를 은폐하려는) 이유는 모든 사업장에 공통되는 것으로, 안전감독관들이 나와 대대적으로 조사를 벌인다는 사실에 대한 거부감, 산재처리에 따른 과태료 부과 및 안전진단명령에 따른 비용부담을 지는 것 등이 있다. 건설회사의 경우는 사후 정부와의 계약절차 때 사전심사에서 불이익을 받게 된다는 것을 가장 큰 이유로 꼽는다.

'산재 발생의 실상파악과 그에 상응하는 기업 및 정부의 대책 수립'이라는 산재보고의 취지는 사업주가 산재발생 사실을 감추지 않고 그 내용을 정확하게 보고해야만 달성되는 것이다. 그러므로 사망이나 이에 준하는 산재사고가 아닌 한, 산재보고라는 법적인 의무를 성실하게 이행한 데 대해 사후적으로 실시하는 조사 및 그 후속조치는 필요한 최소한에 그쳐야 하며, 특히 징벌적으로 행해져서는 안 된다. 정부공사 계약에서 사전심사(PQ)에 산재발생 정도를 반영하는 제도 또한 획기적으로 개선해야 한다.[4] 이러한 두 가지가 시정되지 않는다면 산재은폐는 근절되기 어렵다.

사업주가 신고한 산재를 계기로 지금까지처럼 사후약방문 식으로 안전감독을 하는 것은 감독 제도라는 취지에 맞지 않다. 본래 안전감독이라는 것은 사후적인 것이 아니라 사전에 단행해 사고를 예방하는 것이 본령이다. 소위 PQ(Pre-Qualification)라고 하는 건설공사 입찰자격 사전심사제 역시 건설업체의 기술능력, 시공경험, 경영상태와 신인도 등을 종합평가해 그 능력에 상응하는 수주기회를 부여하는 제도로 설계된 것이지, 산재발생을 평가하자고 생긴 것이 아니다. 산재가 많이 발생하는 건설회사는 사후 법에 의한 불이익 조

---

4 구체적인 개선방안에 대해서는 제15장 "허점투성이 건설재해 예방제도를 정리하자"에서 자세히 다루었다.

치를 취하는 것으로 족하다. 요컨대 기업이 산재발생 사실보고를 하지 않은 경우에만 처벌해야지, 사실대로 보고한 것이 빌미가 되어 불이익을 받는 일은 없어야 한다.

서두에 소개한 산재은폐와 또 하나의 사례를 방송매체(KBS)에서 생생하고 사실적으로 보도한(2015.9.21) 내용을 이해하기 쉽도록 정리하여 소개한다.

【 무재해 산업현장의 진실 】

사례1. 제조업 회사의 산재은폐

왜 회사는 산업재해를 숨길까? 청주 소재 LG생활건강의 협력업체인 E 사(화장품 제조업체)에서 3년 넘게 물류 운반 일을 했던 이 모 씨는 2015년 7월 29일 오후 1시 50분경 순식간에 지게차에 치여 5미터나 끌려갔다. 사고 직후 신고를 받고 출동한 119 구급대는 단순 찰과상이라는 말에 돌아갔다. 십여 분 뒤 직원들이 담요에 싸서 회사 승합차에 실어 날랐다. 그 뒤 회사 지정병원 차량에 옮겨져 지정병원(정형외과)으로 갔지만 상태가 위중하여 더 큰 병원으로 옮겨졌다. 피해자는 사고가 난 뒤 8시간 만에 숨을 거뒀다. 부검 결과 사인은 장기 손상에 의한 과다 출혈이었다.

◇◇◇(사망자 유족): 이건 그냥 죽을 사람이 어쩔 수 없이 죽은 게 아니라 최소한 안 죽어도 될 사람을 죽인 거예요(KBS 인터뷰).

조사 결과 은폐된 산재가 더 있다는 사실이 확인되었다. 업체는 왜 산업재해를 숨겨 왔을까? 왜 거짓말을 해서 119 구급대를 돌려보냈을까? 왜 가까운 곳을 두고 먼 지정병원까지 갈까? 회사의 '비상사태 대비 대응 지침서'에는 화재가 발생했을 때만 119에 신고하고 다른 사고 때에는 회사 지정병원으로 데려가도록 명시되어 있다. 특히 '비상사태를 대비한 훈련 시나리오'에는 인명 사고가 났을 경우, 119 구급대를 부르는 대신 즉시 기동 가능한 차량을 수배해 사고자를 탑승시키라고 되어 있다.

혹시 일하시면서 업무 중에 다치실 일 없습니까? 다 119 불러서 가세요? 저희는 가까운 데 병원이 있으면 큰 상처가 아니면요, 그냥 바로 가는 게 상식적이라 보거든요(KBS 녹취).

청주노동지청에서 실시한 특별감독 결과로 드러난 것만 해도 이 회사는 2012년 7월 부터 3년 사이에만 모두 29건의 산재를 은폐했다. 2003년부터 무재해 4000여 일을 달성했다. 그 덕분에 산재 보험료도 연간 1600만 원에서 3200만 원까지 매년 감액받았다.

△△△(직업환경의학 전문의): 지정병원으로 보내는 것은 정말 산재 은폐를 하기 위해서라는 생각이 들고 실제로 어떻게 지정병원과 회사가 계약 혹은 짬짜미를 통해서 산재를 은폐해왔는지가 속속 드러나고 있고요(KBS 인터뷰).

사례2. 건설공사 현장의 산재은폐

2015년 2월, 대형 건설사인 S건설이 시공하는 부산의 공사 현장에서 하도급 업체 J건설 소속 근로자가 안전망 연결 작업 중 추락하여 숨진 사고가 발생했다. 행인이 119 신고를 하는 사이 원청인 S건설은 지정병원에 신고했다. 현장에 도착한 지정병원 응급차량은 부상 정도가 너무 심해서 자신들이 책임지기 어렵다며 난색을 표했고, 곧이어 119 응급차량이 도착했지만 119 구급대원들에게는 문을 열어주지 않았다. 지정병원 응급차량에 실려 있던 피재자는 119 구급차량으로 옮겨졌다.

당시 출동한 119 구조대원: 게이트 문을 열면 차가 왔다 갔다 하는데 문이 닫혀 있었어요. 닫혀 있는 상태로 100 미터 기어서 들어갔거든요.

△△△(사망자 유족): 사고가 29분에 났고 여기서 50분 정도에 출발했으니까 20분 정도는 현장에서 어떤 조치도 없이 그냥 있었던 거죠. 저희 매형이 어떻게 해서 떨어지셨는지 지금도 정확한 원인을 모릅니다.

S건설 관계자: 저희가 그런 거(산업재해)가지고 은폐하고 그러려고 그런 건 없어요. 정확한 상황은 현장인데 직원이 그만둬버려가지고……(이상 KBS 인터뷰)

다친 근로자의 생사가 갈리는 시간인데도 119에 신고하지 않고 지정병원으로 이송하는 이유는 협력업체 입장에서는 산업재해가 산업재해로 처리되면 경제적으로 큰 피해를 입을 수 있기 때문이다.

○○○(공인노무사): (협력업체가) 산재 하나 (처리)해주면 재계약 못 한다고 회사[원청]에서 그러면, 회사의 존폐가 달려 있는데 공상 처리하고 말죠(KBS 인터뷰).

【산재은폐, 왜? 얼마나 많이?】

앞서 소개한 청주 소재 화장품 제조업체는 LG생활건강의 하청업체다. LG생활건강은 해마다 하청업체에 대해 현장실사평가를 하는데, 전체 230점 가운데 10% 정도가 안전보건과 관련된 점수라고 한다. 하청업체 입장에서는 산재를 법대로 산재 처리하면 일감을 받지 못하는 구조다.

　◇◇◇(가톨릭대 보건대학원 교수): 산재가 발생해도 그걸 은폐해서 (근로)감독을 면하고 그리고 또 감독을 안 받게 되면 작업환경을 개선한다든지 하는 그런 적극적인 일들을 수행하지 않게 되니까 계속 악순환의 고리가 발생하는 거죠(KBS 인터뷰).

이런 산재은폐 실태는 정부가 매년 발표하는 산재발생현황에 대한 신뢰를 현저히 손상시키고 있다.

　○○○(국회의원): 노동부는 지금 산재가 계속 줄어든다고 이야기합니다. 그것이 정말 산재가 줄어드는 것이냐, 그게 아니라 점점 더 많은 은폐가 일어나고 있는 것이냐. 아무도 대답할 수 없는 상황인 거예요(KBS 인터뷰).

제9장
시대에 뒤떨어진 산업안전보건법

1. 산업안전보건법의 역사

근로자의 안전과 보건문제는 임금 및 근로시간과 더불어 근로조건(terms and conditions of work)으로 간주되고 있다. 다시 말하자면 안전과 보건에 관해 법으로 정한 것은 최소한의 조건이고, 그보다 나은 안전과 보건상의 조치를 사용자에게 요구하고 있는 것이다. 근로조건에 관한 사항이므로 안전과 보건문제는 「근로기준법」에서 규정하고 있다. 그러나 「근로기준법」으로는 담을 수 없는 기술적인 사항이 많아 여러 나라에서 별도로 「산업안전보건법」을 만들어 안전보건문제를 규율하고 있다.

우리나라의 경우, 「근로기준법」 제정 당시(1953년)부터 「근로기준법」 '제6장 안전과 보건'에 그 내용이 정해져 있다가, 「산업안전보건법」이 제정되면서 「근로기준법」에서는 관련 내용이 모두 삭제되고 그 흔적만 남았다.[1]

미국의 경우, 연방 차원에서는 1958년부터 「근로기준법(Fair Labor Standards Act)」이 있었으나, 1970년에 「직업안전보건법(OSHA, Occupational Safety and Health Act)」을 제정해 시행하고 있다.

일본의 경우에도 우리의 「근로기준법」에 해당하는 「노동기준법」과 별도

---

[1] 「근로기준법」 제76조, 안전과 보건: "근로자의 안전과 보건에 관하여는 산업안전보건법에서 정하는 바에 따른다."

우리의 「산업안전보건법」을 일본에서는 「노동안전위생법」, 미국에서는 「직업안전
건강법(OSHA: Occupational Safety and Health Act)」이라고 부른다. 우리나라에서
미국법을 「산업안전보건법」이라고 부르는 것은 다분히 편의적인 것이라고 생각된
다. 우리 법을 왜 '직업안전건강법' 또는 '산업안전건강법'이라고 하지 않았을까? 즉,
직업(occupation)이라는 용어를 왜 '산업'이라고 번역했으며, 헬스(health)라는 말을
왜 '건강'이라고 번역하지 않고 '보건'이라고 했을까? 일본에서는 왜 '위생'이라고 했
을까?

'직업'을 '산업'이라고 한 것은, 우리 법이 제정될 당시(1981)에는 그때까지만 해도
오늘날과 같이 서비스업이 주종이 아니고 2차 제조업 내지는 건설업이 우리 경제의
대부분을 차지한 실정이어서 그랬지 않았을까 생각해본다. 위생(衛生)을 가리키는
하이진(hygiene)이라는 용어는 하이지리아(hygieria)가 변형된 것이며 어원은 히기
에이아(Hygieia)인데, 히기에이아는 그리스 신화에 건강의 여신으로 나오며 의술의
신 아스클레피오스(Asclepius)의 딸이다. 즉, 하이진(hygiene)이란 본래 건강을 뜻
하는 말이다. 일본에서 위생이란 보건 내지 건강을 가리킨다.

로 소위 '안위법'이라고 불리는 「노동안전위생법」이 1972년 제정되었다.

우리 법제에 대해 덧붙여 말할 것은, 우리나라의 「산업안전보건법」은 일본
의 「노동안전위생법」을 계수했으며, 그 후 여러 차례에 걸쳐 수없이 많았던
개정과정을 통해 미국과 일본의 제도를 우리 현실에 맞지도 않는 것까지 무분
별하게 혼합적으로 도입하여 정비가 시급한 실정이라는 것이다.[2]

---

2 예를 들면, 안전위생 지도사 제도에 관한 것은 일본 것을 따왔고, 유해물질의 허용농도에 관해서
   는 대부분 미국 것을 따르고 있다. 구체적으로는 NIOSH(National Institute of Occupational
   Safety and Health: 직업안전보건연구소)나 ACGIH(American Conference of Governmental Indus-
   trial Hygienists: 미국산업위생협회)의 기준과 수치를 사용한다.

2. 산업안전보건법의 얼개

「산업안전보건법」은 개괄적으로 말하면, 근로자의 안전과 건강을 위해 사업주가 취해야 할 안전조치와 보건조치를 규정한 법으로서, 그 같은 조치를 취하지 않아 사고가 발생한 경우 처벌을 한다는 내용이다. 규범적으로는 안전 보건상의 조치를 취하지 않은 그 자체가 처벌의 대상이지만,[3] 실제로는 조치를 취하지 않은 결과로 안전 또는 보건상의 문제가 발생했을 때, 즉 사고가 일어나 근로자가 다치거나 사망한 경우에 처벌하고 있는 것이 현실이다.

근로자는 사업주가 취한 안전 및 보건상의 조치사항을 지켜야 하며 위반자에게 과태료를 부과한다고 규정하고 있지만 실제 집행은 전무하다고 볼 수 있다. 아니, 전혀 없다고 할 수는 없을지 모른다. 예컨대 근로자들에게 보호구 착용의 중요성을 강조하기 위해 정책 집행 수단의 하나로 과태료를 부과할 때도 있다.[4]

안전 보건조치는 대부분 기술적인 사항으로 되어 있어 법률에 일일이 규정하는 것이 가능하지 않을뿐더러 바람직하지도 않다. 또한 산업의 변화, 기술과 공법의 발달에 따라 변경 필요성이 제기되기도 하기에 더욱 그렇다. 그래서 대부분의 사항을 지침(guideline) 형태로 규정하고 있다. 즉, 법에서는 안전조치와 보건조치를 취할 것을 사업주 의무로 규정하면서, 취해야 할 조치의 내용에 대해서는 "사업주가 하여야 할 안전 및 보건상의 조치사항은 고용노동부령으로 정한다"라고 하고 있다.[5] 여기서 말하는 고용노동부령의 대부분이 '산업안전보건기준에 관한 규칙'으로 정해져 있다.

이러한 상황이어서 기업에서는 전문가인 안전관리자 및 보건관리자를 두

---

3 "…사업주가 제23조에서 정한 조치를 취하지 아니한 경우에는 이로 인하여 실제로 재해가 발생하였는지 여부에 관계없이 그 위반죄가 성립(한다)…"(대법원판결 2006.4.28. 2005도3700).
4 「산업안전보건법」 제25조, '근로자의 준수사항' 및 제72조 제5항.
5 「산업안전보건법」 제23조 및 제24조.

고 필요한 조치를 취하고 있으며, 이들에 대해 직접적인 인건비를 부담하기 어려운 일정 규모 이하의 기업은 안전관리 및 보건관리를 외부기관에 맡길 수 있게 하고 있다. 이를 대행제도라고 한다. 그러므로 기업의 안전보건 문제는 안전관리자 또는 보건관리자, 대행기관에 맡겨져 있다고 해도 지나친 말이 아니다.

3. 현행법 비판

1) 이론적 논의: 사업주가 법을 지키지 않는 이유

「산업안전보건법」은 기준설정주의를 취하면서 기준을 준수하지 않으면 처벌하는 접근법을 취하고 있다. 소위 법률주의라고 한다. 법으로 설정된 기준을 준수하는 데 들어가는 비용과 준수하지 않는 데 따른 이익을 비교하게 되는 것이 기업의 입장이다.

구체적으로 설명하자면, ⓐ 기준 불준수 적발로 처벌되어 발생하는 손실과 ⓑ 기준 준수 비용을 비교하는 것이다.

근로감독관 숫자는 400명 미만이고 법 적용 사업장은 200만 개소 이상이므로 적발의 확률은 매우 낮다. 더구나 대개의 경우 사고가 발생해야 처벌받는다. 게다가 처벌 강도는 낮다. 당연히 ⓑ가 ⓐ보다 훨씬 크다. 이렇게 비교한 합리적 의사결정으로 사업주는 안전에 대한 투자에 인색해지는 것이다. 즉, 기업은 '합리적인 의사결정'의 결과로 법을 준수하지 않는 것이다.

법으로 정한 기준이 과연 합리적인 것인지는 검증을 요구하는 문제이다. 예컨대 고층 건물을 시공할 때는 매 4층마다 안전망을 설치해야 하는 안전기준이 있다고 하자. 이 같은 안전기준이 노동과학적으로 맞는 것인지, 비용과 편익을 분석할 때 합리적인지는 검증을 요구하는데, 그 검증이란 것이 매우 어렵다.

실정법으로 한번 설정한 안전기준은 경직적이다. 일정한 안전기준이 합리적으로 설정되었다 하더라도 기술은 끊임없이 발전하고 잇따라 새로운 산업재해가 발생한다. 그러면 안전기준을 변경해야 하는데 실정법으로 설정된 안전기준은 경직적이어서 변경이 쉽지 않다.

어느 업종에 적용되는 안전기준은 같은 업종에 속하는 모든 기업에 획일적으로 적용된다. 이는 개별기업이 스스로 적은 비용으로 높은 효과를 내는 산재 예방방법을 모색하게 하는 데 방해가 된다. 사회적으로 커다란 비효율성 문제라고 할 수 있다.

아무튼 이론적으로 「산업안전보건법」을 제대로 지키게 하려면 안전기준을 지키지 않았을 때 받는 불이익을 크게 해야 한다. 위의 예에서 ⓐ를 ⓑ보다 훨씬 크게 해야 하는 것이다. 그러자면 적발 확률을 높이고, 처벌 강도를 세게 해야 한다. 그게 어려우면 징벌적 손해배상 제도와 집단소송 제도를 도입하는 방안을 검토할 필요가 있다.

만약 그렇게 하지 못한다면 안전기준설정을 지키지 않아 적발되었을 때 처벌이라는 법률주의 대신 경제적인 불이익을 주는 접근법을 모색해야 한다. 예를 들면, 산재가 발생할 때마다 원인을 묻지 말고 상당한 정도의 벌과금을 물리는 것이다. 이렇게 하면 안전기준 불준수로 생긴 불이익이 커져서 기업 스스로 효율적 방식의 산재예방방법을 모색하게 된다.

2) 법령 체계와 내용의 미분화

「산업안전보건법」은 방대한 내용이 분화되지 않고 산적되면서 개정을 거듭했다. 1981년 말, 법이 제정된 이래 시행령, 시행규칙, 안전 및 보건기준에 관한 규칙, 유해·위험 작업 취업 제한규칙이 함께 운용되면서 사회경제적 변화에 굼뜬 모습을 보이고 있다. 「산업안전보건법」은 같은 이름의 법률과 시행령, 시행규칙으로 되어 있다. 시행규칙과 동일한 효과를 갖는 것으로 산업안전보건기준에 관한 규칙, 유해·위험 작업의 취업제한에 관한 규칙이 있다. 법규적 성격을 갖는다고 할 수 있는 규정은 법률 1개, 대통령령 1개, 고용노동부령 3개에 불과하고, 수많은 내용을 고용노동부와 산업안전보건공단의 지침 내지 고시 등으로 운용하는 실정이다.

이는 시대의 변화를 담아내지 못하는 것을 반영하는데, 노동분야의 법률이 근로기준과 복지 9개 법률, 노사정책 7개 법률, 고용정책 11개 법률, 직업훈련 5개 법률, 노동보험 3개 법률인 것과 비교하면 큰 대조를 이룬다.

이렇다 보니 법조문 수가 방대하여, 법 103개 조문, 시행령 113개 조문, 시행규칙 195개 조문, 산업안전보건기준에 관한 규칙 670개 조문, 유해·위험 작업의 취업제한에 관한 규칙이 11개 조문이나 되어, 합계 1100여 개에 달한다. 「노동조합 및 노동관계조정법」은 법률 96개 조문, 시행령 54개 조문, 시행규칙 29개 조문이며, 「근로기준법」은 법률 120개 조문, 시행령 66개 조문, 시행규칙 18개 조문에 불과하다.

3) 과중한 벌칙과 온건한 집행

「산업안전보건법」은 기본적으로 벌칙이 엄중하다. 또한 거의 모든 조항에 벌칙을 부과하고 있다. 기본적으로 사업주에게 안전조치와 보건조치를 의무로 부과하고,[6] 이를 이행하지 않으면 엄중한 처벌을 받도록 규정하고 있다. 안전조치 또는 보건조치를 취하지 않은 사업주는 5년 이하의 징역 또는 5천만 원 이하의 벌금에 처한다. 만일 이런 의무 불이행으로 근로자를 사망에 이르게 하면 7년 이하의 징역 또는 1억 원 이하의 벌금에 처한다.[7]

---

6 「산업안전보건법」 제23조 및 제24조.
7 「산업안전보건법」 제67조, 제66조의 2.

사업주가 취해야 할 안전조치 및 보건조치의 내용을 정한 것이 670개조로 구성된 고용노동부령인 '산업안전보건기준에 관한 규칙'이다. 그 밖에 거의 모든 조항을 위반했을 때 따르는 벌칙을 두고 있다.[8]

이렇게 엄중한 처벌 조항을 두고 있는 「산업안전보건법」의 집행실태를 보면 온건하기 짝이 없다.

(주)대우조선해양의 조선소에서는 산재 사고로 2009년 6명이 사망하고, 2010년 초 연속해서 3건의 사망 사고가 발생했다. 이에 고용노동부는 2010년 2월 정예 근로감독관과 안전공단의 전문가 35명을 투입해 10일간 철저한 근로감독을 실시하여 1236건의 위규사항을 적발했다. 그러나 과태료 4억 8천만 원으로 처벌이 종결되었다. (주)대우조선해양은 매출액 10조를 상회하는 기업인데 중대한 사고가 빈발하는데도 그 처벌은 미약하기 짝이 없는 것이었다. 무서운 법인 「산업안전보건법」이 종이호랑이에 불과하게 운용되는 사례다.

대검찰청의 범죄분석 자료를 보면 연간 2000명 정도가 산재로 사망하고 있는데도 처벌은 미약하기만 할 뿐이다. 사업주를 구속하는 경우는 손가락으로 꼽을 정도에 불과하고, 벌칙조항의 집행이 과태료를 부과하는 것으로 대체되고 있는 실정이다.[9] 물론 형벌이 능사는 아닐 것이며 잘 지킬 수 있는 법이 되어야 하겠지만, 형벌법으로서의 「산업안전보건법」은 설계와 운용 면에서 재고의 여지가 많다. 현장의 소리를 들어보자.

지금처럼 무슨 위험에 노출되어 있는지 근로자들이 알 수도 없고 … 사실 직

---

8 3년 이하의 징역 또는 2천만 원 이하의 벌금(§67의 2); 1년 이하의 징역 또는 1천만 원 이하의 벌금(§68); 1천만 원 이하의 벌금(§69); 500만 원 이하의 벌금(§70); 양벌 규정(§71); 과태료(5천만 원 이하, 1500만 원 이하, 500만 원 이하)(§72).

9 고용노동부 자료에 의하면, 2015년도에 2만 6797개소 사업장을 감독했는데 과태료 처분 비율이 71%로 금액은 118억 2700만 원이었다. 2014년도에는 그 수치가 각각 2만 299개소, 61%, 96억 4500만 원이었다.

장을 바꾼다는 게 쉽지 않은 일인데, 이런 상황에서는 안전기준이라든지 법이니 하는 것들이 근로자를 보호하기는커녕 괜한 규제가 되어 기업을 힘들게만 하고, 사실 일자리나 줄어들게 하는 건 아닌가 ⋯ 투쟁의 빌미나 되고 ⋯ 지금처럼 느슨하게 적용되는 법이라면 의도했던 효과는커녕 부작용만 나타나고 있지 않습니까? 아무튼 법 때문에 사고와 직업병이 줄었다고는 믿고 싶지 않은 심정입니다.

_ ○○플랜트 안전관리자(2010.5.14)

우리나라 근로자들이 사업장의 위험요인에 대해 잘 모르고 있으며, 각종 기준의 정도는 강한데 법의 집행이 엄정하지 않고 노사분쟁의 불씨나 되며, 기업의 비용만 증가시키니 근로자들의 안전과 보건을 유지 증진한다는 법의 목적은 달성하지도 못하면서 결국 근로자들에게 손해를 끼치는 법이 아니냐고 하는 것이 안전관리 현장 책임자의 얘기다.

4) 변화를 수용하지 못하는 법

현행법은 대규모 제조업 공장과 대형 건설 공사, 그리고 거기서 일하는 근로자들을 행정대상으로 상정하고 있다. 위험성평가, 유해위험방지계획서, 안전(보건)관리자, 안전인증 및 안전검사 등 대부분의 제도가 그렇다. 이른바 안전보건 관리체제라고 하여 일정 규모 이상 사업장에는 안전관리자 및 보건관리자를 두도록 의무화하고 있다. 그런 반면에 안전관리와 보건관리를 외부기관에 맡길 수 있도록 광범위하게 허용하고 있으니 모순적인 상황이다. 그러나 이제 사회경제적 양상이 변하여 상시 근로자 50인 미만인 사업장에 종사하는 근로자의 비중이 절반이 넘고, 재해자도 50인 미만 사업장에서 80% 이상이 발생하고 있는 실정이다.

산업구조는 제조업에서 서비스업으로 옮아가고 있으며, 유해·위험 작업은 사내하청을 포함하여 아웃소싱이 일반화되어가고 있다. 근로자의 구성도 비정규직, 고령자, 여성, 외국인 등으로 산재취약계층이 늘고 있다. 근로자 건강 관리가 산업보건 차원에서 종래 제조업의 산업위생이 아닌 직업건강으로 그 관심이 옮겨가고 있다. 산업위생이 산업환기를 중심으로 작업환경 관리와 개선에 중점을 두었다면 직업건강에서는 작업자세 및 작업관리, 감정노동 등 직무스트레스까지 세분화하여 주의를 기울일 것을 요청한다.

현행법은 사회경제적 변화에 따라 제기된 문제 상황을 다루지 못하고 있으며, 행정당국은 그때그때 사고나 사건이 발생할 때마다 수동적으로 대처하거나 때로는 목전의 필요에 급급해 지침이나 고시라는 미봉책으로 대응하고 있는 실정이다. 특히 문제가 되는 원하청 관계에서 원청은 안전에 관한 형사적 책임을 면탈하기 쉽게 되어 있다. 이는 중대재해가 많이 발생하는 건설업에서 유독 심각하다.

5) 입법 관중에게 불친절한 법

「산업안전보건법」은 불친절하고 완고하다. 사업장과 근로자의 특성에 대한 배려가 없이 모든 대상을 망라해 시시콜콜하게 구체적이면서 경직적, 단정적으로 규정하고 있다. 이러한 지적에 대해 행정당국은 산업안전과 산업보건이 기술적인 사항을 규율하기 때문에 불가피하다고 주장한다.

그러나 법을 지켜야 하는 입장에서는 '내게 적용되는 규제'를 찾기 위해 미로를 헤매야 하고, 그에 따라 규제에 대한 순응도가 저하되어 법에 대해 소극적인 태도를 취하게 함으로써 기업의 창의적이고 적극적인 안전과 보건활동을 저해하게 되어 관련 분야의 투자를 더디게 한다.

나아가 안전과 보건이라는 경제재의 생산, 유통에 장애요소로 작용하게 된다. 정부에서는 민간의 안전보건 시장을 활성화해야 한다고 하지만, 현재의 법과 제도로는 먼 얘기일 뿐이다.

4. 개선 방향

무엇보다 기업 스스로 기본적으로 근로자를 위한 안전과 보건활동을 하게 끔 하는 제도로 나아가야 한다. 즉, 기업 자율성을 제고하는 법이 되어야 한다. 이를 위해 안전 및 보건 시장 활성화를 촉진하는 법제가 되어야 하며, 아울러 '기업 안전 투자 촉진법' 제정을 검토할 필요가 있다.

그리하여 안전을 우선하는 기업에게는 인센티브를, 안전을 등한시한 기업에게는 사회적 신뢰 배반에 대한 처벌이 가능하게 해야 한다. 이런 관점에서 대규모 중대사고와 화학사고, 집단적 보건사고에 대한 징벌적 손해배상제도와 집단소송제도가 도입되어야 한다.

사회경제적 변화를 수용하기 위해 「산업안전보건법」을 층화 및 분화시켜야 한다. 기본법을 만들어 총론적 사항을 입법하고 업종과 규모, 안전과 보건 등 대상·내용별로 개별법을 제정하는 방향이 모색되어야 한다.

아울러 입법관중(legal audience)에게 쉽게 이해될 수 있게 해야 한다. 규제대상별로 초점을 분명하게 해 법의 목적을 달성할 수 있도록 해야 한다. 예컨대 「산업안전보건기본법」을 사업주의 의무, 근로자의 의무, 처벌 등으로 간명하게 만드는 것이다.

또한 산재 취약분야를 위한 법을 만들어야 한다. 재해가 빈발하는 사업장, 재해가 잦은 근로자 그룹을 대상으로 하는 법이 필요하다. 예를 들면 '소규모 제조업 산재예방을 위한 특별법', '건설공사 사고예방을 위한 특별법', '감정노동자 건강관리에 관한 법률', '도급사업에 있어서 안전관리에 관한 특별조치법'을 입법해야 한다. 「근로기준법」에서 「기간제 및 단시간 근로자 보호에 관한 법률」, 「파견근로자 보호 등에 관한 법률」과 같은 비정규직법이 독립한 것처럼 말이다.

마지막으로 반드시 '준수하는 법'으로 만들어야 한다. 이를 위해 산업안전에 관한 대대적 규제정비를 통해 낡은 것은 폐지하고 지켜져야 할 사항만 벌칙으로 두어야 한다. 수많은 형벌과 과태료를 규정하고 있는 현행 제도를 과감히 단순화하는 일이 절실히 필요하다.

'준수하는 법' 논의와 관련해 일부에서는 '지금의 법이라도 잘 지키도록 해야 한다'고 주장하지만, 이는 근본적인 문제를 대충 보아 넘기기에 나오는 이야기이다. 여기서 논한 것처럼 현재의 「산업안전보건법」은 그 자체가 많은 문제를 갖고 있어서 법률 수규자가 지키기 어렵게 만들고 있는 요소가 너무 많다는 것이 명백하다.

5. 보론: 산업안전보건법 전면 개편에 대한 견해

「산업안전보건법」은 그 자체가 안전과 보건을 위해 사업주가 준수해야 할 규제의 내용을 정한 법이다. 규제는 준수될 때 의미가 있다. 하지만 많은 사업주에게 법의 내용은 숙지되어 있지 못하고, 법에서 정한 규제는 일하는 현장에서 준수되지 않고 있으며, 사업주의 법 준수 의지는 빈약하고, 벌칙의 규정은 엄격하되 집행은 미약한 실정이다. 이렇게 된 이유를 살피고 적정한 방향을 모색해야 한다. 수규자의 이해도를 높여 준수 가능성을 확대하고, 궁극적으로 산재예방이라는 법의 목적을 달성하기 위해서 형식과 내용을 획기적으로 개편해야 한다. 이에 대한 소견을 정리하여 소개한다.

1981년에 제정된 「산업안전보건법」의 내포는 과거 산업시대·토건시대의 대규모 공장, 소품종 대량생산, 정규직, 제조업, 생산직, 사람 중심으로 가동되는 건설현장의 상황을 전제로 한 것이었다. 중소기업, 다품종 소량생산, 비정규직, 여성·고령자·외국인근로자의 대거 등장, 기계화·자동화로 진행되는 건설과 토목, 제조업 현장, 정보화 기반의 서비스 산업 중심인 지금의 실정에는 맞지 않는 불합리한 내용으로 되어 있다. 법의 외양은 1990년 전부 개정된 이래 개정을 거듭하면서 방대한 조문과 난해한 전문 용어 탓에 사업주나 근로자 등 수규자의 이해를 어렵게 하고 있다. 총 1100여 개 조문(법 113, 시행령 112, 시행규칙 222, 안전보건기준규칙 670)으로 법규의 형식이 누더기가 될 지경에 이르렀다.

「근로기준법」의 기본 틀에서 탈각하여 독립된 법으로 만들어야 한다. 지금의 법은 "산업안전·보건에 관한 기준을 확립하고 그 책임의 소재를 명확하게 하여 산업재해를 예방"(제1조)하기 위한 목적을 갖고 있는 것으로 선언되어 있으나, 이 목적 규정의 표현이 법이 규정하고 있는 내용과 제대로 부합하지 않으므로 다시 정리할 필요가 있다.

"근로자의 안전과 보건에 관하여는 '산업안전보건법'에서 정하는 바에 따른다"고 규정하고 있는 「근로기준법」 제76조(안전과 보건)를 삭제하고, "근로자란 「근로기준법」에 따른 근로자를 말한다"라고 규정한 「산업안전보건법」 제2조 제2호의 내용을 획기적으로 변경할 필요가 있다.

요컨대, 「산업안전보건법」으로 보호해야 할 대상을 '근로자'로 한정하는 사고에서 탈피해야 한다. 안전보건의 유지 증진 대상을 사업주와의 관계에서 사용종속관계에 있는 '근로자'로 한정할 것이 아니라 사업장이라는 일정한 장소와 관계를 맺는 모든 사람으로 확장해야 한다. 즉, 장소적 관념으로서의 사업장에 편입됨으로써 사업장과 물리적 관계를 맺는 근로자, 고객, 택배원·집배원 등 서비스를 제공하는 자연인, 법적으로는 다른 사용자에게 종속되어 있는 사내 하청 근로자, 지역사회 주민 등을 보호의 객체로 포함시키는 방안을 검토해야 한다.

「산업안전보건법」에 규정된 의무 이행 주체인 '사업주'의 개념에 대해서도 종합적인 검토를 해야 한다. '사업주'는 처벌의 객체도 되므로 특히 개념 규정이 중요하다. 개념적으로는 예컨대, 일정한 장소에서 안전 문제를 책임지면서도 사업경영에서 자원 배분과 지출의 권한을 갖는 사람을 '사업주'로 규정할 필요가 있다.

또한 분법화(分法化)가 필요하다. 가칭 '일터의 안전과 일하는 사람의 건강

보호를 위한 기본법'이라는 기본법 체계를 구축하고, 업종·대상의 특성에 맞게 개별법을 마련할 필요가 있다. 기본법은 모든 사업 또는 사업장에 적용되는 기본적인 사항을 규율하고, 사업이나 근로자 특성에 따른 필요, 시급한 정책 목표를 반영하여 개별법을 입법해야 한다. 사망사고가 많이 발생하는 건설현장, 화학물질 누출이나 화재 폭발로 인한 산업사고의 가능성이 있는 화학공장, 사내하청에 관련된 안전관리, 감정노동자 보호에 관한 사항 등이 그런 예이다.

이와 함께 벌칙에 대한 전면적인 재검토가 요구된다. 「산업안전보건법」은 개정을 거듭하면서 벌칙을 강화해왔는데, 실질적인 집행에서는 매우 낮은 벌금형으로 결정되는 경우가 대부분이다. 소위 과잉형벌 과소적용인 상황이다. 그러므로 규제의 의무 이행을 담보하기 위해 자유형 중심에서 경제벌 중심으로, 자연인인 행위자를 처벌하기보다 법인을 처벌하는 방향으로 바꿀 필요가 있다. 규제 미준수로 인한 이익을 금전적 가치로 환산하여 일정한 배율의 과징금을 부과하는 방법을 고민해야 한다고 본다. 과징금의 산정이 기술적으로 어렵다면 산재보험급여 지급액의 일정 배액(倍額)을 징수할 수 있는 방법을 고려할 수 있다. 소송법적으로는 집단소송제도, 징벌적 손해배상제도를 산업안전의 영역에 도입하는 방안이 강구되어야 한다.

사업장의 안전보건 거버넌스의 문제로서, 현행법은 최초 제정 이래 안전보건 관리체제, 안전보건관리규정, 산업안전보건위원회에 대한 규정을 두고 있는데 역할과 기능이 모호한 실정이다. 이에 대해 근로자 참여를 촉진하는 방향으로의 전면적인 재검토가 필요하다. 기본적으로 획일적인 내용이나 방식으로 하지 말고 안전경영시스템을 갖추도록 강제하면서, 다양한 방식과 내용을 기준으로 만든다든지 하여 선택할 수 있도록 제시하면 좋을 것이다. 아울러 안전과 보건을 위한 근로자의 책임과 의무도 권리 못지않게 중요하므로 이에 대해서도 명확히 할 것이 요구된다.

하루가 다르게 변화하는 기업의 생산방식과 관리방식 및 이에 부수하는 근로자 안전과 건강 문제를 하나하나 안전기준이나 보건기준의 설정으로 규율할 수는 없는 노릇이다. 새로운 공정과 관리 방식에 따라 나타날 수 있는 문제는 기업과 근로자가 가장 잘 알 수 있다. 이러한 현상에 대비하여 고안된 장치가 2014년부터 법으로 정하여 시행하는 위험성평가 제도이다. 위험성평가 제도가 핵심적인 안전규제 방식으로 자리 잡아야 하는 것은 분명하므로 기존의 유사 제도를 대대적으로 정비해야 한다. 또한 위험성평가 제도는 근본적으로 현행법 규제 체계와 성격을 달리하는 것이므로 동 제도가 맞춤형 제도로 정착될 수 있도록 법체계와 내용의 전반적인 정비가 필요하다.[10] '위험성평가'라는 용어와 관련하여 개념이 모호하고 부정적 뉘앙스가 강하므로 근로자들이 받아들이기에 부담이 없는 용어로 변경할 것을 제안한다.

---

10 전반적인 그리고 획기적인 정비가 시급한 이유를 하나만 들겠다. 현재의 법체계는 예컨대 안전조치와 보건조치를 취하지 아니한 사업주를 처벌할 수 있도록 되어 있는데, 취해야 하는 안전 또는 보건 조치의 내용을 '산업안전보건기준에 관한 규칙'에서 정하고 있는 경우에 한하여 처벌할 수 있다(대법원판결 2014.8.29. 2013도3242 등). 그러므로 생산기술의 발전에 따라 새로운 위험 공정이나 유해 위험 요인이 추가 또는 교체될 때마다 사업주가 취해야 할 안전이나 보건 조치 사항이 위 '규칙'에 지속적으로 반영되어야 한다. 하루가 다르게 나타나는 새로운 기술적, 화학적 위험 요인을 현장(=사업장)에서나 알 수 있지 관청에서 일일이 무슨 수로 파악하여 (사고가 발생한 연후에야 뒤늦게 알기 십상이다) 언제 '규칙'에 반영할 것이며('규칙'의 개정에는 부처 내부 절차, 입법예고, 법제심사, 차관회의 및 국무회의 심의 등 긴 시간이 소요된다), 또 '규칙'의 조문 수와 페이지는 얼마나 늘어날지 아무도 모를 일이다(지금도 670개 조문에 이르는 방대한 분량이다). 최근(2016년) 산업안전보건법령을 정비해달라고 외부에 용역을 주었다는데 문제의식과 기본방향은 무엇이고, 과연 무슨 내용을 어떤 형식으로 얼마나 정비했는지 궁금하다.

제10장
사고예방기능 없는 산재보험법

1. 산업재해보상보험법의 주요 내용

「산업재해보상보험법」은 근로자가 산업재해[1]를 당했을 때 국가가 사업주를 대위해 신속하고 공정하게 보상을 실시함으로써 근로자를 보호하는 데 기여하고자 제정된 법이다. 1963년에 제정되어 우리나라 사회보장제도의 효시가 되었다.

보상의 재원인 보험료는 업종, 사업별로 과거 3년간의 산재율을 기초로 하여 사업종류별로 보험요율을 정하고 근로자에게 지급되는 임금의 총액에 곱하여 사업주로부터 징수한다. 징수는 「고용보험 및 산재보험 보험료징수법」에 의한다.

업무상 재해를 당해 4일 이상의 요양을 필요로 하는 경우 요양급여의 전액을, 일하지 못한 경우에는 평균임금의 70%를 휴업급여로, 요양 후 신체장해가 발생한 경우는 정도에 따라 14등급으로 나누어 장해보상일시금이나 장해보상연금을 선택에 따라 지급한다. 사망한 경우는 유족보상일시금 또는 유족보상연금을 받을 수 있고, 평균임금의 120일분을 장례비로 지급받을 수 있다.

대부분의 보험은 자체적으로 보험사고 예방장치를 포함해 설계되어 있는데, 산재보험은 보험사고(산업재해) 예방기능이 아예 없거나 매우 부족하다.

---

1 「산업재해보상보험법」에서는 업무상 재해라고 한다.

2. 산업재해보상보험법의 문제점

1) 이론적 논의

산재보험 제도는 신속, 공정한 보상이라는 사회법적 요구를 충족시키는 것이지만, 비용부담의 분산으로 사업주의 산재예방노력을 약화시킬 가능성을 본래적으로 갖고 있다. 이를 보험이론에서 도덕적 해이(moral hazard) 문제라고 한다.

산재를 당한 근로자에 대한 보상은 어느 정도로 높아야 하는가, 어느 정도가 적정한가? 보상수준이 어느 정도가 적정한 것인지 하는 문제는 다른 급여보다도 주로 일하지 못한 기간에 받는 급여, 즉 휴업급여가 실질적으로 의미있다고 할 수 있다. 높은 보상수준은 생존권보호에 기여한다. 반면, 사업주의 산재예방노력을 강화하고 근로자의 산재예방노력을 상대적으로 약화시킬 수 있다. 또한 높은 보상수준은 산재발생 가능성을 높인다. 특히 근로자들의 안전의식과 주의노력이 요구되는 종류의 재해는 예방한다 해도 발생확률이 커질 수 있다.

낮은 보상수준은 생존권보호에 기여하지 못한다. 반면, 사업주의 산재예방노력은 약화되고 근로자의 산재예방 의지는 상대적으로 강화된다. 우리나라의 휴업급여 보상수준은 그전까지는 평균임금[2]의 2/3였다가 1989년의 법 개정으로 평균임금의 70%로 상향되어 오늘에 이르고 있다.

---

2 평균임금이란 이를 산정해야 할 사유가 발생한 날 이전 3개월간 지급되었어야 할 임금의 총액을 그 기간의 일수로 나누어 얻어진 금액을 가리킨다. 그러므로 하루 얼마라고 계산된다.

2) 실무적 논의와 개선방향

(1) 하수급인 보험가입자 인정승인 문제

산재보험은 건설업 등 도급사업의 경우에 원수급인을 보험사업주로 하고 있다.[3] 도급에 의한 사업은 제조업에 수없이 많지만 산재보험은 건설업에 한해 하수급인 인정승인제도를 두고 있다. 하수급인 인정승인이란 원수급인(원청)이 보험가입자이지만 근로복지공단의 승인을 받은 경우는 하수급인을 보험가입자로 간주하는 제도이다. 이에 따라 원수급인이 하수급인과 보험료 납부 인계·인수에 관한 서면계약을 체결하고 신청하면 하수급인이 사업주가 된다. 실무에서는 제한 없이 인정된다. 산재보험료를 받아들이는 입장에서는 아무런 재정적 손해가 없기 때문이다. 이렇게 되면 원청이 산재예방책임을 하청에 전가할 유인이 충분하다.

원청이 하청에게 산재예방 책임을 전가하는 것을 방지하기 위한 것이 「산업안전보건법」 제29조(도급사업의 안전조치)이다. 내용은 건설 공사에서 원청 근로자와 하청 근로자가 같은 장소에서 작업할 때에 원청이 취해야 할 조치를 규정한 것이다. 즉, 120억 원 이상의 건설 공사(토목은 150억 원)의 경우, 원·하청 간 안전관리협의체 운영, 작업장 순회 점검, 하청 근로자 안전교육 지원, 공사현장 작업환경 측정, 발파작업, 화재발생, 토석붕괴 때의 경보사항 운영 등이 하청 근로자를 위해 원청이 취할 산재예방조치다. 이것으로 원청의 책임은 끝이다.

하수급인을 보험가입자로 간주하는 제도는 산재보험사업자(국가)의 재무적 입장에서는 중립적인 제도지만, 산재예방이란 측면에서는 다시 살펴볼 가치와 이유가 있다. 하수급인(하청사업주)이 보험가입자가 되면 그가 맡는 건설현장의 안전관리(산재예방노력)도 그의 소관이 되는데, 현실에서는 하수급

---

3 「보험료징수법」 제9조.

인이 원수급인과의 관계에서 종속적인 지위에 있게 되고, 하청 사업주의 근로 자가 실질적으로 원청 사업주의 근로자와 함께 일하거나 원청의 지휘를 받는 것을 피할 수 없다.

산업안전보건법상 원청의 산재예방 노력의무는 현실적으로 매우 취약해 페이퍼워크(paperwork)로 끝나기 쉬우며, 갑을관계인 현실에서 실질적인 효 과를 기대하기 어렵다.

하수급인 보험가입자 인정 제도는 그것을 폐지한다고 해서 산재보험사업 자(국가)가 재정적으로 영향을 받는 것은 없으며, 원청이나 하청의 사무 분량 이 늘어나는 부담도 없다. 오히려 공사 완성 전부를 책임진 사업주(원청)가 산 재예방도 전부 책임지게 하는 것이 안전관리에 용이하며 산재예방에 더 효과 적이다. 그러므로 건설공사에서 하수급인 보험가입자인정 신청제도는 폐지 되어야 한다.

(2) 피보험자의 과실을 묻지 않는 산재보험

산재보험의 보험가입자는 사업주이고 피보험자는 근로자이다. 비용부담은 사업주가 하고 산재를 당한 근로자가 혜택을 받는다. 산재보험은 업무상 재 해에 해당하면 무조건 보험급여를 지급한다. 사용자 과실이나 피재자의 과실 은 따지지 않는다. 이렇게 피보험자의 과실을 따지지 않는 보험에서는 피보 험자(근로자)의 보험사고(산재) 예방노력이 상대적으로 줄어들 수 있다.[4]

그러므로 피보험자(근로자)의 중과실이 있는 경우에는 보험급여의 지급에 서 일정한 불이익을 부과하는 방안을 고려할 필요가 있다. 예를 들면, 작업현 장에 보호구를 비치했는데도 착용하지 않고 작업을 하다가 상해를 입은 경우 와, 회사 안에서 폭력행위로 다친 경우에는 법으로 일정 비율을 삭감해 보험 급여를 지급해야 경각심을 갖게 되고 산재예방노력을 더 하게 된다.

---

4 다른 보험에서도 마찬가지다.

자동차보험은 사고가 발생한 경우 수리비용의 일정 비율 또는 금액을 보험가입자가 부담하도록 한다. 건강보험의 경우에도 본인의 고의나 과실에 의해 발생한 보험사고에 대해 보험급여를 제한한다. 피보험자의 중과실로 일어난 상해에 대해서도 보험급여를 지급하는 보험은 산재보험이 유일하다.

(3) 개별실적요율제도

산재보험은 동일사업-동일요율이 원칙이다. 이것은 개별기업의 산재예방 노력을 기피하게 하는 대표적 요인이다. 이를 보완한 것이 개별실적요율(experiencing rate) 제도다. 보험가입자(기업)별로 산재발생 정도에 따라 보험료율을 인상하거나 인하하는 것이다.

개별실적요율제도는 이런 순기능이 있기 때문에 인상에서 인하폭을 -50%에서 +50%까지 확대해야 한다는 주장이 있다. 그러나 개별실적요율제도가 우리나라의 경우에는 역기능을 하고 있다. 재해가 많을수록 산재보험료를 많이 내야 하지만 일부 대기업은 위험 업무를 하청업체에 넘겨 산재발생을 줄이면서 보험료도 낮추고 있는 실정이다.

대기업은 위험작업을 외주로 주어 산재보험료를 점점 감면받는데, 사망사고 등 중대재해의 80%가 발생하는 50인 미만 중소기업이 부담하는 산재보험료는 더 오르게 된다. 또한 산재사고가 발생되더라도 보험처리를 하지 않고 합의(공상)처리하는 경우가 흔하다.

개별실적요율제도는 이렇게 산업재해 은폐수단으로 악용되고 있다. 진정한 개별실적요율 제도의 시행을 위한 합리적 개선이 시급하다.[5]

(4) 산재예방요율제도

보험사업자는 보험사고를 줄이는 가입자의 노력에 대해 일정한 보험료 경

---

5 제8장 "무재해, 숨겨진 진실: 산재은폐의 경제학"을 참고.

감조치를 한다. 화재보험에 가입한 가정에 소화기를 비치한 예가 그것이다. 산재보험에는 그런 제도가 없다가 2014년부터 위험성평가를 실시한 사업장에 대해 산재보험료를 인하했다. 이를 예방요율제라고 부른다.

사업주가 「산업안전보건법」 제41조의 2 규정에 의한 위험성평가를 실시하면 「보험료징수법」 제15조(보험요율의 특례)를 적용해 최대 30%까지 감면해준다. 위험성평가 우수사업장 인정을 받으면 20%, 사업주가 교육을 받으면 10%, 합계 30%를 감면해준다. 현재는 제조업이나 서비스업은 상시 근로자 50인 미만의 사업장, 건설업은 120억 원(토목 150억 원) 미만인 사업장에 적용하고 있다.

이 제도는 위험성평가에 대한 시비 논란, 적용사업장의 문제 그리고 제도 시행 초기인 점 등을 감안하면 아직 산재예방효과를 평가하기 어렵다. 특히 검증되지 않은 채로 위험성평가를 실시한 소위 우수사업장에 대해 산재보험료를 30% 감경해주는 것은 문제가 있다. 위험성평가에 근거를 둔 감경은 예를 들면 10% 이내로 줄이고, 위험성평가를 실시한 사업장의 개별실적요율을 50%까지 감경하는 것이 제도의 취지에 걸맞다.[6]

---

6 위험성평가제도에 대한 시비논란은 제16장 "허울 좋은 '위험성평가'와 유사 제도를 정비하자"를 참고.

제11장
경직적인 안전보건 관리체제

1. 이른바, 안전보건 관리체제

「산업안전보건법」은 산업재해 예방을 위해 사업주와 근로자 및 관계자의 의무를 규정하고 있으며, 근로자의 안전과 보건을 담보하기 위해 기업들이 일정한 관리체제를 갖추도록 강제하고 있다.

이는 본래 SMS라고 하여 세이프티 매니지먼트 시스템(Safety Management System)을 가리킨다. 이러한 체계를 이른바 안전보건 관리체제라고 부르는데, 「산업안전보건법」이 기업으로 하여금 갖추도록 의무로 부과한 안전보건 관리체제는 일반적으로 **그림 2-11-1**과 같이 표현한다.

즉, 「산업안전보건법」은 사업주에게 근로자의 안전 및 보건 관리를 위해 사업장에 안전보건관리책임자, 관리감독자, 안전관리자, 보건관리자 등을 두도록 했으며, 도급에 의해 이루어지는 사업의 경우 수급 사업장의 안전 보건 문제까지 관리하도록 안전보건총괄책임자를 두도록 하고 있다.

여기서 사업주란 근로자를 사용해 사업을 하는 자로서 '사용자'와는 다른 개념이다. 사업주는 「산업안전보건법」과 명령으로 정하는 기준을 준수해야 하고, 사업장의 안전·보건에 관한 정보를 근로자에게 제공해야 한다.[1]

근로자는 임금을 목적으로 근로를 제공하는 자를 가리키는데, 법과 명령으

---

[1] 「산업안전보건법」 제2조, 제5조.

그림 2-11-1 기업의 안전보건 관리조직

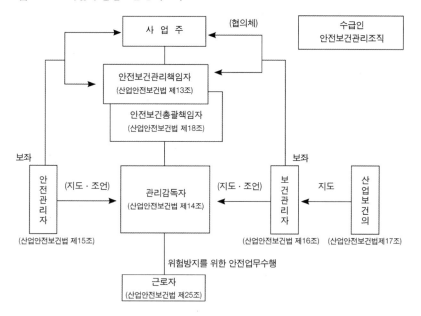

로 정하는 기준 등 산업재해 예방에 필요한 사항을 지켜야 하며, 사업주 또는 근로감독관, 공단 등 관계자가 실시하는 산업재해 방지에 관한 조치에 따라야 한다.[2]

안전보건관리책임자는 해당 사업장에서 그 사업을 실질적으로 총괄·관리하는 사람으로 안전과 보건에 관한 사항도 총괄적으로 지휘해야 한다. 사장, 공장장 등의 직위가 이에 해당한다.

관리감독자는 경영조직에서 생산과 관련된 업무와 그 소속 직원을 직접 지휘·감독하는 부서의 장 또는 그 직위를 담당하는 자로서, 직무와 관련된 안전·보건에 관한 업무를 담당한다. 직장, 조장, 팀장, 파트장 등의 직위에 있는 사람이 해당된다.

---

2 「산업안전보건법」 제6조.

안전관리자는 안전에 관한 기술적 사항에 대해 사업주 또는 관리책임자를 보좌하고 관리감독자 및 안전담당자에 대해 지도·조언하기 위해 사업장에 배치되는 인력이다. 사업주는 일정한 자격을 가진 자를 안전관리자로 두어야 한다.

보건관리자는 보건에 관한 기술적 사항에 대해 안전관리자와 같은 업무를 수행하는, 일정한 자격을 보유한 인력이다. 안전관리자와 보건관리자는 의무적으로 고용해야 하며, 사업장에서 법이 정한 기술적인 사항을 보좌, 지도, 조언해야 한다. 제도적으로 의무적인 고용이라고 해도 광범위한 예외가 허용되고 있다.

상시 근로자 숫자가 50인 이상인 사업을 영위하는 사업주는 근로자의 건강관리와 보건관리자의 업무지도를 위해 전문 인력인 산업보건의를 두어야 한다.[3] 의료법에 따른 의사로서 직업환경의학과 전문의, 예방의학 전문의 또는 산업보건에 관한 학식과 경험이 있는 사람을 말한다. 직접 채용하거나 위촉할 수 있는데, 이 또한 광범위하게 예외를 두어 허울만 남은 제도가 되고 말았다.

원청, 하청관계에서 안전보건총괄책임자라는 것이 있다. 사업주는 자신의 근로자와 수급인 및 하수급인 근로자가 같은 장소에서 작업할 때 안전보건 업무를 총괄해 관리해야 한다. 이런 업무를 위해 사업주는 책임자를 지정하는데, 그를 안전보건총괄책임자라고 한다.

2. 산업안전보건위원회

사업주는 산업안전·보건에 관한 중요사항을 심의·의결하기 위해 근로자 대표와 사용자 대표를 같은 숫자로 하여 회의체를 설치해 운영해야 하는데,

---

3 「산업안전보건법」 제17조.

이를 산업안전보건위원회라고 한다. 법에 의하면 산업안전보건위원회도 안전보건 관리체제의 일부이다. 다음에 설명하는 안전보건관리규정은 법문의 배열상으로 보면 안전보건 관리체제에서 제외되어 있다. 법체계적으로 다소 이상한 점이 있다.

사업장의 안전과 보건에 관한 사항은 대부분 위원회의 심의·의결을 거치게 되어 있다. 즉, 산업재해 예방계획 수립, 안전보건관리규정의 작성 및 변경, 근로자 안전·보건교육, 작업환경측정 등 작업환경의 점검 및 개선, 건강진단 등 건강관리, 중대 재해의 원인 조사 및 재발 방지대책 수립, 산재통계의 기록 및 유지 등에 관한 심의·의결이다. 이러한 법령상 필요한 기능 외에 위원회는 안전과 보건을 유지·증진하기 위해 필요한 사항을 정할 수 있다.

산업안전보건위원회는 사업의 규모별·업종별로 경우에 따라서는 외부 대행기관의 참여를 필요로 하는 등 구성 형식, 요소들이 복잡하게 규정되어 있다.

3. 안전보건관리규정

안전보건관리규정이란 사업장의 안전·보건을 유지하기 위해 법령에 따라 사업주가 안전 및 보건에 관한 사항을 정하는 일종의 취업규칙이다.

안전보건관리규정에는 ① 안전·보건 관리조직과 그 직무에 관한 사항, ② 안전·보건교육에 관한 사항, ③ 작업장 안전관리에 관한 사항, ④ 작업장 보건관리에 관한 사항, ⑤ 사고 조사 및 대책 수립에 관한 사항, ⑥ 그 밖에 안전·보건에 관한 사항들이 있다.

또한 소방·가스·전기·교통 분야 등의 다른 법령에서 정하는 안전관리에 관한 규정과 통합해 작성할 수도 있다.

사업주는 작성한 안전보건관리규정을 사업장에 게시하거나 갖춰놓고, 이를 근로자에게 알려야 한다. 위반할 경우 과태료 벌칙이 있다.[4] 사업주와 근

로자는 함께 안전보건관리규정을 지켜야 한다.[5]

4. 비판과 대안

1) 책임 소재와 용어에서 초래되는 오해

법이 강제하는 틀(frame)인 안전보건 관리체제의 근본적인 문제는 사업주와 관리감독자들이 안전을 자신의 일로 여기지 않는다는 데 있다. 전문인력으로 간주되는 안전관리자와 보건관리자가 기업의 안전과 보건을 책임지는 것으로 오해하는 면이 있다.

건설 현장에서는 전체 책임자(혹은 회사 대표), 제조업체에서는 공장 관리책임자(혹은 회사 대표)가 안전과 보건 책임자여야 하는데, 그저 안전관리자와 보건관리자가 알아서 하도록 인식시키고 있는 것이다.

용어상의 맹점도 있다. 정부에서 발간한 영문 노동법에 의하면 안전관리자는 세이프티 매니저(safety manager)로, 보건관리자는 헬스 매니저(health manager)로 표기되어 있다. 매니저란 '조직이나 부서에서 자원과 지출을 통제하는 사람'이다. 우리나라 기업에서 안전보건관리자가 자원과 지출을 통제할 권한이 있는가? 매니저라고 하면 책임자를 의미하는데, 우리 법에서 규정한 안전보건관리자는 책임자가 아니다. 소위 참모 기능을 하는 자이다. 외국(계) 기업에서는 직급에 따라 세이프티 테크니션(safety technician), 세이프티 스페셜리스트(safety specialist), 세이프티 프로페셔널(safety professional)이라고 한다. 용어를 각각 '안전전문가', '보건전문가'로 변경할 것을 제안한다.

---

4 「산업안전보건법」 제20조.
5 「산업안전보건법」 제22조 제1항.

2) 자체 관리체제보다 일반화한 대행제도

법이 상정하는 안전보건관리체계는 사업장에 전문가인 안전관리자 및 보건관리자를 채용해 배치하게끔 되어 있다. 직접 고용해 업무를 전담토록 하라는 것이다. 그러나 이는 안전관리 및 보건관리 대행제도에 의해 그 취지가 크게 훼손되어버렸다.

특히 300인 이상의 대규모 기업도 외부에 위탁할 수 있도록 되어 있어서 제도의 취지에 역행하며, 전문인력의 직접 채용은 외려 예외적인 현상이 되었다.

안전관리자를 두어야 하는 사업장들 태반이 외부에 안전관리를 위탁하고 있고,[6] 보건관리자를 두어야 하는 사업장들은 80% 가까이 외부 위탁을 하는 실정이다. 외부위탁이 점차 증가하여 절반을 훌쩍 넘는 실정이어서 법이 정한 안전보건 관리체제라는 것이 우습게 되어버렸다.

3) 산업안전보건위원회의 문제점

산업안전보건위원회는 형식적인 운영으로 서류업무만 증가시킬 뿐, 안전보건관리자의 실질적인 안전활동을 소홀하게 하는 경향이 있다. 또한 위원회 설치 운영 동기가 산재예방이 아니라 점검 때에 과태료 등의 처벌을 피하기 위한 방편일 뿐이라는 현장의 비판 목소리가 있다.

안전보건관리규정은 취업규칙의 일종이라고 할 수 있지만 특수한 점이 많다. 노사 각 9인으로 구성되는 산업안전보건위원회에서 제정 및 변경을 하고, 관리책임자, 안전관리자와 보건관리자가 필수적으로 참석해야 하며, 기업 외부자인 대행기관의 담당자가 참석하거나 대리자를 참석시킬 수 있는 등 많은

---

6 2013년 현재 선임된 안전관리자의 수는 9300명인 데 비해 1만 6000여 개 사업장에서 안전관리를 대행기관에 맡기고 있는 실정이다.

차이가 있다. 소위 '불이익 변경'의 경우에 근로자 대표의 동의를 요건으로 하지 않는 것도 또 다른 예다.

위원장은 노사대표를 호선하거나 공동으로 맡을 수 있다. 이는 규정의 작성과 변경에서 현장의 목소리를 담고 전문가의 견해를 경청하기 위한 것이다. 이러한 취지에 맞게 산업안전보건위원회의 운영과 안전보건관리규정의 작성 변경 등에서 투쟁이 아닌 '협의의 장'이 되게 해야 할 것이다. 이러한 협의 촉진에 방해되는 요소가 있다면 정책적으로 제거해야 한다.

4) 직접관리와 위탁관리의 비교를 위한 재검토 필요

하지만 정부 정책에서는 산업재해를 줄이는 데 어떤 방법이 더 효과적인가 하는 문제가 시급하며, 경제적으로 비용 대비 산재발생이 적은 방안을 찾게 된다. 그래서 정책학적, 경제학적 시각에서 기업의 안전보건 관리체계를 살펴보려고 한다. 직접 채용한 안전관리자와 보건관리자에 의한 안전보건관리가 더 효과적인지, 외부에 위탁하는 것이 효과적인지, 또한 직접 채용의 경우 정규직 혹은 계약직에 따라 산재감소 효과 측면에서 어떤 차이가 있는지를 실증적으로 살펴봐야 하겠다.[7]

연구에 의하면, 기업이 직접 채용한 안전관리자가 안전관리 업무를 수행한 경우와 외부의 대행 전문기관에 위탁한 경우를 비교한 결과에서 별 차이가 없었다. 정규직과 계약직으로 비교한 경우도 별 차이를 보이지 않았다. 혹시라도 누락된 사항이 있거나, 표본 선정 및 응답률의 과소, 재해율과의 상관관계 분석 등의 조사에 방법적 오류가 있지 않았을까를 생각해볼 수도 있다. 이에

---

7 질병은(업무상 질병도 마찬가지다) 상당 기간이 지나야 신체증상으로 나타난다고 알려져 있다. 작업환경관리가 아닌, 근로자 건강관리를 다루는 보건관리자의 업무에 대해서는 안전관리자 업무와 다르게 '사고성 재해'로 그 채용 효과를 측정할 수 없는 문제가 있음을 유의해야 한다.

대해 정부 주도로 재해가 발생한 모든 사업장의 안전관리 실태—안전관리자 채용 여부, 위탁 여부 등—를 알아내는 전수조사를 시행할 필요가 있다고 본다. 재해발생 때마다 조사해 1년치를 누적시킨다면 어려운 일이 아니다.

기업 입장에서는 여러 이유로 위부 위탁을 선호한다. 우선 비용 측면의 이익이 크기 때문이다. 안전보건 위탁관리의 경우 종업원 1인당 한 달에 얼마식으로 위탁비용을 계산하는데 위탁 수수료가 매우 적다.[8]

안전관리자를 채용할 경우 위탁에 비해 3~4배의 비용이 든다고 한다. (심지어 위탁하면 채용 비용의 1/10밖에 들지 않는 경우도 있다고 한다.) 비용 절감의 이점뿐 아니라 기업이 전문성에 도움을 받을 수 있다는 이유로, 문제가 발생하면 위탁업체로 미룰 수 있다. 이러한 안전관리의 외주화는 합법적으로 제도화되어 있고, 현장에서 활성화되고 있는 형국이다.

위탁 방법이 산재예방에 효과적이면서 경제적인 효율성이 있다면, 전면적으로 제도를 수술해 안전관리 및 보건관리 컨설팅 제도로 탈바꿈시키는 것을 검토해볼 필요가 있다.

안전관리 및 보건관리는 모두 전문기관에 맡기고, 안전보건사고가 발생했을 경우 그 법적 책임을 위탁받은 안전보건 컨설팅 전문기관에 묻는 것이다. 그러면 사업주의 책임은 한정된다. 이러한 논의, 즉 안전관리 및 보건관리 위탁제도를 활성화하자는 주장은 검토의 가치가 있다. 정부 스스로도 안전관리자와 보건관리자에 대한 실태파악을 못 하고 있다. 선임 내용을 보고하도록 되어 있으나, 퇴사한 경우에 충원이 되는지는 확인할 수 없다. 또한 복수의 사업장에 이중으로 등록되었는지 여부, 파견인력인지 아닌지 여부, 다른 업무와의 겸직 여부, 업무 충실도 등의 현황을 파악할 수가 없다. 실태파악과 감독을 못하는 안전관리자와 보건관리자 제도를 두어 무엇 하겠는가? 위탁관리라는

---

8 (위탁 수수료 등) 위탁제도의 제반 문제에 대해서는 제17장 "남에게 맡겨진 근로자의 안전과 건강을 스스로 챙기자"를 참고.

대체 수단이 합법화되어 있는데 말이다.

5) 근본적 재검토를 위한 제언

이런 논의에 부가해 획기적인 논의가 있기에 소개한다. 안전관리자와 보건
관리자 자격제도는 유지하되 의무고용제도를 폐지하고, 안전보건 관리체제
를 법으로 정하는 방식으로 수립할 것을 강제하지 말며, 대행제도를 제도적으
로 사멸시키자는 주장이다. 기업이 생산 방식, 인력 구성 등 사정에 가장 적합
한 안전보건 관리체제를 수립하여 시행할 수 있도록 그 방식과 절차를 자유롭
게 하는 것이 가장 효과적이라는 것이다. 안전관리자와 보건관리자를 교육과
자격 제도를 통해 양성 및 공급하고 채용 여부는 기업에 맡기자는 것이다. 대
행제도도 자유경쟁시장에 맡기자, 대략 이런 주장인데, 이렇게 하면 기업은
각자에게 가장 적합한 방식의 안전관리기법을 채용하여 시행하게 되고, 결국
가장 기업친화적인 안전관리 기법이 활용되어 산재예방에 훨씬 효과적일 것
이라는 주장이다. 정부는 기업의 안전, 보건사고에 대해 기업주에게 법적 책
임만 철저하게 집행하면 될 것이다. 안전관리와 보건관리를 부실하게 하면서 절
감하는 비용의 수십 배 되는 불이익을 부과하는 등의 방법을 활용할 수 있다.

기업의 생산활동은 자본과 노동의 결합으로 이루어지는데, 필요 수단인 노
동력의 유지 및 재생산을 외부에 맡기는 것은 생각할 수 없는 일이다. 기업에
특정하게 안전관리자와 보건관리자를 채용해 이러저러한 업무를 맡기라고
검증되지 않은 방식을 법적으로 강제하는 것은 합당하지 않다. 기업이 안전
과 보건에 관한 관리방법을 찾아서 하면 된다. 기업은 필요와 사정에 따라 안
전관리자를 채용하든지, 위탁을 맡기든지, 종업원을 직접 교육하든지 적절한
방법을 찾을 수 있다. 기업에 인사관리, 생산관리, 판매관리, 재무관리를 어떻
게 하라고 법으로 시시콜콜한 방법을 강제하지 않고 자율성을 갖게 하는 것처
럼, 안전관리도 그래야 한다. 국가는 안전사고와 보건사고의 예방을 위해 개

별 기업의 사정도 모르면서 무엇을 어떻게 하라고 일일이 간섭할 것이 아니다. 정부가 합리적인 안전기준과 보건기준을 설정하고 안전사고와 보건사고에 대해 법적 책임을 엄격하게 묻는 것만 제대로 한다면 그것으로 충분한 효과를 볼 수 있을 것이다. 효율적인 산업안전행정이 구현되는 것이다.

많은 안전관리자와 보건관리자들은 자신들과 같은 전문 인력을 기업에 두고 위탁을 맡기는 방안이 가장 효과적이라고 말한다. 기업은 사고나 직업병이 발생하면 법적인 책임을 지는데, 사고나 직업병 예방에 효율적이라면 물론 그런 방법도 고려될 수 있을 것이다.

정부는 무엇보다도 기업이 안전보건에 대한 관심이 높다는 사실을 인정하고, 기업경영 현장에서 수많은 독창적인 안전관리와 보건관리의 기법과 철학이 개발되어 시행될 수 있는 방향으로 제도를 설계하고 정책을 개발해야 한다. 이렇게 하는 것이 정부 정책적으로도 가장 비규제적인 방법으로 안전사고 예방과 근로자 건강이라는 정책 목표를 달성하게 된다.

이러한 방안은 안전보건 민간시장의 활성화에 기여하게 된다. 정부에서는 안전보건 시장이 활성화되어야 한다며 온갖 방안을 찾고 있다. 기업이 알아

표 2-11-1 각국의 안전보건관리시스템 규격

- 미국(직업안전보건청, 1982) VPP; OHSMS(미국산업위생협회, 1996)
- 영국(직업보건안전청, 1991) HS(G)65; BS 8800(영국표준협회, 1996)
- 일본(중앙노동재해방지협회, 1996) OHSMS(일본고유모델)
- 다국적인증기관(BSI 등, 1999) OHSAS 18001
- 한국(산업안전보건공단, 1999) KOSHA 18001(BS 8800이 모델)

* 미국의 VPP(Voluntary Protection Program)는 형식적으로는 규격이 아니다. 그 내용에 안전보건관리시스템의 수립과 위험성평가를 강조하고 있다. 많은 나라가 이에 영향을 받아 규격을 제정했다.
* 일본은 중장기정책으로 제12차 노동안전 위생프로그램(2014.4~2018.3)을 수립하고 주요 내용으로 사업장의 안전보건관리시스템을 강조하며 독려하고 있다. 그리고 위험성평가를 사업장의 안전보건관리시스템 활성화에 기여하는 보조적 역할을 하게 하는 것으로 정책방향을 삼고 있다.
* 국제노동기구(ILO)는 안전보건관리시스템의 국제규격화에 반대하는 입장이다.

서 하면 될 안전보건 관리체제를 법으로 고정해두면서 외주화를 제도적으로
보장하고 있는 모순을 저지르는 지금까지 시행해온 제도의 틀을 깨야 안전보
건의 민간시장 활성화를 이룰 수 있다.

세계 각국에서는 **표 2-11-1**과 같이 안전보건관리시스템의 규격을 제정해
시행하고 있으므로, 기업은 이를 참고할 수 있다. 적용 여부는 모두 자율적으
로 되어 있고, 표준화된 국제규격이 없음은 물론이다.

제12장
수요자를 외면하는 안전보건교육

1. 문제의 제기: 안전관리자에게 필요한 직무역량

우리나라 기업의 안전보건 관리체제는 「산업안전보건법」에 그 얼개가 그려져 있다.[1] 사업장 안전 문제에서 중요한 역할을 하도록 전제되어 있는 직위가 안전관리자다. 그런데 많은 안전관리자들은 '회사에서 나에게 요구하는 직무와 내가 학교에서 배운 내용이 다르다'고 말한다.

기업 내에서 안전관리자가 제 역할을 못하고 있으며 그들의 위상도 모호하다. 따라서 대우도 제대로 받지 못한다. 안전관리자를 양성하는 학교 교육이 기업이 원하는 인재를 배출하지 못하는 것은 아닐까? 안전관리자들의 독자영역이 없다는 목소리가 들리는데, 전문가들은 안전관리자 양성과 운용시스템에 대해 검토할 필요를 못 느끼는지 궁금하다. 같은 맥락에서 안전관리자로 일하는 현직들을 대상으로 하는 보수교육제도에도 고쳐야 할 점이 많다.

안전관리자에게 요구되는 능력은 무엇인가? 우리나라 법은 안전관리자의 직무를 법과 시행령에 나열하고 있는데, 요약하면 사업장의 안전에 관한 사항에 대해 사업주 또는 관리책임자를 '보좌'하고 관리감독자에게 '지도·조언'하는 것이다.[2]

---

1 「산업안전보건법」 제13조 내지 제19조.
2 「산업안전보건법」 제15조 및 시행령 제13조.

법에서 요구하는 것은 그렇지만, 안전관리자에게 실질적으로 요구되는 역량은 다음과 같다.

① 기본적으로 「산업안전보건법」과 「산재보험법」 등 안전과 관련된 법령 내용을 잘 알아야 한다(compliance).

② 사업장의 안전관리는 특정한 개인이 아니라 시스템 중심으로 운영·관리되어야 한다. 그러므로 시스템적 사고를 할 줄 알아야 한다(system focus).

③ 안전관리도 다른 관리영역과 마찬가지로 팀워크가 중요하다. 여러 사람과 함께 협업하는 기술이 필요하다(teamwork).

④ 안전은 모든 부서와 관련이 있으며, 조직 내 모든 개인의 신체적 안전과 직결되고, 기업의 재산과 관련한 위험을 다루는 일이다. 안전관리전문가의 직급을 막론하고 리더십이 중요하다(leadership).

⑤ 안전관리는 중구난방이나 주먹구구식으로 이루어지는 것이 아니라 업종, 근로자 특성, 지리적 소재지, 공정 등을 반영한 사업장 특유의 표준화된 관리 방식이 개발되어야 한다. 표준화할 수 있는 능력이 요구된다(standardization).[3]

2. 안전관리자 양성교육의 문제점

1) 안전관리자 양성을 위한 대학교육과정

2015년 현재 4년제 대학의 안전공학과 입학정원은 494명이며, 방재와 소방을 포함하면 2113명이다. 대표적인 대학의 커리큘럼을 예로 들어 보자.

---

3 안전관리자의 역량에 관한 자세한 내용에 대해서는 제20장 "안전보건전문가로 적합한 사람은 누구인가"를 참고.

【A대학 교육목표】

1. 종합적인 사고를 갖추고 조직 구성원으로서의 원만한 역할 수행과 조직 내 리더로서 필요한 기본소양을 함양한다.
2. 공학적인 원리 및 방법에 다양한 학문 분야의 전문지식을 결합하여 공학적 문제를 창의적으로 해결할 수 있는 능력을 배양한다.
3. 안전공학 전반의 기초 및 실무에 관련된 교육을 통해 산업재해방지 및 안전한 작업환경을 조성할 수 있는 전문지식과 실무 운용능력을 배양한다.
4. 지식정보화 시대의 변화에 능동적으로 대응해 국제적 최신 기술을 적극적으로 습득, 활용할 수 있는 글로벌 안전전문인력을 양성한다.

【B대학 교육목표】

본 학과의 교육목표의 핵심은 휴머니즘 정신을 바탕으로 안전공학 및 관련 분야에서 국가와 인류 안전에 공헌할 지도자적 인재 양성이다. 이러한 교육목표는 다음과 같이 체계화되어 있다.

• 인본주의 정신을 바탕으로 사명감과 긍지를 지닌 안전전문가 양성
• 현장실무 안전설계 관련 전공지식을 이해하고 실무안전을 창의적으로 활용할 수 있는 현장 적응형 세이프티 엔지니어(Safety Engineer)의 양성
• 실무적 문제를 협동정신과 원활한 의사소통 능력으로 해결할 수 있는 실무형 엔지니어의 양성
• 국제적 위상에 걸맞게 안전문제 해결에 앞장설 수 있는 지도자 양성

【 A대학 교육과정 】 안전공학과 교과목 이수체계도

(필): 인증필수, (설): 설계, (선): 인증선택

구분	1-1	1-2	2-1	2-2
전문교양	실무영어 벤처와 창업 사회와 윤리	영어회화I 경영학의 이해 창의적 사고	특허와 지적재산권	과학기술 글쓰기
MSC	미적분학 일반화학I 일반물리I 일반물리실험I	일반화학II 일반물리II 일반물리실험II 컴퓨터 활용	공학수학I 확률과 통계 컴퓨터 프로그래밍I	공학수학II 컴퓨터 프로그래밍II
전공		안전관리론(필)	기계안전공학(선) 유체역학(선) 화학공정안전I(필) SOC안전(필) 산업재해보상론(선) 소방시스템제어(선)	전기공학과 실험(필) 화공안전기초실험(필) 건설시공학(필) 재료역학(필)
설계	창의적 공학설계(설)			화학공정안전II(설) 기계설비안전(설)

구분	3-1	3-2	4-1	4-2
전문교양				
MSC				
전공	열역학(필) 비파괴공학 및 실습(필) 전기안전공학(필) 화학안전공학(필) 산업재해방지론(선) 안전인간공학(필)	안전심리학(필) 화학설비안전공학(필) 공정위험분석(필) 건설안전공학(선) 시스템안전공학(필) 인적오류 및 신뢰성 분석(필) 산업위생론(선)	CAD/CAM I(선) 전기화재방지론(선) 소방전기설비(필) 위험성평가(선) 건설안전진단(선) 작업환경측정(선)	에너지안전공학(선) CAD/CAMII(선) 전기계측(선) SOC방재학(선) 안전프로그램(선) 관리와 교육(선) 파괴역학(선) 현장실습(선)
설계	건설안전설계(설)	전기설비 안전 및 설계(설)	캡스톤디자인I(설)	캡스톤디자인 II(설)

【B대학 교육과정】 전공학과 교과목 이수체계도

(학): 학문기초, (기): 전공기초, (심): 전공심화

1학년		2학년	
물리학실험(학)		물리화학(기)	위험관리(기)
	일반화학 및 실험(학)	물질안전실험(기)	소방유체역학(기)
	전기회로(학)	전기자기학(기)	전기설비공학(기)
미적분학1(학)			
	정역학(학)	재료역학(기)	기계공학개론(기)
		인간공학 및 실험(기)	근골격계안전설계(기)
안전공학개론(기)	안전과 생활(기)	안전관리론(기)	

3학년		4학년	
화학설비안전(기)	위험성평가(심)	화재폭발피해예측공학(심)	폭발방지공학(심)
연소공학(기)	화학공정안전(심)	소방설비(심)	가스안전공학(심)
감전방지공학(기)	전기작업안전(심)		전기방폭공학(심)
	정전기안전공학(심)	전기화재(심)	전기설비안전설계(심)
기계설비안전(기)	운송기계(심)	설비진단기술(심)	작업환경측정(심)
산업위생학(기)	산업중독학(심)	산업환기(심)	건설공사관리학(심)
건설안전공학(기)	건설재료 및	건설안전구조학(심)	건설안전설계(심)
	시공학(심)		건설소음진동(심)
인간실수론(기)	법규 및	시스템안전공학(심)	
	산재보상실무(심)		
안전심리 및 교육(기)		현장실습1~5(심)	현장실습6~9(심)

2) 보완되어야 할 것들

우리나라의 대표적인 안전관리자 양성기관인 A대학과 B대학의 교육목표와 교육내용을 정리해 열거했다. 교육목표는 공통적으로 '현장에 적응할 수 있는 지식을 가르쳐서 안전전문가가 되게 하고 글로벌한 지도자를 양성한다'는 것이다. 그러나 앞서 말한 대로 그들은 기업에서 제 목소리를 못 내고 있으

며 전문가로서의 대우를 받지 못하는 실정이다. 왜 그런가? 교육목표와 교육 내용이 괴리되어 있어 그렇다.

과거에는 안전관리자의 기술적 능력이 강조되었던 반면, 최근에는 안전전 문가와 사업주 간의 소통이 중요하다는 사실이 부각되고 있다. 안전관리자는 사업주에게 안전문제를 정확히 인식하도록 설득할 수 있는 능력을 갖춰야 한 다. 따라서 안전전문가는 안전과 보건을 경영 분야에 접목시켜야 한다.

현재는 안전을 경영 분야에 접목하는 것, 안전 문제를 경영진에게 설득하 는 것 등의 교육내용은 전혀 없는 실정이다.

현장의 얘기로 돌아가서, 안전관리자에게 필요한 것 몇 가지를 예로 들면 안전관리 프로그램 기획과 집행, 산재보험, 「산업안전보건법」, 안전활동 성 과관리 등이다.

하지만 대학 교육의 현실은 '안전관리 프로그램의 기획과 집행', '안전활동 의 성과관리'에 대한 과목은 아예 없고, 산재보험이나 「산업안전보건법」에 대 해서는 대부분 전문적인 이론 지식이 부족한 그저 일정 기간 실무를 익힌 외 부 인력에게 시간 강사 자격을 주어 맡기고 있는 형편이다.

「산재보험법」이나 「산업안전보건법」의 법조항을 읽어주는 것으로 될 일 이 아니다. 법의 원리부터 내용, 외국과의 비교, 현장의 적용 사례, 입법 역사, 중요 결정과 판결례 등 입체적인 내용이 교수되어야 한다. 구두 및 문서에 의 한 의사소통에 관해서도 체계적인 교육이 필요하다. MIT에서는 화법(speech communication)이 가장 인기 있는 강좌의 하나라고 한다.

안전전문가와 보건전문가를 대학원 과정에서 양성할 필요가 있다. 현재의 학부 교육시스템에서는 안전전문가로서의 아이덴티티가 모호하다. 안전공학 과에서 가르치는 내용을 보면 기계안전, 건설안전, 화공안전, 시스템안전, 인 간공학 등으로 나뉘어 있다. 그런데 기계안전에 대해 안전공학과 출신이 더 많이 알까, 기계공학과 출신이 더 많이 알까? 현업 종사자에 의하면 기계안전 문제에 대해 얘기할 때 기계공학과 출신에게 안전공학과 출신이 밀린다고 한다. 안전공학과에서 학습하는 '안전'이라는 아이덴티티가 모호한 데서 나타나는 현상이다.

그런 까닭에 학부에서 공학 분야를 전공한 사람 중심으로 선발해 대학원에서 위험성평가, 로스 컨트롤, 안전관리 프로그램, 산재보험, 「산업안전보건법」, 리스크 관리, 안전관리 성과측정 등 안전에 합당한 학문 및 실무 영역을 공부하게 할 필요가 있다.[4]

이렇게 대학원 과정에서 안전관리자를 양성해야 법에서 의도하는 안전 문제에 대해 보좌·지도·조언하는 인재, 다양한 학문 분야의 지식을 결합한 글로벌 지도자로 발전할 수 있는 안전관리자가 배출되지 않겠는가.

3. 안전관리자 보수교육의 문제점

1) 현황

「산업안전보건법」 제32조에 의한 안전보건관리자 직무교육은 2년마다 위탁기관을 14개소로 지정해 실시하고 있다. 안전보건공단은 여러 분야의 교육을 모두 실시하고 있으며, 대한산업안전협회는 안전관리자에 대한 직무교육을, 산업간호협회는 간호사인 보건관리자를, 산업위생협회에서는 산업위생기사인 보건관리자 교육을 담당하고 있다. 직종별 이익단체가 자기 분야의 안전 혹은 보건관리자를 교육하고 있는 실정이다.

「산업안전보건법」 제31조에 의한 관리감독자 교육은 인력, 시설, 장비라는 전제 조건을 충족하는 민간교육기관이 참여하고 있다. 안전관리자 및 보건관리자 교육과 유사한 실정으로 정기교육 대상자 8만여 명을 공단이 2만 명, 안

---

4 일본, 독일, 미국에서는 대학원 과정이 일반적이다.

전협회가 5만 4000명, 기타 기관이 6000여 명을 각각 맡아서 교육하고 있다.

2) 문제점과 보완방향

우선 산업안전공단이 직접 교육을 담당하는 것은 문제이다. 공단 출범 초기인 30년 전만 해도 민간 기관이나 학교 등이 여건이 열악하고 인적 자원이 충분하지 않아 직접 교육을 담당할 수밖에 없었지만, 이제 공단이 직접 교육하는 것은 맞지 않다. 민간교육기관의 우수한 교육내용을 안전공단이 낮은 가격으로 실시하면 어느 누가 민간교육에 참가하겠는가.

이는 결국 저질의 교육이 횡행하게 함으로써 안전교육시장을 레몬시장(lemon market)[5]으로 만드는 것이다. 꼭 필요하다면 안전공단은 가르칠 사람을 이끄는 교육(training for trainers)을 맡는 정도여야 하며, 강의식 교육이 아닌 세미나와 토론회 등의 방식을 선택할 수 있다. 그러므로 안전공단의 교육기능은 폐지하는 방향으로 검토할 필요가 있다.

또한 교육내용과 방법에 다양성이 결여되어 있다. 실제 교육 참여자는 이렇게 말한다.

보수교육이요? 수동적 교육으로 교육생들이 아는지 모르는지 확인 없이 진행되고, 사실은 안전기사 위생기사 자격시험 과목을 반복교육하고 있습니다. 법적으로 이수하게 되어 있으니 회사에서도 보내는 거고, 우리 안전관리자 입

---

5 레몬시장 이론은 경제학자 조지 애컬로프(George Akerlof)가 1970년 제시한 이론이다. 판매자와 구매자 사이의 제품의 품질에 대한 정보가 불균등하여 시장에서 고품질의 물건은 퇴출되고 저가의 불량품(레몬)만 거래된다는 이론이다. 레몬이란 구매 후에야 흠이 발견되는 중고차를 가리키는 미국의 속어다. 안전교육 시장에서 교육의 품질을 잘 모르는 기업은 고가의 교육(고품질)을 선택하지 않고 저가의 교육(저품질)을 구매하려고 하므로 질 낮은 안전교육이 횡행하게 된다.

장에서도 뻔한 내용을 들으러 갔다 온다니까요!

_ ○○음료 안전관리자, 2016.2.

이런 현실을 탈피하려면 교육기관 지정방식이 아닌 교육과정의 인정방식으로 나아가야 한다. 세미나, 비상대응훈련참가, 위험성평가, PSM, 최신기술 소개 특별과정 등 다양한 교육형태를 교육과정으로 인정하고, 교육과정을 이수하면 법정교육을 이수한 것으로 간주해야 한다. 인정의 주체는 고용노동부에서 협의체를 구성해 심의하는 방안을 생각할 수 있다.

아울러 교육 수수료와 교육 시간에 대한 규제 또한 없애야 한다. 대학에서 안전관리자에 대한 특별한 교육(위험성평가 시행기법, 안전관리 프로그램 기획

표 2-12-1 ○○협회 교육과정과 OSHA 전문가 교육시간표 비교

○○협회 교육시간표

시간	제1일	제2일	제3일
9~10	위험성평가 실무	위험기계기구 재해사례와 대책	스트레스로 인한 뇌심혈관계질환 관리
10~11			
11~12			
12~13	중식		
13~14	전기재해사례와 예방대책	재해발생 시 응급처치	근로자 건강관리와 스트레칭
14~15			
15~16			
16~17	운반기기기재해 사례 대책	산업안전보건법 및 정책방향	MSDS-GHS
17~18			

OSHA 전문가 교육 시간표

시간	제1일	제2일	제3일
9~10	강사 및 교육 소개 (Instructor & Student Instructions)	탱크 작업 (Dip Tanks)	극저온 관리 (Cryogenics)
10~11	위험물질개론 (Introduction to Hazardous Materials)	스프레이 작업 (Spray Finishing)	위험폐기물처리 및 응급상황대처 [Hazard Waste Operations and Emergency Response (HAZWOPER)]
11~12		압축가스 (Compressed Gases)	
12~13	중식		
13~14	가연성액체 I [Flammable and Combustible Liquids (storage and use)]	압축가스 (Compressed Gases)	미세먼지, 매연 등 (Dust, Fumes & Mist)
14~15		용접 (Wielding Hazards)	밀폐공간 (Confined Spaces)
15:00 ~ 15:30	휴식		
15:30 ~ 16:30	가연성액체 I [Flammable and Combustible Liquids (storage and use)]	액화가스 [Liquefied Gases (ammonia, carbon dioxide)]	공정안전관리 (Process Safety Management)
16:30 ~ 18:00	위험물 지장소 (Hazadous Locations)	액화가스 [(Liquefied Petroleum Gas(LPG)]	마무리 (Closing Exercise)

등)을 실시하는 경우에도 그 내용을 심의해 교육과정으로 인정하며 법정교육을 이수한 것으로 해야 한다. 이렇게 교육을 개방해야 교육기관 사이의 경쟁력이 높아져 교육의 질이 높아지고, 기업에서는 각 교육과정을 검토해보고 스스로 필요에 따른 선택을 하여 교육에 참가할 것이다.

필자가 겪은 이야기를 해보면, 미국에서 안전교육 전문강사를 초빙해 안전관리자 등을 대상으로 교육을 실시했다. 그런데 교육에 온 안전관리자들이 '교육내용이 좋아 비용은 얼마가 들더라도 참가할 의향이 있는데, 교육을 받으면 법정교육을 이수한 것으로 간주되느냐'고 묻는 것이었다. 관련 부서에 문의해보니 돌아온 답변이 '인력, 시설, 장비 기준이 미달이므로 불가'라는 것이었다. 미국 직업안전보건청이 인정하는 교육을 한국에서는 인정하지 못한다는 것이었다.

그런데 이후 한 안전관리자에게 들은 얘기인즉, 외국 기업에 근무하는 그가 서울의 어느 호텔에서 실시하는 본사 주관 교육에 참여한 이수증을 근로감독관에게 보여주니 법정교육을 이수한 것으로 인정했다고 한다. 서울 어느 호텔에 법에서 정한 인력, 시설, 장비가 있었는지 모를 일이다. 어쨌든 우리나라 어느 협회에서 실시하는 교육과 지금 언급한 OSHA 교육과정을 **표 2-12-1**에서 비교해 놓았으니 독자들의 판단을 구한다.

4. 결론

우리나라 산업안전이 발전하려면 그 토대가 되는 인적 자원을 학부가 아닌 대학원 과정에서 양성해야 한다. 지금까지의 교육과정으로는 안전 문제에 대한 보좌, 지도, 조언이라는 현재 수요를 충족하지 못하거니와 안전과 경영의 접목으로서의 안전관리라는 미래 수요는 더욱 감당할 수 없다.

산업안전공단에서 시행하는 안전관리자에 대한 보수교육을 폐지하고, 교육기관을 지정하는 대신 교육과정을 인정하는 방식으로 나아가는 한편, 교육시간과 수수료에 대한 규제를 철폐해야 한다. 그래야만 기업과 안전관리자들의 선택 폭을 넓히고 경쟁을 통한 교육의 질적 향상을 이룰 수 있다.

마지막으로, 안전전문가 양성 및 보수 교육을 보완하는 데 참고할 만한 자료로 ASSE[6]에서 제시하는 내용을 소개한다.

- 안전전문가 양성 커리큘럼에 포함될 교과목: 안전보건프로그램, 안전관리 성과측정, 사고조사 및 분석, 교육훈련방법론, 인간행동론, 안전보건환경 법령, 산업위생과 독성, 위험요인 통제 공학, 소방, 인간공학, 시스템 또는 공정 안전, 제품안전, 건설안전, 환경안전보건
- 안전전문가들이 기본 지식을 갖추어야 할 학문 분야: 물리학, 화학, 생물학, 생리학, 통계학, 수학, 컴퓨터, 엔지니어링 메카닉스, 산업공정, 경영학, 커뮤니케이션, 심리학

---

6 American Society of Safety Engineers(미국안전기술인협회).

제3부 무엇을 해야 할까: 새로운 처방 1

제13장
산재통계를 개선하자

1. 들어가는 말

산업재해는 개인, 기업, 국가에 큰 손실을 가져온다. 일터에서 사고가 발생하면 개인은 상해를 입거나 심한 경우 사망에 이른다. 노동력을 상실하고 계속 일을 못하게 되어 소득이 감소하고, 부상과 직업병의 정도에 따라 본인을 비롯해 가족들이 실의와 고통에 맞닥뜨린다.

기업은 산재가 발생하면 숙련 인력의 상실, 새로운 인력 채용의 부담, 민사상 손해배상 의무를 진다. 산재보험료는 인상되고, 과태료 납부 등 법적 처벌을 받는다. 대기업이나 규모가 큰 건설 현장의 경우 '일하기 위험한 기업, 현장'이라는 사회적 비난과 낙인을 감수해야 한다.

정부 발표에 의하면 국가 전체적으로 산업재해로 생기는 경제적 손실이 한해에 18조 원에 이른다.

산업재해는 은폐되는 일이 허다하다. 사고가 발생해 산재보험으로 처리하면 불이익이 많아 그렇다는 것이다. 그래서 산재처리 대신 건강보험 혹은 다른 방법을 택한다. 한 연구에서는 정부가 발표하는 산업재해가 실제보다 1/10 이상 적다고 주장한다. 건강보험처리한 재해자 수는 보수적 추정치로도 산재처리의 12배가 넘는다고 한다. 대체 정부가 발표하는 산재통계의 실상은 무엇일까? 통계는 어떻게 집계, 산출, 산정하는 것일까? 산재예측은 왜 늘 빗나가는 것일까? 산업재해통계에 어떤 요소가 고려되고, 어떤 개선방안이 구체적으로 마련되어야 하는 것일까?

2. 산재기록 보존의 중요성과 법령의 내용

사업장에서의 재해발생사실 기록은 매우 중요하다. 유사한 재해발생을 방지하는 예방대책을 세울 수 있고 책임 소재를 규명할 수 있으며 보상, 처벌 같은 법률적 분쟁과 산재보험 적용의 근거가 된다. 재해발생사실의 기록은 사업주의 의무로 법에 규정되어 있다.

즉, 재해발생 원인 등을 기록·보존하는 의무를 갖는 사업주는 사망자가 발생하거나 4일 이상 요양이 필요한 부상자와 질병 환자가 발생했을 때 1개월 이내에 '산업재해조사표'를 제출해야 한다.

근로자의 일방적 과실로 책임을 전가하지 않도록 산업재해조사표는 근로자대표의 확인을 받고, 이견이 있다면 첨부하게 되어 있다. 건설업의 경우에는 이를 생략하는데 한 사업주 아래에 다른 여러 하수급업자에 속한 근로자들이 혼재된 경우가 많아 실익이 없다는 이유에서다. 제조업, 건설업을 막론하고 다수의 안전관리자들은 근로자대표가 산업재해조사표를 확인하는 것이 산재예방에 아무런 도움이 안 된다고 비판하고 있다.

이와 별도로, 중대한 재해 때는 지체 없이 발생 개요, 발생 일시 및 피해상황, 조치 및 전망, 재발방지 계획 등을 정부에 보고해야 한다. 중대재해는 ① 사망자가 1명 이상, ② 3개월 이상 요양이 필요한 부상자가 동시에 2명 이상, ③ 부상자 또는 직업성질병자가 동시에 10명 이상 발생한 재해를 가리킨다.

산재발생 보고의무를 이행하지 않으면 1천만 원 이하의 과태료의 벌칙이 있다.[1]

---

1 「산업안전보건법」 제10조, 제72조 제3항, 시행규칙 제2조, 제4조, 제4조의 2.

3. 재해율 산식 관련 소고

1) 산재율 공식

산업재해통계는 어떻게 산출하는가? 산재율은 어떻게 산정하는가? 정부가 발표하는 산재통계는 어떤 방식으로 집계하는 것인가?

우리나라에서 산업재해율을 산출하는 공식은 다음과 같다.

$$산업재해율(\%) = \frac{산재보험\ 4일\ 이상\ 요양\ 승인자}{산재보험\ 적용\ 근로자수} \times 100$$

먼저 산업재해 처리절차를 살펴보자. 어떤 사업장에서 사고가 발생하면 사업주는 이 사고에 대한 산업재해조사표를 작성해 제출해야 하며, 근로자는(사망한 경우에는 유가족이) 「산업재해보상보험법」에 의한 '산재요양(및 휴업급여) 신청서'를 근로복지공단에 제출하게 된다. 사망의 경우는 유족급여 및 장의비 신청을 한다. 실제로는 산재요양 승인 신청이라는 개념이 일반화되어 있다.

'신청'이 '승인'되면 해당 사고가 산업재해로 되는 것이다. 최근에는 민원인 편의를 위해 병원, 의원에서도 신청할 수 있게 해놓았다. 한마디로 근로복지공단(국가)에서 인정 내지 결정하고 「산업재해보상보험법」에 의해 요양이 승인되어야 산업재해가 되는 것이다.[2]

2) 분자의 문제

어떤 경우에 산업재해로 인정될까? 일반적으로 산업재해란 '일하다 사고를

---

2 2014년 7월 1일부터는 사업주가 산업재해조사표를 제출하도록 의무화했다. 즉, 휴업 3일 이상의 산재 발생 1개월 이내에 산업재해조사표를 제출해야 한다.

당해 입게 되는 인적, 물적 피해'를 말한다. 그런데 「산업재해보상보험법」(「산재보험법」)에서는 '산업재해' 대신 '업무상 재해'라는 용어를 사용한다. 사고를 당해 「산재보험법」에 의한 치료와 보상을 받으려면 이 법에서 말하는 '업무상 재해'로 '인정'되어야 가능하다.

법률적으로 '업무상 재해'란 '업무상의 사유에 따른 근로자의 부상·질병·장해 또는 사망'을 말한다.[3] '업무상 재해'는 '사고'와 '질병'으로 분류되어 '인정 기준'이 마련되어 있다.[4] 업무상 사유에 의한 사고여야 산업재해로 인정되고, 이들 합계가 산업재해발생건수가 되며, 산재율 공식의 분자가 된다.

현행 「산재보험법」은 요양 4일 이상의 부상 및 재해의 경우만 산재로 취급한다. 왜 1일 이상으로 하지 않는가? 경미한 것은 의미가 없어 제외한다는 것이다. 그런데 치료받고 요양하는 중에도 일할 수 있는 경우가 적지 않다. 무릇 산업재해가 '일하다 다쳐서 일하지 못함'에 그 본래 의미가 있다고 할 때, '요양 4일 이상을 요하는 재해'로 명시된 것을 '휴업 4일 이상을 요하는 재해'로 변경하는 것이 타당하다. 산업재해란 개인·기업·국가차원에서 노동력 손실을 입는 것이기 때문에 '요양'이 아닌 '휴업'이 되어야 한다.

독일, 일본에서는 휴업 4일 이상, 영국에서는 휴업 7일 이상, 미국에서는 응급처치 이상을 산재로 잡고 있다.

3) 분모의 문제

분모는 법적으로 산재보험이 '적용'되는 근로자가 아니라, 실제로 산재에 '가입'되어 있는 근로자로 정하고 있다. 이는 숫자의 왜곡을 초래한다. 1인 이상 사업체는 당연히 산재보험에 강제로 적용된다. 그러면 특수형태 근로종사

---

3 「산재보험법」 제5조 제1호.
4 「산재보험법」 제37조, 업무상의 재해의 인정 기준.

자, 중소기업 사업주, 건설기계 자차기사 등을 포함한 근로자 1인 이상의 모든 사업장이 적용대상이 되며, 사업주나 근로자에게 선택의 여지가 없다. 이렇게 「산재보험법」은 근로자를 사용하는 모든 사업 또는 사업장에 적용한다. 다만, 위험률·규모 및 장소 등을 고려해 대통령령으로 정하는 사업, 즉 공무원, 군인, 사립학교교직원, 공사금액 2000만 원 이하, 가사서비스업, 법인이 아닌 5인 미만 농업·임업(벌목 제외)·어업 및 수렵업에 대해서는 적용하지 않는다.[5]

이렇게 강제 적용되는 것이 「산재보험법」의 법리다. 현실에 존재하는 산재보험 당연적용 사업장의 근로자수를 분모로 삼아야 하는데, 실제로는 산재가입을 않고 산재보험료를 내지 않고 있다가, 산재가 발생하면 그제야 소급해 분모로 편입되는 경우가 많다. 이런 현상은 각종 서비스업 및 소규모 영세 사업장의 경우에 극심하다.

그러면 이러한 분자, 분모의 문제가 현실적으로 어떻게 나타나는가? 고용노동부의 발표에 따르면 2015년 말 현재 산재보험 적용 사업장은 236만 7186개소, 근로자는 1796만 8931명, 재해자는 9만 129명이고, 따라서 재해율은 0.50%라고 한다. 총괄적으로 보면 근로자수(분모)는 법이 정한 것보다 적게 잡히고, 재해자수(분자)는 휴업기준으로 하는 경우보다 많이 잡힌 것이다. 4일 이상 '휴업' 기준으로 할 경우, 4일 이상 '요양' 기준으로 하는 것에 대비해 80% 정도의 숫자가 잡힌다고 알려져 있다.

4. 산재통계가 정확하기 힘든 원인

산재예방의 기술적 부문을 책임지는 기관이 산업안전보건공단이다. 공단

---

5 「산재보험법」 제6조, 적용 범위 시행령 제2조.

연구원에는 산재통계를 전문적으로 다루는 부서가 있다. 2010년 12월 초에 공단에서 그해의 산재발생 예측을 하면서 0.65~0.67%가 될 것이라고 했다. "2010년 12월 말 재해율은 최근 5년간 2개월간의 변동폭의 평균값, 최소값, 최대값을 각각 적용했을 경우, 0.66% 또는 0.65% 또는 0.67%로 예측된다."[6] 하지만 불과 1개월 후의 공식 발표에서는 0.69%라고 했다. 예측과 실제의 괴리가 있다.

이러한 결과는 앞서 말했듯이 재해율 공식의 분자와 분모에서 초래된 것이다. 분자의 경우, 재해가 발생했지만 언제 재해로 인정될지 모르는 문제가 있다. 즉, 재해발생 → 산재신청 → 산재인정 과정에 큰 시차가 있다. 일반적으로 부상을 입은 경우, 재해 '발생'에서 '인정'까지(통계로 잡히기까지) 약 50일 정도가 소요된다.

분모의 경우는 더 문제가 많다. 앞서 지적했지만 분모 숫자가 고정되어 있어야 정상이다. 불변의 숫자로 고정되어야 한다는 의미가 아니다. 예컨대, 일정한 시점의 '임금근로자수' 또는 어느 시점 현재 '산재보험이 적용된 근로자 수'로 고정되어야 한다. 이 수치가 근로복지공단에서 이른바 '산재 적용 강화 노력'을 하면 늘고, '산재 적용 사업장 소멸 조치'를 하면 줄어들고 있다.

건설공사의 경우 특히 심각하다. 공사 종류에 따라 총공사금액의 일정 비율을 노무비율로 잡아 인건비총액을 산정하고, 일용 건설근로자 일당을 정부에서 정한 후,[7] 그것을 월 금액으로 환산하고, 인건비총액을 그 월 금액으로 나눠 건설현장 근로자 숫자로 삼고 있다.

실제 일한 근로자 숫자가 아니라 이렇게 개산추계수치(槪算推計數値)로 잡고 있으며, 건설현장이 없어졌는데도 그대로 방치하고 있다가 일정한 계기에 산재보험 적용 사업장 소멸조치를 하여 단번에 없애는 것이다. 즉, 분모에서

6 산업안전공단 간부워크숍 자료(2010.12.2).
7 엄정한 객관적 절차 없이 그저 산재보험 담당자들이 정한다.

사라지는 것이다.

이렇게 불합리한 재해율 산정 방식으로는 애당초 예측이 불가능하고, 집계해도 아무 의미가 없다. 재해율 산정 방식의 획기적 변화가 요청된다.

5. 산재통계 개선, 어떻게 할 것인가?

1) 기본방향

산업재해통계로 우리 사회의 산업안전보건 수준과 문제를 정확히 인식할 수 있어야 한다. 앞에 얘기한 것처럼 산업재해통계는 그것의 산정을 위한 대상 범위, 산정방식의 한계 등으로 우리 안전보건을 위한 유용한 정보로 활용되지 못하고 있다. 산업재해통계가 우리 안전보건수준을 정확히 반영하도록 하려면 어떻게 개선해야 하는 것일까? 그러기 위한 전제 조건에는 무엇이 있을까?

산업재해통계를 개선하기 위해 고려해야 할 요소를 제시해본다.

① 통계의 대상 범위를 합리적으로 선정해야 한다. 정부의 산재예방 사업에 포함되지 않는 체육행사, 폭력행위, 교통사고는 재해율 산출에서 배제할 필요가 있다.[8] 기존 산업재해통계는 산재예방의 직접 대상이 되지 않는 재해까지 포함해 산재예방 지표로서의 활용도가 낮았다. 경제활동인구조사(통계청), 사업체노동실태현황(고용노동부) 등 주요 조사결과를 활용하고, 일정 기간 동안 일한 근로자수를 반영하기 위해 근로시간을 보정한 근로자수(FTE: Full Time Equivalent)를 추가로 활용하는 방안을 심사숙고할 필요가 있다. 그 이유는 현재 근로시간이 고려되지 않기 때문에, 외국에 비해 상대적으로 근로

---

8 이 점은 2013년 이후 통계에서 개선되었다.

시간이 긴 우리나라에서 재해율이 과다하게 평가되는 경향이 있기 때문이다 (FTE를 활용하면 분모가 커진다).

② 산업재해의 예방목적에 합당하게 통계가 개발되어야 한다. 사고와 질병 재해를 구분하고, 산재예방사업을 통해 관리 가능한 재해를 주요 목표로 하는 산업재해통계가 마련되어야 한다.

현재 재해율 산출을 위한 산정에서는 사고 재해자와 질병 재해자를 합산해 놓고 있다. 다시 말하면, 무리한 동작, 요통, 사고성 요통 등 유사한 산업재해 에 대한 예방사업은 실시하지만 사고 재해와 질병 재해로 구분해 제대로 관리 하지 못하고 있다는 것이다. 또한, 근로활동과 직접 관련 있는 재해와 예방사 업의 목적에 부합하는 재해를 정하지 않아 성과 평가 자료로 활용하는 데 한 계가 있다.

③ 국제표준에 근거한 산업재해통계를 산출하여 비교가능성을 모색해야 한다. 현재 국제적으로 합의된 산업재해에 관한 기준은 없다고 해도 지나친 말이 아니다. 국제노동기구(ILO)는 사고 발생 후 1년 이내의 사망재해(통근재 해 제외)를 보고받아 활용한다. 주요 국가들에서는 휴업 4일 이상의 업무상 사 고에 의한 손상을 포함시키고, 통근재해와 그 밖의 직접 관련 없는 재해는 제 외해놓은 실정이다. 한편 미국, 독일 등에서는 근로자수를 산정할 때 근로시 간을 고려한다.

④ 산업재해통계에 대한 국민적 공감대가 형성되어야 한다. 통계에 대한 신뢰가 높지 않은 현실을 인정하고 개선방안을 마련해야 한다. 각계에서 여 러 견해가 제시되고 있지만 국민적 공감대 형성을 위해 산업재해통계 개선을 위한 충분한 토의와 노력이 지속되어야 한다.

그 구체적 방안을 제시해본다.

2) 적용 범위 문제

먼저, 통계 산출대상 및 산업재해의 범위를 살펴보자. 현재 산업재해통계는 산업재해보상보험에 가입된 사업장을 대상으로 산출되며, 매년「산재보험법」의 적용범위가 확대되어 사업장수와 근로자수는 지속적인 증가추세를 보인다. 이런 상황에서「산재보험법」과「산업안전보건법」은 서로 적용범위가 다른데도, 산재보험 가입 사업장을 대상으로 통계를 산출해내니까 적용범위와 관련한 문제가 발생하고 있다.

문제 해결을 위해 산업재해 유형(사고에 의한 재해와 질병에 의한 재해), 산업재해의 정도(사망재해, 휴업재해), 사업주의 안전보건조치 관련성(교통사고, 폭력, 체육행사 중의 재해 제외) 등 특성을 반영해 재해 범위를 조정하는 것이 바람직하다. 아울러, 산재보험이 적용되지 않아 재해자수에 포함되지 않는 1만여 명에 달하는 공무원, 직업군인, 사립학교 교직원 재해자도 재해자수에 포함하는 방안도 강구해야 한다.

3) 근로손실일수

산업재해가 우리 경제에 미치는 부정적 영향의 정도를 보여주는 지표로서 근로손실일수를 정확히 산정하는 것이 중요하다. 현재 발표되는 근로손실일수는 '고용노동부 예규 제449호「산업재해통계업무처리규정」별표1, 근로손실일 산정요령'에 따라 산출된다.[9] 이 근로손실일수는 요양신청서에 기록되는 입원, 통원, 취업치료, 재가요양 기간을 합산해 산정하게 되어, 재해자가 재해발생으로 실제 근로를 제공하지 못한 기간을 정확히 파악할 수 없고 재해예방사업과 노동시장의 연계가 부족하다는 문제점을 내포하고 있다.

---

9 사망 7500일~장해14등급 50일.

근로손실일수를 정확히 산정하기 위해 전체 요양기간으로 산정하던 근로손실일수 산정방식을, 재해자가 실제 휴업급여를 지급받은 기간으로 산정하는 것으로 변경(즉, 「산업재해통계업무처리규정」을 개정)하는 것이 필요하다. 즉, 요양신청서에 기록되는 '입원, 통원, 취업치료, 재가요양 기간을 합산한 기간'을 의미하는 근로손실일수를 재해발생으로 비롯된 '휴업급여를 지급받은 기간'으로 변경해 산정하는 것이다. 변경된 근로손실일수 통계는 근로복지공단에서 휴업급여가 지급된 재해자를 기준으로 산출하되, 통상 지연 신청하는 것을 감안하여 산출대상 기간을 매월 통계 산출일로부터 일정 기간을 두고 산출하는 것이 바람직하다.

4) 고용형태에 따른 고려

종사상 지위[10] 및 고용형태별 산업재해의 통계를 산출할 필요가 있다. 산업구조의 서비스화와 고용형태가 다양해짐에 따라 고용형태별 산업재해통계 산출에 대한 필요성을 지적하는 목소리가 커지고 있다. 현실적으로 고용보험의 피보험자 자료를 활용하는 것 등이 검토되었지만 개인정보 유출 위험, 자료의 신뢰성 부족 등으로 관련 통계가 산출되지 못하는 실정이다.

종사상 지위 및 고용형태별 근로자수는 매월 경제활동인구조사 결과를 활용해 산출할 수 있다.[11] 근로복지공단의 요양신청서에는 종사상 지위와 고용형태를 구분해 재해자수를 기입하도록 해야 한다.

---

10 상용, 임시, 일용, 자영업자, 고용주 등을 구분해놓은 것.
11 고용형태별 근로자수는 3월, 8월의 부가조사 결과 활용.

5) 통계에 포함시킬 재해 범위 조정

재해자수를 산정할 때 재해 범위를 합리적으로 조정해야 한다. 재해자수는 사업주가 제출한 요양급여신청서(또는 산업재해조사표) 중 4일 이상의 요양을 요하는 재해자를 대상으로 산출하며 이는 지속적으로 증가하고 있다. 사회보장 차원에서 재해보상이 확대됨에 따라 '보상 대상 재해'와 '예방 대상 재해'가 일치하지 않는 부분이 확대되고 있는 것이다. (요양 재해자 중 약 85% 정도만 휴업 재해자다.) 재해예방사업 측면에서 재해자수 전체뿐만 아니라 재해의 정도를 반영하는 휴업 재해자수 또는 그 비중 등에 대한 정책적 관심이 미흡했던 것을 알 수 있다.

산업재해 발생이 경제에 미치는 영향을 제대로 반영하기 위해서 산정 재해 범위를 요양 기준의 재해(4일 이상의 요양을 요하는 재해)에서 휴업 기준의 재해(휴업급여를 지급받은 재해)로 변경해야 한다. 물론 휴업기준 재해 통계가 정착될 때까지 현행 요양기준 통계도 병행해 산출하는 것이 현실적이다.

6) 근로자수 문제

산업재해율 산정을 위한 근로자수(재해율의 분모 값)도 합리적으로 조정되어야 한다. 현재 근로자수는 산재보험 가입 사업장을 기준으로 전년도 산재보험료 확정신고서상의 근로자수에 월별 신규 및 소멸 근로자수를 반영해 산출한다. 특히, 건설업의 경우 총공사 금액과 노무비율로 환산하는 방식으로 산정한다.

그러나 이런 산정방식은 산재보험 가입대상 사업장 중 실제 미가입 사업장도 다수 존재하는 상황이므로 전체 근로자수를 제대로 반영한다고 할 수 없다. 건설업의 경우, 근로자 월평균임금수준에 따라 근로자수가 변동되어 경제활동인구조사와 큰 차이를 보인다. 경제활동인구조사에 나타나는 건설업

종사자 숫자와 산재보험이 적용되는 건설업 근로자 숫자가 어느 해에는 2배나 차이가 나는 이상한 일이 벌어진다.

경제활동인구조사는 여러 해 동안의 노하우가 축적된 조사로서 사회적 공감대 형성에 유리하다. 매월 변동되는 근로자수를 반영할 수 있어 이 조사의 임금근로자수를 기준으로 재해율을 산정하는 것이 필요하다. 다만, 경제활동인구조사는 가구조사여서 건설업 근로자수가 정확히 반영되기 어려운 점이 또한 있으므로 합리적 보정 방안이 강구되어야 하겠다.

7) 근로시간 고려

산업재해 근로자수를 OECD 고용통계의 연간근로시간으로 보정해 추정한 근로자수 기준으로 재해율을 산정해 국제적 비교가 가능하도록 조정하는 방안 또한 강구되어야 한다. 실근로시간을 법정근로시간(주 40시간)으로 환산해 산출하는 전일근무자 환산치(Full Time Equivalent) 기준으로 근로자수를 추정하는 것은 어려운 작업이 아니다.

8) 재해발생 시기 문제

사망재해자수 산정에서 사망기간, 사망재해 범위 등을 합리적으로 고려해야 한다. 근로복지공단에서는 유족급여지급이 결정된 사망자를 기준으로 사망재해자를 산정하고 있으며, 산업안전보건공단의 KOSHA-code의 재해유형 분류기준을 따르고 있다. 이 산정방식에 의하면 요양 중 사망자가 재해자로 이중[12]으로 산정되고, 재해예방사업 대상에 포함하기 곤란한 교통사고, 체육행사, 폭력행위에 의한 사망자도 수치로 계산해 넣는 것이 불가피하다.

---

12 당해 연도에는 부상자로, 다음 해 사망한 경우에는 사망자로 포함.

요양 중 사망한 재해자는 사고발생일로부터 1년 이내에 사망한 경우만 사망재해자로 포함시키고 교통사고, 체육행사, 폭력행위에 의한 사망자는 포함하지 않는 것이 보다 합리적일 것이다. (다만 운수업, 음식·숙박업의 교통사고 사망자는 사망재해자에 포함시킨다.)

재해발생일 기준으로 산업재해통계 산출이 활성화되어야 한다. 산업재해통계의 시의성을 제고하기 위한 다양한 노력이 모아지고 있으나, 통계 산출을 위한 시간차(time-lag)는 피할 수 없는 측면이 있다. 산재발생부터 전산입력에 이르기까지 요양승인 방식은 50일 정도, 재해조사표 방식은 30일 정도, 산재 은폐 적발의 경우 500일 정도의 시차가 있다.

사고 발생일이 비교적 명확한 사고성 재해는 휴업재해자를 대상으로 하여 재해발생일을 기준으로 산업재해통계를 산출하고 그 활용을 강화할 필요가 있다. 전체 휴업 및 재해발생일 기준 재해통계는 적시성 차원에서 3개월의 시차를 두고 다음 분기 말까지 산출하는 방안 등을 고려할 수 있다.

9) 직업병 및 질환의 경우

직업병 및 작업관련성 질환 통계의 확충이 필요하다. 업무상 질병자수는 사업주가 제출한 요양급여신청서(산업재해조사표) 중 4일 이상의 요양을 필요로 하는 재해자를 대상으로 직업병(occupational disease)과 작업관련성 질환(work-related disease)으로 구분해 산출한다. 그러나 업무상 질병은 재해특성이 사고와 다르게 질병 발생일을 정확히 알 수 없고, 어느 사업장에서 어떤 경로와 이력으로 발생했는지 정확하게 파악할 수 없다.

직업병과 작업 관련 질병의 문제에 대해서는 특히 국제동향의 모니터링, 효과적인 통계관리방안을 위한 연구 등이 지속되어야 하겠다. 아울러, 전국 규모로 직업병 감시체계를 확충·보완하여 암 등 주요 직업병의 추세 파악도 강화해야 한다.

10) 다른 자료의 활용

한편, 산재보험 통계를 바탕으로 하는 산업재해통계가 부실하므로 근로환경조사와 같은 가구조사를 통해 전체 재해규모를 파악하는 노력도 병행해야 한다. 각국에서는 유럽연합의 WCS(Working Conditions Survey)를 본보기로 삼아 근로환경조사를 실시하고 있으며, 우리도 이와 똑같은 조사방법을 사용하고 있다. 영국 LFS(Labor Force Survey)의 사고 및 질병 경험에 대한 항목도 추가해 실시하고 있다.

취업자의 전반적인 근로환경을 자세히 살피려는 근로환경조사는 2006년부터 4년마다 실시되고 있다. 샘플사이즈가 상대적으로 작고, 아무래도 가구조사가 갖는 응답의 편의성 등은 절대지표로 비교 활용하는 데 제약이 있을 것이므로, 매년 실시할 필요가 있고 그 표본도 경제활동인구조사 규모로(1만 가구에서 5만 가구 이상으로) 확대해야 한다.

11) 산업재해연감의 발행

통계의 개선과 직접적으로 관계는 없으나 업무의 발전을 위하여 필요한 사항을 하나 건의하고 싶다. 현재까지는 매년 발생한 산업재해에 대하여 다음 해 초에 'ㅇㅇ연도 산업재해 발생현황'이라는 자료 형태로 발표하고, 10월에 「산업재해 현황 분석 연보」를 발행하고 있다. 단일 연도 자료로 생산하고 종결하는 것이다. 특히 산재의 증감에 대한 원인 분석이 거의 없는 실정이어서 '분석'이라는 이름을 붙이기가 민망하다.

하지만 이제는 세월이 흘러 누적된 자료와 사고 사건이 많으므로 이를 성격에 따라 분류하고 정형화하여 '연감'의 형태로 발간할 필요가 있다. 이렇게 하면 과거 경험의 수치화, 유형화가 누적되어 연구 및 정책 자료로서 활용도가 높아질 수 있다. 이를 활용하여 IC기술과 접목하면 빅데이터로의 활용도 모색할 수 있다. 재난연감의 경우 1966년 처음 발간하여 『2015 재난연감』까지 21회에 이르고 있다.

제14장
산업보건을 새롭게 시작하자

1. 들어가는 말

필자는 「되돌아보는 직업병예방 종합대책(원진레이온 사건 10년): 다시 한 번 도약을 위하여」라는 기고문을 쓴 적이 있다.

대부분 산업보건 대책이 그 내용인데, 지금도 여전히 유효한 처방이라는 소견을 가지고, 보완해서 여기에 소개한다.[1]

경기도 구리 소재 원진레이온에서 1990년부터 이황화탄소(CS_2) 중독에 의한 팔, 다리의 마비, 언어장애 등의 증상 후 사망자가 다수 발생했다. 당시 원진레이온에는 3400여 명의 근로자가 일했는데, 특히 이황화탄소 용액으로 녹인 펄프에서 인조견사를 뽑아내는 방사과(紡絲課)에서 많은 근로자가 중독되었다. 950여 명의 직업병 환자가 발생하여 170여 명이 사망했고, 현재까지 지속적으로 사망자가 발생하고 있다. 당시 산업은행 법정관리하에 있던 회사는 1993년에 폐업했으며 공장 설비는 중국으로 이전했다.

원진레이온 직업병 사건이 발생하자 당시 재야단체인 인도주의실천의사협의회에서 많은 문제 제기를 했으며, 정부에서는 그동안 직업병에 대한 국가

---

[1] 원진레이온을 폐업하며 근로자들의 향후 진단 치료를 위한 전문병원이 요청되자, 회사 소유주였던 산업은행이 600억 원 넘는 돈을 출연하여 현재 서울 중랑구 면목동에 소재한 원진녹색병원이 설립되었다.

차원의 대책이 전무했음을 깨닫고 1991년 6월, 직업병 예방 종합대책을 수립했다.

대책 마련으로 노동부 산업안전국에 산업위생과가 설치되었고, 근로자건강진단실시기준(1992.4.2), 작업환경측정실시규정(1992.4.16)이 제정되었으며, 당시 한일관계 해빙무드에 힘입어 '한일직업병예방사업협약'을 체결하여 추진하는 등 짧은 시간에 집중적으로 산업보건 분야의 다양한 사업이 추진되었다. 현재 시행 중에 있는 직업병예방, 건강증진사업, 작업환경측정, 건강관리수첩, 정도관리 등 산업보건제도의 대부분이 그때부터 시작된 것이다.

2. '대책'의 배경

1991년 원진레이온 직업병 사건은 그 당시까지 우리 사회가 막연하게 여겨온 직업병 문제에 대해 일대 반성을 촉구하는 계기가 되었다. 이는 1960년대 이래 우리가 추구한 경제 발전 전략의 부산물이 본격적으로 드러난 문제 중 하나였다.[2]

당시로서는 직업병에 대한 문제의식마저 생소해, 어떤 일이 발생하면 우왕좌왕하고 사회적인 분위기에 좌고우면하면서 그때그때 임기응변하는 실정이었다. 근로자와 기업주의 의식수준이 얕았고 전문 인력은 태부족인 데다 관련 분야에 대한 연구도 빈약했고 의료 장비 낙후 정도가 심했다.

---

2 원진레이온은 1959년에 일본 교토의 도레이 사에서 중고 기계로 방사기를 도입했다. 사건 당시 일본의 그 회사에 가봤는데, 이미 원격조정실에서 제어하는 자동화 설비로 모두 바뀌어 있었다. 필자와 동갑이라 친구로 지내던 주한 일본대사관의 노무관, 엔도 마사히토(遠藤雅仁)에게 그런 기술을 가르쳐줘야 할 것 아니냐고 농담처럼 건넸을 때, '어떻게 개발한 것인데 그걸 전수하겠느냐'는 대답을 들었다. 우리 민간단체가 그 회사를 방문하려 했는데, 회사 정문도 통과하지 못했다는 말도 들었다.

정부는 그제야 문제의 심각성에 눈떠, '원진레이온 직업병 사건'에 국한할 것이 아니라 근본 대책이 긴요하다는 인식을 갖고 직업병 예방 종합 대책을 수립, 추진하게 되었다. 당시 기본적인 인식은 직업병 문제에 대해 아무 대책과 인프라가 없어 불모지를 개척하는 심정으로 문제에 대응한다는 것이었다.

1991년 5월, 학계·의료계 및 정부관계자 20여 명으로 직업병 예방대책 추진기획단을 구성하고, 여러 차례에 걸친 토의결과를 바탕으로 6월에 '직업병 예방종합대책'을 수립하게 되었으며, 이후 세부추진계획을 마련해 7월 초에 산업안전보건정책심의위원회에서 의결했다.[3]

대책은 대강 이러했다. 보건관리체제 및 건강진단제도의 내실화, 작업환경관리의 전문성 제고, 직업병 판정 및 치료의 합리화, 사업장 내 근로자 건강관리의 내실화, 전문의 제도 도입을 비롯한 의료전문인력의 확충과 연구 활성화, 각종 의료·측정 장비의 현대화 등이었다.

3. 대책의 기초

대책의 기본 바탕은, 직업병 문제는 그대로 두면 그야말로 걷잡을 수 없이 확산될 것이라는 데 주안점이 두어졌다.

경제성장과정에서 사용한 많은 기계장비를 봐도 대부분 선진공업국에서 사용했던 중고품을 도입한 것이 사실이었고, 도입 당시 최신 설비였다 하더라도 이미 많은 시간이 지나 노후화되어 있었다. 공장시설을 만들 때 근로자 건강에 대한 깊은 배려가 부족해 많은 근로자들이 유해요인들로부터 충분히 보

---

3 '대책' 추진에 필요한 제도개선, 예산반영 등으로 실질적으로는 1992년부터 시행되었다. 원진레이온 사건이 사회의 주목을 받았음에도 여러 제도가 신설·개선되고, 예산을 확보하는 일은 다른 부처의 몰이해와 전문직역 간 이기주의 등 많은 장벽에 부딪치며 어려움을 겪었다.

호되지 못했다. 더욱이 중화학공업의 발달에 따라 새로운 화학물질 사용이 증가하면서 새로운 형태의 직업병이 발생할 가능성 또한 확대되었다.

중금속 및 화학물질 중독자의 수가 늘고 있다는 것이 현실이었다. 과거 광업에 의한 진폐와 소음성 난청이 전체 직업병 환자의 95% 이상을 차지한 것과 달리, 산업구조가 복잡·다양해지고 중화학공업이 확산되자 제조업에서도 진폐증 환자가 발생했다. 또한 납·크롬·카드뮴·수은 등의 중금속 중독과 이황화탄소(CS_2), 트리클로로에틸렌(TCE) 등과 같은 유기용제중독에 의한 직업병자의 발생빈도도 점차 증가했다. 그 외에 작업과 질병발생과의 뚜렷한 인과관계가 과학적으로 제시되지 못하는 신종 직업병의 경우도 많아, 이에 대한 대책 또한 시급했다.

당시 신종 직업병으로 거론된 것을 보면 다음과 같다.

- 신경염: 운수업 종사 근로자가 오른쪽 발목 및 어깨를 지나치게 사용해서 발생
- VDT 증후군: 장기간 컴퓨터 단말기 앞에서 작업하는 근로자들에게 발생
- 경견완증후군: 키펀치 작업자, 금전등록기 사용자, 타이피스트, 유치원 보모에게 많이 발생
- 정맥류 현상: 서서 작업하거나 서비스 계통에서 일하는 여성의 다리에 푸릇푸릇한 정맥이 돋아나는 현상
- 손목수근관증후군(Carpal Tunnel Syndrome): 손목을 지배하는 신경과 혈관이 늘어나는 현상

4. 대책의 방향

직업병이 발생되지 않게 하는 것이 최선책이므로 무엇보다 사전 예방에 그

기본 목표를 두었다. 직업병 발생 현장은 바로 사업장이며, 직업병 발생을 막을 일차적 책임은 사용자(또한 근로자)에게 있다고 여겼다. 사업주에게 근로자 건강보호의무를 강화토록 하고 노력에 상응한 혜택을 줌으로써 자발적 예방활동을 촉진시키려 한 것이 중요 방향 중 하나였다.

직업병에 대한 전문적 대응능력을 제고하고 작업환경 개선, 유해물질 관리방법 등의 개발, 전문적인 연구에 대한 뒷받침, 산업보건 전문인력 양성 및 충원체계 등을 구축하자는 것이 논의되었다. 무엇보다 직업병이 발생했을 때 근로자가 신속하고 공정한 판정과 치료를 받을 수 있도록 제도를 보완하고자 했다.

5. 대책의 내용

1) 근로자 건강관리의 내실화

(1) 사업장의 보건관리체제 정립

많은 보건관리자들이 사업주의 인식부족으로 여러 가지 잡무에 시달리고, 법령에 정해진 임무를 수행할 때도 사업주의 눈치를 보는 사례가 비일비재했다. 대다수 사업주가 법에 규정된 건강진단만 외부에 의뢰해 처리하면 근로자 보건관리 의무를 다했다고 판단해 자체 활동의 중요성을 인식치 못하고 있음을 드러냈다.

근로자들의 건강에 대해 가장 잘 알고, 직접적인 대처를 해나갈 수 있는 사람은 사업장에 있는 보건관리자다. 따라서 외부의료기관에 의한 2차적 건강관리체계를 사업장 자체 보건관리자에 의한 1차적 예방중심체계로 전환하고자 했다.

보건관리자의 직무와 역할을 구체적으로 명시해, 질병 환자를 신속히 발견·조치하게 하는 등 건강관리 활동을 강화하고, 사업장 안에 설치토록 의무화된 산업안전보건위원회를 활성화시켜 자율적인 개선을 유도하려고 했다.

(2) 건강진단제도의 합리적 개선

거의 유일한 근로자 건강관리 수단인 건강진단제도는 사실상 형식적으로 시행되고 있었다. 정부는 근로자들의 정기검진제도에 대한 불신이 팽배한 현실을 눈감고 있었다.

이에 우선 직업병 예방과 조기발견을 위해 근로자 채용 때 건강진단을 반드시 받도록 해 기본 건강상태를 확인하고, 이를 배치기준으로 사용하면서 향후 직업병 여부 판정에도 도움이 되도록 했다.

유해위험부서에 근무하는 근로자는 지금과 마찬가지로 특수검진을 받도록 되어 있었는데 어느 곳을 유해위험부서로 봐야 하는지 시비가 적지 않았다. 원진레이온과 같이 특수검진대상이 되는 유해위험부서 선정을 둘러싼 민원이 발생되지 않도록 특수검진 대상자의 범위를 구체적으로 명확히 정하고, 그 명단을 지방노동관서에 사전에 신고하게 하여 특수검진이 요청되는 근로자가 누락되는 일이 없도록 했다.

특수검진 항목과 실시 주기를 조정해서 미국·일본의 경우처럼 유해물질 취급사업장 근로자가 작업환경의 유해·위험 정도, 직업병 발생 여부 등에 따라 구분되어 연 2회 일률적으로 특수검진을 받도록 했다. 필요한 유해인자의 경우에는 치과 및 구강 검진을 포함시켰다.[4]

새로운 직업병이 발생했을 때 진단기관마다 그 건강진단 결과가 상이하게 나타나는 경우가 적지 않았다. 따라서 건강진단기관과 작업환경측정기관에 대한 정도관리(precision management)를 실시해, 건강진단과 작업환경측정의 신뢰성 제고를 도모했다.

---

4 이렇게 해서 이때 처음으로 근로자 건강진단에 치과 및 구강 검진이 포함된 것이다.

의료기관 및 작업환경측정기관에 대한 정도관리는 자율관리를 지향했다. 정도관리 결과를 당해 기관에 참고해야 할 주요 정보로 통보해 시정의 계기로 삼게 하고, 고객(기업 및 근로자)에게 전파해 기관 선정에 참고하게끔 하자는 취지였다. 하지만 정도관리 결과를 의료기관 및 작업환경측정기관에 대한 업무정지, 지정취소 등 불이익 부과의 근거로 삼자는 아이디어는 배척되었다.

(3) 건강진단의 사후관리 강화

'근로자 건강진단을 어디서 받게 할 것인가'에 관한 비리가 적잖았던 건강진단기관 선정문제와 관련해, 종전에는 사업주가 일방적으로 결정했던 것을 노사 협의로 결정하도록 바꿨으며, 관할 행정구역 외의 의료기관에서도 받을 수 있게 만들었다.

또한 종전에 사업주가 의료기관의 건강진단 결과를 통보받은 후 근로자에게 전달하던 것을, 의료기관에서 근로자에게 직접 주의사항과 함께 통보하도록 했다.

직업병 유소견자에 대해서는 작업전환, 근로시간단축 등 반드시 건강보호 조치를 취하게 했고, 특히 유해위험작업에 대해서는 연장근로를 허용하지 않도록 했다.

크롬, 석면, 코크스 등 11종의 유해물질로 만성적 직업병이 발생할 수 있는 작업장 근로자에게는 평생건강관리가 가능하도록 이직할 때 건강관리수첩을 발급해, 매년 건강진단을 받아 직업병을 조기발견하고 치료할 수 있게 했다. 그리하여 1992년 처음으로 건강관리수첩이 발급되었다.[5]

---

5 건강관리수첩이라는 용어는 그전까지 일본법을 베낀 것에 불과한 법에만 존재하는 용어였다.

2) 작업환경관리의 전문성 제고

(1) 유해화학물질 관리

화학물질 사용 증가로 직업병 발생요인은 증가하고 있지만, 유해물질에 대한 규제가 제대로 작동되지 못했다. 규제를 강화할 경우 대기업은 유해공정을 분리해 영세기업에 하청할 가능성이 높다.

따라서 석면 등 직업병을 유발하는 유해물질에 대해 1991년 7월 1일부터 제조·사용 허가제를 실시하고, 인체에 대한 유해성이 밝혀지지 않은 '신규화학물질'에 관해 유해성심사 제도를 도입, 실시했다.

납, 석면, 수은, 카드뮴 등 유해물질은 별도 규정으로 특별 관리하고, 또한 대기업의 유해공정 부당하청을 방지하기 위해 유해작업 도급허가기준을 제정하여 1992년 1월 1일부터 시행했다.

(2) 작업환경 개선

생산공정 및 사용물질의 특성에 적합한 작업환경 개선을 위해 국소배기시설 등 작업환경설비의 표준모델을 개발해 보급했다. 유해위험 작업환경 개선 시범사업장을 발굴하고, 전문적 개선을 유도하는 작업환경시설 전문업체 등록제를 실시했다.

매년, 유해물질을 취급하는 2000여 개소 사업장을 집중 점검하는 것을 필두로, 적어도 5년에 한 번씩은 점검 받을 수 있도록 했다.

유해물질, 작업환경측정 자료의 체계적 관리를 위해 노동부, 산업안전공단, 대한산업보건협회 등을 연결하는 전산망을 구성하고, 1993년부터 5년마다 작업환경실태센서스를 실시할 계획을 수립했다.[6]

---

6 이는 현재 대대적으로 실시하는 작업환경조사의 기원이 되었다. 전산망 구축 아이디어는 실현되지 못했다.

작업환경측정의 신뢰성을 제고하기 위해 1992년부터 측정기관에 대한 정도관리를 실시해 정확도를 향상시켰고, 작업환경측정 때는 반드시 근로자 대표가 참여하도록 했다. 또한 측정 기구, 위치, 시간 등에 따라 측정결과가 상이하게 나타날 수 있어 합리적인 측정방법으로 조정했다. 사업장 자체측정은 근로자들의 신뢰를 얻을 수 있게 직독식 위주로 하고, 유해물질 허용농도 등의 전문적 측정은 외부전문기관에 의뢰하도록 했다. (작업환경 개선은 제대로 실천되지 못했다. 노동부 조직에 산업위생과가 신설되었다가 작업환경과로 바뀌었고, 후에 산업보건환경과로 바뀌는 등 변천을 거듭하면서 작업환경 개선분야는 자연발전이 더디게 되었다. 그 대신에 보건인력으로 의사, 간호사보다 산업위생기사가 더 많았던 산업안전보건공단에서 일정한 역할을 했다.)

3) 직업병 판정 및 치료의 합리화

직업병 이환 여부를 판정받으려는 근로자는 지방노동관서에 요양신청서를 작성해 제출하거나 직업병상담, 신고, 진정 등을 제기하면 그 기관에서 검토했다. 그때 직업병 여부가 불분명한 경우는 전문의료기관에 특별진찰을 의뢰해 그 결과에 따라 조치하는 것이 관행이었다.

그러나 중금속 등의 유해물질로 생긴 직업병은 확진이 어려울 뿐 아니라 의료기관에 따라 검진결과도 상이한 경우가 대부분이고, 판정까지 꽤 시일이 걸려 신속한 보상을 요구하는 근로자들의 불만을 증대시켰다. 또한 사용자들은 기업의 대외적 이미지 손상과 손해배상, 작업환경 개선비용, 소속근로자의 집단소요 등을 우려해 직업병에 대해 미온적으로 대처했다.

이에 직업병의 공정한 판정을 위해 '업무상재해 인정기준'을 개정하고, 업무상 질병인정 요건을 완화시켜 이황화탄소 중독 등 '유해인자별 질병 인정기준'을 연차적으로 제정하기로 했다. 효율적인 직업병 보상처리를 위해 지역안에서 직업병 최종판정이 가능하도록 지방노동청별로 '직업병 판정 심의위원회'를 설치, 운영하게 했다. 그래도 어려운 경우는 산업보건연구원에 의뢰할 수 있게 하는 시스템을 갖추었다.[7]

직업병 진찰기간을 단축시키기 위해, 근로자가 요양신청을 하고 특수건강진단 결과만으로 직업병이 확정되면 관련된 특별진찰을 생략하기로 했다. (이는 실제로는 이행되지 못했다.)

직업병 이환 호소 근로자에 대한 사업주의 협조의무를 강화하기 위해 사용 유해물질, 직업병 이환 당시의 증세, 응급치료방법, 산재보험처리절차 등을 평상시에 늘 작업장에 게시하도록 했다. 사업주가 직업병 이환근로자를 위한 요양신청서에 확인 날인을 거부할 때에는 지방노동관서(지금은 근로복지공단)의 직권으로 조사할 수 있게 했다.[8]

4) 산업보건 전문기구 및 인력확충 등

직업병에 대한 전문적 연구기관임에도 제 기능을 못한 산업안전보건연구원의 보건부문과 직업병연구소를 1992년에 통합·확대해 산업보건연구원을 설립했다.[9]

사립대학 중심의 민간산업보건연구소에도 산재예방기금을 활용해 용역비

---

7 근로복지공단 지역본부에 속한, '질판위'로 통용되는 '업무상 질병판정위원회'와 산업안전공단 산업안전보건연구원에서 실시하는 직업병 역학조사의 기원이 여기 있다.

8 산재요양신청서에 기재하는 재해발생경위에 대해 사업주가 확인을 거절하는 사례가 많다. 숱한 어려움을 헤치고 직권조사제도를 만들었다. 그러나 산재승인업무가 근로복지공단으로 이관된 후 여태껏 본래 취지대로 시행되지 못하는 사례가 허다한 것은 정말 마음 아픈 일이다.

9 산업보건연구원 설립에 대해 산업안전공단과 산업보건협회의 반대가 극심했다. 산업안전공단 입장은 산업보건연구원이 설립되면 공단이 의료영역에 들어가게 되는데, 이에 대해 자신이 없고 공단은 작업환경관리를 우선으로 해야 한다는 것이었다. 산업보건협회 입장은 이미 건강진단 등 의료 영역을 협회가 담당하는데 새로운 정부 산하 기관을 신설하는 것은 적절치 않다는 것이었다. 그러나 결국 권위 있는 산업보건기관이 필요하다는 관계자들의 설득으로 산업보건연구원이 설립되었다. 초대 원장으로 정규철 중앙대학교 예방의학 전문의가 영입되었다.

를 지급하는 등 유해인자별로 관련 대학연구소를 지정·육성할 방침임을 천명했는데, 그 당시로서는 대대적인 규모의 연구 용역사업을 발주해 관련분야 종사자들의 연구 분위기를 북돋웠다. (특히 전국 각 지역의 의과대학에 대한 배려를 게을리하지 않았다.)

아울러 우리나라의 산업의학 수준이 낙후하다는 데에 주목했다. 산업의학을 전공하러 유학을 떠나는 의료 인력에 대해 파격적인 대우를 했는데, 그 당시 미국 풀브라이트 장학금보다 많은 액수의 경비를 지원했다. 이는 '선택과 집중'이라는 전략 아래 이루어졌다.[10]

간호사 직무교육도 강화해 산업간호사로의 전환이 가능하게 하는 등 산업보건인력을 실수요에 맞게 확충했다.[11]

또한 절대적으로 부족한 산업보건인력 확보를 제도적으로 하기 위해 산업의학전문의 과정을 신설하려고 했다.[12]

직업병의 진단과 치료를 위한 의료 장비가 부족하고 구입에 경제적 어려움을 겪는 경우, 정부에서 자금의 1/3을 무상으로 지원했다.

이런 인프라 확충과 관련해 그냥 지나칠 수 없는 것은, 당시 진행된 '한일 직업병 예방 공동 프로젝트'이다. 이는 당시 대통령 방일 후속조치의 일환으로 일본 노동성과 한국 노동부 사이에 5개년(1992~1997)에 걸친 직업병 예방 프로젝트를 시행하게 된 것인데, 양국 간의 전문가 교류 연수, 컨설턴트 체재,

---

10 그러나 후임자들이 위생, 안전, 간호 등에도 지원하는가 하면, 국내에서 공부하는 경우에도 지원하는 것으로 변경하여 시책의 본질이 변질되어버렸다.

11 산업간호사 제도를 위해서는 서울대학교 간호대학 김화중 교수가 열심히 뛰었다.

12 산업의학전문의 제도를 만들려 하면, 전문의 제도의 골간을 규정하고 있는 당시 보건사회부 소관의 대통령령 '전문의의 수련 및 자격 인정 등에 관한 규정'을 개정해야 하는 사항이었고, 의료계 반대가 거셌다. 당시 의사협회에서 개최한 '전문의 제도 공청회'에서는 서울의대 조수헌 교수 홀로 외롭게 그 필요성을 역설했다. 노동부에서는 당시 보건사회부가 도입하려고 하던 응급의학전문의, 핵의학전문의, 항공우주의학전문의 신설에 함께 포함시킬 것을 강력히 요구했다. 대통령령의 개정에는 부처 간 합의가 필수적이어서, 필자는 그 상황을 '물귀신 작전'이라고 이름 붙였다. 그로부터 몇 년 후, 산업의학전문의 제도가 생겼다.

장비 도입 등 약 1000만 달러 상당이 투자된 지원 프로그램이었다. 한국 측의 실시기관은 산업안전공단, 산업보건협회, 순천향대학이었고, 이 프로젝트로 전문가 교류를 통한 노하우 습득, 첨단 장비 도입 등의 큰 성과가 있었다.[13]

대학에 산업위생학과를 증설했고, 환경관리, 환경보건학과 등 관련학과에 산업위생분야 교과목을 보강시켰으며, 산업위생기사 기술자격시험의 횟수를 조정하여 산업위생을 전공한 자가 보건관리자로 채용되게 하는 등 그 폭을 넓혔다.

행정력 보강을 위해 노동부 내에 산업보건지도관을 신설하고 2개 과를 증설하는 방안을 마련하면서 1인당 600개소 이상의 사업장을 맡는 산업안전감독관 수를 200명 정도 더 늘려 최소 300개소 정도만 담당하도록 하는 방안이 추진되었고, 산업안전공단 내 산업보건에 관한 기구와 인력도 확충해 그 기능을 보강하려 했다.[14]

6. 산업보건을 새롭게 시작하자

원진레이온 사건을 계기로 직업병 예방 종합대책이 수립된 지 30년 가까운 세월이 흘렀다.

대책들 가운데는 제대로 실천되고 뿌리내려 성숙해진 것도 있고, 당초의 취지를 살리지 못하고 유야무야된 것도 있다. 또한 변형되어 나름대로 발전한 것도 있다.

---

13 이 프로젝트의 성공을 위해 당시 산업안전공단 직업병연구센터 정호근 소장, 산업보건협회 최병수 전무, 순천향대학 남택승 교수 등이 많이 애썼다.
14 인력 증원은 별로 없다가 1992년에 보건직을 42명 증원했다. 노동부 내의 기구 확충은 앞에서 본 내용와 같다. 산업안전공단에서는 신설된 산업보건연구원을 중심으로 인력이 많이 보강되었다.

다행인 것은 이제 어떤 직업병 사고가 발생하면 이를 어디 가서 어떻게 알아봐야 할지 몰라서 우왕좌왕하는 수준은 넘어섰다는 것이다. 최근의 산업재해 분석을 살펴보면 직업병의 분포가 다양해졌고, 새로운 질병을 찾아내는 능력이 많이 제고되었음을 알 수 있다.

사실 어떤 분야의 발전에 정부가 개입하는 것은 한도가 있기 마련이다. 일정 궤도에 오르면 정부는 손을 떼야 한다. 아니, 사실 정부가 이래라저래라 할수가 없다. 정부는 다만 그 단계에 이르기까지 조성, 조정하는 역할만을 해야한다. 그다음에는 앞에서가 아니라 뒤에서 혹은 옆에서 그 일이 잘 되도록 돕는 역할이어야 한다. 정부는 앞으로도 그렇게 하는 데 힘을 늦추지 말아야 할 것이다.

우리나라 근로자의 건강 문제와 관련해, 필자의 생각은 이렇다.

세계 10위권을 바라보는 경제규모를 가진 우리나라의 상황을 보자. 산업의 서비스화, 정보화, 소프트화가 활발하다. 여성근로자, 청년, 고령근로자 및 외국 인력이 증가했고, 비정규직 범람, 상시적 구조조정, 새로운 세대의 노동시장 진입이 일으킨 인식 변화 등 해결해야 할 많은 문제가 있다. 우리나라의 전방위에 걸친 사회적, 경제적 상황 변화는 노동문제에 대한 새로운 관점과 처방을 도전과제처럼 요구한다. 더불어 상황에 맞는 새로운 보건관리가 요청되고 있다.

안전과 더불어 보건 분야에 대한 정부의 접근법에 '거문고 줄을 팽팽하게 고쳐 매는 것' 같은 일대 혁신과 새로운 확장이 있어야 할 것이다.

제15장
허점투성이 건설재해 예방제도를 정리하자

1. 문제의 제기

대규모 건설공사나 토목공사는 최신공법, 시공능력과 안전성 측면 등을 내세운 대형 건설업체가 수주해 진행하는 것이 일반적이다. 대형 업체가 총괄적으로 수주 후 공사를 진행하면서 공정과 공사 종류에 따라 공종별로 소규모 전문건설업체에 도급을 주는 것이다.

대형 건설사들의 산재발생 정도는 그 명성에 부끄러울 정도로 많아서 사회적 문제로 대두되는 실정이다.

건설업의 재해는 전체 재해의 28%(25,132/90,129)를 점유하고 있으며, 특히 사고로 사망하는 비율은 전체 사고 사망자의 46%(437/955)를 차지한다. 이에 비해 제조업 재해 비율은 30%(27,011/90,129), 사고 사망은 26%(251/955)이다 (2015년 집계).

이런 수치를 분석해보면 다음과 같다.

건설업 재해가 양적으로 많은데, 특히 공사현장에서 사고로 사망하는 비중이 다른 업종보다 매우 높다. 그다음 제조업과 건설업을 비교하면, 산재로 다치는 사람은 제조업(2만 7011명)보다 건설업(2만 5132명)이 2000건 가까이 더 적다(건설업이 제조업보다 안전하다!). 그러나 산재로 사망하는 사람은 제조업 (251명)보다 건설업(437명)에서 훨씬 많다는 것을 알 수 있다(건설업은 매우 위험하다!).

'건설업이 제조업보다 안전하다. 하지만 죽는 사람은 더 많다'라는 결론이 나온다. 위 같은 정도의 수치라면 '건설업의 재해강도가 제조업보다 높아서 그렇다'고 설명하는 것은 매우 미흡하다. 무엇인가 왜곡되어 있음이 분명하다.

2. 건설재해 예방제도 및 운영실태: 문제점과 개선방안

1) 도급사업의 안전관리책임

(1) 제도의 개요와 운영실태

건설공사의 도급에 의존한 사업진행 특징은 오랜 관행이었다. 보통 사업의 일부를 도급으로 주거나, 전문분야에 대한 공사 전부를 도급으로 주는데, 원·하청 근로자가 동일한 장소에서 혼재해 작업할 경우, 추락·붕괴 등의 위험이 있는 작업은 원청 사업주에게도 안전보건조치의무를 부여한다.[1]

산재보험의 경우, 모든 건설 현장은 하수급인을 보험가입자로 할 수 있으며, 실제 그렇게 하고 있는 것이 현재 업계 실정이다.

과거 법원에서는 '동일한 장소에서 전문공사를 모두 하도급에게 주었을 때, 일부만 도급을 준 경우와 달라서 사고에 책임을 지는 사업주는 원청 사업주가 아니라 수급인인 하청 사업주가 된다'라는 취지로 판시해, 원청의 법적 책임이 없는 것으로 했다.[2]

결국 대형 건설 현장에는 수많은 산재보험가입자(사업주)가 있게 되고, 상대적으로 규모가 작은 회사 사업주들에게 안전관리 책임 또한 돌아가는 것이 현실이다. 이런 현상은 수급인이 소위 재하청을 주었을 때(실제 이런 경우가 많

---

1 「산업안전보건법」 제29조, 시행규칙 제30조.
2 대법원 판결 2005도4802.

다), 문제를 더욱 복잡하게 한다.

이 문제는 '전문분야에 대한 공사 전부를 도급 준 경우를 포함시킨 것'으로 법 개정을 해도 해결되지 않았다. 대규모 공사 건설 현장이 전개되어 있을 때, 공사 현장을 거의 다 도급으로 준 다음 최소한의 관리 인력만 배치하고, 공사 도급을 주었다는 이유로 안전관리책임을 회피하는 사례가 비일비재하다.

(2) 개선방안

건설 공사에서 원청(도급자)과 하청(수급자) 사이의 관계는 갑을관계의 전형이다. 원청은 대규모 건설 회사인 경우가 많고, 하청은 영세 소규모 회사인 경우가 많은데, 심지어 개인 사업자인 경우도 적지 않다. 하청은 원청에 늘 의존해서 사업을 행한다. 원청에서 일을 주지 않으면 회사의 존망이 위태롭다. 더구나 소규모 회사는 특정 대형 건설사에 종속되어 그 일을 주로 하므로, 그야말로 원청이 생사여탈권을 쥐고 있는 것이다.

이런 실정이어서 원청과 하청이 대등한 관계에서 현장의 안전관리 책임을 분담한다는 것은 어림없는 일이다. 제도적으로도 원청이 책임을 회피할 허점이 많지만, 현실에서 하청이 원청의 부당한 요구를 거부하기는 거의 불가능하다. 원청 근로자의 사고를 하청 사업주 소속으로 둔갑시켜 처리해도, 하청의 사업주는 울며 겨자 먹기로 수용할 수밖에 없다. 문서에만 의존하는 감독관청은 문제가 터지기 전에는 실상을 알 길이 없는 것이다.

그러므로 산재보험에서 시행하는 하수급인 보험가입자 인정 제도를 폐지하고, 원청·하청 관계에서의 안전관리를 규율할 특별법이 필요하다. 특히, △ 건설 공사는 기간이 정해져 있는 사업이라는 점, △ 원청, 하청 관계가 상시적이라는 점, △ 상호관계가 대등하지 않은 갑을관계라는 점, △ 이에 따라 위험한 작업은 으레 하청에게 외주화된다는 점, △ 건설 현장의 근로자는 어느 한 사업장에 항구적으로 소속되어 있지 않다는 점 등을 반영한 '건설공사 안전관리에 관한 특별조치법'의 제정이 필요하다.

특별조치법의 기본은, △ 하청의 안전관리자로서의 주체성을 폐기하고, △ 특정한 건설 공사의 기간 동안 원청이 공사 전반의 모든 작업, 도급을 준 현장의 근로자를 포함한 모든 근로자에 대한 안전보건관리 책임을 다하게 하는 것이 되어야 한다.

2) 유해위험방지계획서 제도

(1) 제도의 개요와 운영실태

유해위험방지계획서 제도는 대형사고의 예방 등 사전 안전성 확보를 위해, 건설사로 하여금 유해하거나 위험한 작업을 필요로 하는 일정 규모 이상의 공사에 관한 위험성 및 안전대책을 제출케 하여 사전에 심사하고 이행여부를 확인하는 것이다. 1990년 1월부터 시행하고 있다.

「산업안전보건법」 제48조 규정에 의해 일정한 업종과 규모에 해당하고, 위험한 기계·기구·설비를 갖고 공사를 시공하는 자는 작업에 따르는 유해·위험 방지 사항에 관한 계획서를 작성, 제출해 확인받아야 한다. 공사의 규모와 위험도에 따라 기간을 정해 이행 여부를 감독한다.

건설업의 경우, 일정한 자격을 갖춘 자[건설 안전 분야 산업안전지도사, 건설안전기술사 또는 토목·건축 분야 기술사, 건설안전산업기사 이상으로서 건설안전과 관련해 실무경력이 7년(기사는 5년) 이상인 사람]의 의견을 들어 작성해야 한다.

고용노동부장관은 유해·위험방지계획서를 심사한 후 근로자의 안전과 보건을 위해 필요하다고 인정할 때에는 공사를 중지하거나 계획을 변경할 것을 명할 수 있다. 실무에서는 계획서를 산업안전보건공단에 제출하면 거기서 심사·확인하는 것으로 되어 있다.

유해위험방지계획서의 경우 사업주가 직접 작성하지 않고 외부에 맡기는 것이 일반적 현상이며, 건설 공사 착공 이전에만 제출하면 된다고 한다.

많은 경우 요건 해당 여부 확인이 어렵고, 공사 시행자가 스스로 신고하는 것 외에는 허가관청(시, 군, 구)의 허가 내용을 보고 판별해야 한다. 그래서 허가 전에 그 요건에 해당하는 경우 허가관청이 산업안전공단에 알리는 운영형식으로 되어 있지만 철저하지 못한 실정이다. 시공자가 계획서 작성을 해야 하는 것을 모르고 넘어갈 수가 있고, 산업안전공단에서는 작성 제출 대상 건설공사인 것을 모르고 넘어갈 수도 있다.

이러한 유해 위험방지계획서 제출 제도의 취지는 위험한 작업에 대해 사전 예방조치를 함으로써 사고를 방지하려는 데 목적이 있다. 이것은 기업 입장에서는 큰 규제에 해당하지만 근로자 안전을 위해 필요한 조치로 이해되고 있다. 이런 규제에 대한 보완 조치로 다음에 이야기하게 될 자율안전관리업체 제도가 있다.

(2) 개선방향

대상이 되는 공사에 대해 유해위험방지계획서를 반드시 제출케 해야 한다.

이를 위해 가장 효과적인 방법은, 공사 허가 신청을 접수하면 바로 대상여부를 판별해 요건 해당 공사가 신청 접수되었음을 공단에서 통보받게 하는 것이다. 그리고 통보받은 공단은 사업주에게 직접 연락을 취해 계획서 작성 제출 의무가 있음을 알리는 것이다.

계획서 작성에는 시행사의 공사 참여 주요 멤버가 참여하게 해야 한다. 지금처럼 내용을 모른 채 외부 용역 업체에서 대리 작성해 접수까지 하게 한다면 본래의 목적을 달성할 수 없다. 공정별, 공종별 주요 책임자가 어떤 내용의 위험방지계획이 수립되는지 계획서 작성 단계에서부터 인지하고 있어야 하는 것이다.

심사 내용을 막연히 '적정', '조건부 적정', '부적정'으로만 통보하면 안 된다. '조건부 적정'을 없애고, '적정'과 '부적정'으로만 구분하고, '부적정'의 경우 다시 작성하게 해, '적정' 판정을 받을 때까지 공사를 착공하지 못하도록 조치할 수 있어야 한다. 말하자면 허가 보류 조치를 하는 것이다.

또한 대형 위험공사의 심사를 전문화할 필요가 있다. 공사 종류, 공사 규모 및 위험도 등에 따른 내실 있는 관리를 위해 유해위험방지계획서 대상공사를 구분하여 위험공사 심사를 전문화할 필요가 있다. 대상공사를 1, 2종으로 구분해 별도의 절차로 운영할 필요가 있다.

이와 함께 계획서 제출대상 중 「건설기술관리법」의 규정에 의거해 신기술로 지정·고시된 데 따른 신기술 사용, 또는 국내 최초로 사용하는 신공법일 때는 그 현황을 제출하여 하여, 신기술 신공법에 관련한 유해위험방지계획이 제대로 작성되었는지 심사해야 한다.

아울러 현행 '면제, 3월 1회, 6월 1회, 1년에 1회 및 2년에 1회'와 같이 복잡하고 비효율적인 확인제도를 '6월 1회 이상' 등으로 단일화해야 한다.

3) 자율안전관리제도

(1) 제도의 개요와 운영실태

자율안전관리제도는 재해율이 우수한 건설업체에 대해 유해위험방지계획서 심사 및 확인검사를 자율적으로 수행하도록 하여 자율안전관리 풍토를 조성하려는 것으로, 1997년 10월부터 시작되었다. 이 제도의 시행에는 절감되는 행정력을 취약현장에 투입하자는 효율성 제고도 부수적으로 고려되었다. 제도를 시행한 당시, 산업안전공단에서는 건설안전 담당인력에 대해 16%의 절감효과가 있다고 했다.

업체 선정은 시공능력평가액 순위 200위 이내 건설업체 중 최근 3년간 환산재해율이 매년 건설업 평균 환산재해율 이하인 업체로 한다. (다만, 그 전년도에 2명 이상 사망한 경우에는 제외한다. 지정기간은 1년간이다. 최근 3년간 시공능력평가액 순위 200위 이내 업체를 대상으로 매년 70개 내외의 업체를 지정하고 있다. 이 중 100위 이내 업체에서 약 2/3, 101~200위 업체에서 약 1/3이 지정되어, 주로 100위 이내 업체가 지정되고 있다고 할 수 있다. 해마다 연속해서 지정되는 업체가 많다.)

유해·위험방지계획서 제출대상 공사 가운데 자율관리업체가 시공하는 공사장이 5000개소가 넘고 전체 공사의 35%를 상회한다. 자율안전관리업체가 시공하는 현장의 기성실적액은 건설공사 총 기성실적액의 50%에 근접하고 있다. 공사실적액뿐 아니라, 대형공사 및 위험공사는 대부분 이들 업체가 시공하므로 중대재해 발생요인이 높은 실정이다.

자율관리업체의 안전관리실적을 살펴보면, 2.2개 현장당 1명의 부상자가 발생했고 현장 수에 따라 절반 정도의 업체에서 1명의 사망사고가 발생했다.

(2) 개선방향

자율안전관리업체 지정제도의 취지는 업체의 자율관리를 촉진시키고, 안전관리가 취약한 업체에 행정력을 집중하고자 하는 것이다. 따라서 이 제도는 실행에서 대형 건설업체가 악용하지 못하도록 많은 개선이 필요하다. 중장기적으로 볼 때 실질적으로 자율적인 안전관리 능력을 갖춘 업체가 지정될 수 있게 평가지표를 개발하는 등 개선방안이 요구된다.

우선 자율관리업체의 책임강화가 필요하다. 자체적으로 위험방지계획서를 수립해 확인 등 안전관리를 행했음에도 사고가 발생했을 때는 가중 처벌하는 규정을 두어야 한다. 과태료 부과 금액을 무겁게 하는 방안의 검토 등이 있을 것이다.

또한 지정기준을 강화해야 한다. 최근 3년간 평균환산재해율 이하인 업체를 일률적으로 지정해왔는데, 이는 자율안전관리능력이 미흡하거나 검증되지 않은 업체도 지정하고 심사 및 확인을 면제하여 재해예방의 사각지대를 만들고 있다.

특히 상위 10대 건설업체는 대형사고가 발생해도 근로자수가 많아 상대적으로 환산재해율이 낮고, 중대재해가 발생하면 소송 등을 제기해 무혐의 처분을 받는다. 이 같은 일은 대부분 반복되는 실정이다. 최근 1년간 평균 환산재해율 이하인 업체 중 재해율이 우수한 순위로 상위 10% 범위에서 지정기준을 정할 필요가 있다. 이렇게 하면 매년 일정치가 유지되어 지정업체 숫자가 감소하는 반면, 시공능력 100위 이내뿐 아니라 101~200위 업체도 같은 확률로 지정되고 1년 단위로 지정업체가 계속 바뀌게 되어 현행 방식보다 훨씬 효율적으로 될 것이다.

아울러 자체심사 절차와 내용을 보완해야 한다. 자체 심사 결과를 '심사 총평'만 공단에 통보하게 하지 말고 심사자, 심사자의 자격, 평가 내용, 심사 후 보완 사항 등을 공단에 통보하도록 개선해야 한다.

이와 함께 자율관리업체 지정해제 제도를 개선해야 한다. 해당 업체가 시행하는 현장에서 동시에 3명 이상이 사망하는 중대재해가 발생하면, 법 위반 여부를 가리지 말고 즉시 자율관리업체 지정을 철회하도록 해야 한다. 지금까지 소송 제기 등의 방법으로 무혐의 처분을 받으려는 사례가 드물지 않았다. 2명의 사망자가 발생했을 경우에 다음 해 지정에서 제외하는 것은 현행 그대로 유지해야 한다.

또한 자율안전관리업체라는 명칭을 변경하고 계획서 확인결과를 현장에 반드시 비치하도록 해야 한다. 자율안전관리업체의 명칭을 '유해위험방지계획서 자체심사 및 확인업체'로 바꾸어 계획서 심사 및 확인만이 면제됨을 알 수 있게 변경해야 한다. 확인 후에는 확인자의 자격, 성명, 확인결과 지적사항 및 개선사항이 기재된 '유해위험방지계획서 자체 확인결과서'를 해당 공사현장에 비치하도록 한다.

마지막으로 철저한 확인 이행이 필요하다. 자체심사업체라 해도 계획서를 작성하지 않거나 유자격자의 의견을 듣지 않는 경우는 현행 규정으로도 과태료 부과가 가능하다. 그렇지만 자체 확인제도의 실효성 확보를 위해 확인을 하지 않을 경우 과태료 부과 등의 이행수단을 마련할 필요가 있다.

4) PQ 제도

(1) 제도의 개요

건설업의 재해예방을 위해 재해발생 정도에 따라 혜택 또는 불이익을 부여함으로써 사업주의 안전의식을 고취시키고 자율안전관리를 도모하자는 취지에서 도입된 제도가 여러 가지가 있다. 환산재해율의 PQ 반영에 대해 살펴보고자 한다.

PQ 반영은 건설업체의 환산재해율을 산정해, 조달청에서 발주하는 공사의 입찰참가자격 사전심사(PQ: Pre-Qualification)에 가점을 부여하는 제도다. 이 제도는 1992년 30대 건설업체를 대상으로 실시되었고, 2004년부터는 1000대 업체로 확대 실시되고 있다. 매년 상반기에 지난 3년간의 환산재해율을 산정해 6월 말에 발주처로 통보한다.

환산재해율이란 환산재해자수를 상시근로자수로 나눈 수치를 말한다. 환산재해자란 '원청업체 재해자수 + 하청업체 재해자수 + 장비임대 및 설치·해체·물품 납품업체 재해자수'를 말한다. 일반건설업체가 발주자의 승인을 얻어 다른 일반건설업체에 도급을 준 경우, 일반건설업체(A)와 도급을 받은 일반건설업체(B)에 대해 각각 반분해 합산한다. 공동이행방식으로 시공하는 공사의 경우에는 출자비율에 따라 분배하는 방식으로 한다.

(2) 제도에 대한 논의

재해발생실적의 PQ 반영 제도에 대한 학술 연구에 의하면, 이 제도가 사업주의 안전의식을 고취시키고 자율안전관리를 유도했다는 결과가 나왔다. 최저낙찰제 등으로 열악한 국내 건설 산업의 여건에서도 안전시설 개선, 안전조직 확대 등 안전관리 투자로 이어져 건설재해예방 및 안전관리 활성화에 크게 기여하고 있고, 협력업체 산업안전보건관리비 지원 등 안전투자를 이끌었다. 이 제도의 시행초기인 1992년 건설재해자수와 재해율이 각각 3만 6255명,

1.90%이던 것이 2009년 2만 998명, 0.65%로 감소했다.

이 제도의 부작용으로 가장 대표적인 것은 입찰심사에 재해율이 반영됨에 따라 대형 건설업체에서 산재를 제대로 신고처리하지 않고 공상처리를 하는 사례가 만연되었다는 것이다.

업계 주장 가운데 대표적인 것을 소개하면 다음과 같다.

하나는 건설업계에서 오랫동안 제기해온 것으로, 환산재해율 산정 때 장기간 분진에 노출되어 나타나는 진폐증을 제외해야 한다는 것이다. 진폐, 석면 관련 질병은 유해 인자에 장기간 노출되어 나타나는 것인데, 정작 산재처리되는 곳은 최종적으로 질병이 발생된 사업장이므로 합당치 않다고 한다. 이는 수긍이 가는 주장으로 볼 수 있다.

다른 하나는 산재은폐 적발 사업장에 대해 부과하는 환산재해율 산정상의 불이익을 없애달라는 것이다. 산재 미보고에 대해서는 산재 여부의 불분명 등 여러 가지 이유가 있을 수 있는데, 획일적으로 불이익을 주는 것은 기업에 지나친 부담 요인으로 작용할 우려가 크다는 것이다. 이는 전문건설업계의 주장으로 우리나라 건설산업 구조의 일단을 보여준다고 할 수 있다.

(3) 개선방향

환산재해율의 PQ 반영에 대한 비판은 이 제도가 산재은폐를 조장한다는 것이다. 건설사들의 산재은폐 때문에 실제 확인되는 산업재해는 10%밖에 안 될 것이라는 의혹이 제기된다. 이런 의혹이 제기되는 배경은 다음과 같다.

대형 건설업체는 PQ 불이익 회피 등을 목적으로 하청업체 평점에 재해현황을 반영해 관리한다. 이에 따라 하청업체가 공사수주에서 불이익을 받지 않기 위해 산재보험으로 처리하지 않고 공상처리를 하는 사례가 허다하다. 산재발생으로 받는 여러 불이익 가운데 업체가 가장 신경 쓰는 부분은 다름 아닌 PQ 불이익이다. 수주산업인 건설업에서 기업에 가장 큰 불이익을 가져오게 하기 때문이다. 그러므로 이런 의혹 제기는 현실을 제대로 반영한 것이다.

그러므로 산재가 발생한 사실을 신고했다고 해서 입찰에 불이익을 주는 PQ 반영 제도는 대폭 개선해야 한다. 이를테면 '산재 발생 사실' 자체를 문제 삼을 것이 아니라, 산재가 발생했음에도 '신고하지 않은 사실'에 대해 불이익이 생기도록 해야 한다.

거듭 말하면 산재 은폐가 적발된 경우를 PQ에 반영하는 것으로 제도를 변경할 필요가 있다. 이렇게 하면 산재은폐 사례는 많이 없어질 것으로 예측된다.

5) 대형 재해에 대한 행정제재

(1) 제도의 개요와 운영현황

대형사고 발생 건설업체에 대한 행정제재 제도는 건설 현장에서 근로자 2인 이상이 동시에 사망하는 재해가 발생했을 때, 공공 공사의 경우는 3개월 이상 1년 범위 안에서 입찰참가자격을 제한하고, 민간공사의 경우에는 6개월 이내의 영업정지처분 또는 이에 갈음해 5천만 원 이하의 과징금 부과처분을 하는 제도다.

이 같은 제도는 1994년부터 시행되었으며 「건설산업기본법」에 근거를 두고 있다.

(2) 평가 및 개선방향

1994년 제도 도입 이후 사고 발생으로 영업정지, 과징금 부과 처분을 받은 사례는 많지 않다. 건설사에 대한 제재 조치로서 효과적인 수단일 것으로 보인 이 제도는 현실적으로 효과를 못 보고 있다고 평가받는다. 그 이유는 사고가 발생해도 여러 이유로 불이익 처분이 이루어지지 않는 경우가 많고, 과태료 처분을 한다 해도 영업정지보다 미약한 수준이기 때문이다.

일선에서 들리는 얘기로는 업계의 현실을 고려하면 강력한 처분이 어렵다고 한다. 건설업체의 목을 죄는 불이익 처분이나 처벌만이 능사가 아니라는 점을 지혜롭게 살펴야 하겠다.

이 제도는 「건설산업기본법」에 그 근거 규정을 갖고 있는데, 만약 이 제도를 운영한다면 재해예방의 취지에 맞게 「산업안전보건법」으로 근거 규정을 옮길 필요가 있다. 그렇게 해야 다른 제도들과 함께 정책조합(policy mix)을 이루어 효과적으로 집행할 수 있을 것이다. 지금처럼 엉뚱한 법령 아래 두어서는 제대로 효과를 거두기 어렵다. 지금도 처분의 사유와 필요가 생기면 건설업 등록기관인 지방자치단체에서 처분을 하는데, 이 처분은 「산업안전보건법」 위반 여부와 내용에 대한 고용노동부의 조사 후 처분 요청에 따라 행해지고 있다.

3. 건설재해 예방을 위한 제언: '건설공사 안전관리에 관한 특별조치법'

1) 대형공사: 자율관리

건설공사는 대부분 대형 건설회사가 입찰 방법으로 공사를 수주해 소규모 하청업체에 공정별 또는 구간별, 시기별로 재하청을 주어 시공하게 되는 것이 일반적이다. 그러므로 원청의 안전관리 책임을 확실하게 할 수단을 강구해 시행하는 것이 바람직하다. 건설재해 예방을 위한 여러 제도적 장치는 위에서 살펴봤듯이 잘 갖춰져 있다. 그럼에도 우리 건설업계의 산재발생 정도는 심각한 실정이다. 그뿐 아니라 건설업의 재해발생 정도가 제대로 통계에 잡히지 않고 있으며, 대형 건설사들은 하청업체에 재해발생 책임을 전가하고, 하청업체는 사고가 발생해도 산재보험으로 처리하지 않는 예가 많은 실정으로 악순환의 고리를 형성하고 있다.

현행법은 도급에 의해 사업을 시행하는 경우 원청의 책임을 하청에 전가할 수 있게 규정하고 있다. 또한 하수급인 산재 가입인정 승인제도의 일반화로,

산재보험까지도 원청의 재해예방 책임을 저하시키고 있는 실정이다. 그러므로 「고용보험 및 산재보험 보험료징수법」을 개정해, 동일한 공사 현장에 대해 하수급인을 보험가입자로 인정하는 제도를 폐지해야 한다.

한편, 「산업안전보건법」 가운데 건설공사의 안전에 대한 부분을 독립시켜 '건설공사 안전관리에 관한 특별조치법'을 제정함으로써 원청이 하도급을 주어 시행하는 공사에서 발생한 산재에 대한 안전관리책임을 하청업체가 아닌 원청 대형업체가 부담하도록 해야 한다.

이 같은 일은 어렵지 않다. ① 원청이 대형업체로서 안전관리능력이 하청보다 뛰어나다는 점, ② 원청업체가 장부의 기장 등 사무관리역량이 하청업체보다 탁월하다는 점, ③ 공사 현장의 특성상 하청 근로자들에 대한 지휘감독권을 실질적으로는 원청에서 가지고 있다는 점, ④ 당초 설계부터 안전관리비가 반영되어 별도의 비용이 추가되는 것은 아니라는 점, ⑤ 원청이 대기업으로서 사회적 책임을 더 부담해야 한다는 점 등의 관점에서 보면 이론적·실무적으로 어려움이 없는 것이다.

공사금액 120억 원 이상의 대규모 건설현장이 차지하는 근로자수는 50% 정도인데, 건설재해에서 차지하는 비중은 10%, 재해율은 10% 정도라는 것이 정부 통계이다. 이는 건설업 평균의 1/5에 불과하다. 여기에는 공상처리 등 산재은폐 문제가 감춰져 있다.

대형사고는 이런 대규모 현장에서 대부분 발생하고 있는데, 신기술·신공법 적용에서 발생하거나 작업절차 미준수 등으로 일어나는 것이 다반사여서 사회적 물의를 일으키고 안전불감증 문제가 제기되고 있다. 결국 대형업체는 스스로 안전관리 역량을 갖췄음에도 제도적 접근에서는 문제가 있는 것이다.

대규모 공사 현장에서 2명 이상의 사망재해가 발생했을 때 당해 현장에 대한 전면적인 '작업중지' 조치는 물론, 그 원청에서 시행하는 전국의 모든 건설현장과 본사에 대한 총괄적 감독을 실시해, 회사 전반의 안전관리 문제점을 파헤쳐서 시정조치하도록 해야 한다.

일선 경험이 많은 안전감독관들은 이 같은 방법이 사업주의 경각심 고취 및 사고예방 효과에 큰 영향을 미친다고 판단하고 있다.

또한 건설업에 대한 유해위험방지계획서 제도를 폐지해야 한다. 그 대신 대규모 건설현장은 '안전관리계획(Safety Management Plan)'을 작성해 시행하게 해야 한다. 여기에는 '위험성평가'는 물론이고 안전관리체제, 안전보건위원회, 안전보건교육, 하청업체 안전관리, 위험작업계획, 공정관리와의 연계 등이 다 망라되어 있어야 한다.

아울러 공사 허가 전제 조건으로 '안전관리계획서'를 제출하고 승인받게 해야 한다. 승인 심사에 발주기관, 허가관청, 건설안전 전문가들이 참여하게 해야 한다. '안전관리계획'을 승인받은 경우, 정부 차원의 점검 또는 감독을 면제해주어야 한다. '위험성평가'가 포함된 '안전관리계획'의 수립과 집행에 소요되는 비용은 산업안전보건관리비에서 사용하도록 한다.

건설현장에서는 다양한 신기술, 신공법을 도입해 활용하고 있지만, 이러한 것에 대한 안전성 검증이 미비한 실정이어서 대형사고 가능성이 늘 존재한다. 특히 신기술·특허·외국기술이 적용될 경우, 거기에 대한 이해 및 검토가 부족하다. 또한 건설기계 가운데 새로운 장비, 변형 장비의 안전기준도 미비하다.

아파트, 초고층 공사의 대부분이 거푸집, 작업발판 및 비계가 일체화된 거푸집을 사용하는데, 갱폼(Gang Form) 거푸집, 시스템 동바리 등 일반화된 가설물의 안전기준이 갖춰져 있지 않아 작업절차 미준수 등에 의한 사고가 발생하고 있다.

그러므로 교량공사, 대형 가시설물 공사의 안전기준을 신설해 시스템비계·시스템 동바리·갱폼·클라이밍 폼(Climbing Form) 등의 구조, 조립방법, 작업절차 등을 정해야 한다. 굴착공사, 교량공사 등 위험공사에 대해서는 작업계획서(안전작업절차서) 작성 및 준수 규정을 신설해야 한다. 주요 위험공사는 하청업체로 하여금 원청업체로부터 작업을 허가받게 하는 '작업허가제' 도입

을 검토해볼 만하다.[3]

추락방지망의 '설치 지점', '내민 길이' 등 설치기준을 신설하고, 건축물 내부 등 밀폐공간에서 용접 등 화기작업을 할 때 소화기구, 불티 비산방지 덮개 및 방화포 등의 비치를 의무화하는 것도 규정해야 한다.

건설현장에서 적용하는 신기술, 신공법 및 대형 가시설물 등의 안전보건기술지침이 필요하다.

대형 이동식거푸집(ACS 폼, RCS 폼 등), 흙막이 공사(엄지말뚝공법), 돌관작업, 대형 비계 등의 안전기술지침을 제정해야 한다. 안전기술지침은 일정 기간 시행 후 필요한 부분을 의무적인 안전기준(안전보건규칙)으로 규정한다.

또한 사고에 대한 제재 강화가 필요하다. '작업중지' 명령의 경우, 작업현장은 물론 작업장 밖에서도 충분히 식별 가능한 크기와 방법으로 부착해야 한다. 건설재해 예방을 위한 정책조합의 합목적적 집행을 위해 「건설산업기본법」에 규정된 재해발생에 따른 불이익 처분 및 처벌 조항을 「산업안전보건법」으로 옮겨야 한다.

산재발생에 대한 벌칙 규정으로 대표적인 것을 들면 두 가지다. 「산업안전보건법」 제66조의 2는 안전조치(제23조 제1항부터 제3항까지) 또는 보건조치(제24조 제1항) 불이행으로 '사망사고가 발생한 경우' 7년 이하의 징역 또는 1억 원 이하의 벌금에 처한다는 규정이고, 제67조는 '사망사고 이외의 경우' 5년 이하의 징역 또는 5천만 원 이하의 벌금에 처한다는 규정이다.

현재는 재해가 발생하면 근로감독관이 사건을 송치하면서 소정의 벌칙을 적용하고 있으나, 검찰에서는 사업주의 고의·과실이 입증되지 않은 경우 무혐의 처분하고 있다. 하지만 특별법인 '건설공사 안전관리에 관한 특별조치법'을 제정하여 적법한 '안전관리계획'을 수립 및 이행하고 고의·과실 여부를 판단하는 기준으로 삼을 수 있게 사법기관에 제시해야 한다.

---

3 싱가포르에서는 'Permit to Work System'이라고 하는 작업허가제도를 운영한다고 한다.

2) 중소 영세 건설사: 지도 및 지원

중소규모 혹은 영세규모의 건설사들은 대부분 안전관리 여력이 없이 대규모 건설사에 종속된 전문건설업체들이다. 이들에 대해서는 획일적 방법의 재해예방이 아닌 별도의 지도가 필요하다.

중·소규모 현장(3억~120억 원)은 안전시설을 형식적으로 설치하거나, 당해 작업에 필요한 부분에 국한해 최소한으로 설치하는 경향이 있다. 이들에 대한 지도, 지원 체제에서도 근로감독관, 산업안전공단, 재해예방 전문기관, 건설안전지킴이의 역할이 모호하고, 재해예방 주체별로 사업이 따로따로 진행되는 등 비효율적인 운영을 보이며, 지방노동관서와 상호 협력관계가 미흡하다. 이런 모든 것들을 재검토해 '선택과 집중'을 해야 할 것이다.

3억 원 미만의 공사장을 대상으로 재해가 많이 발생하는 건축공사 위주로 국고 기술지원을 확대하되(현재 2만 개소가 넘는다), 기술지원기관의 지역별 전담책임제를 시행해야 한다. 기술지원을 할 현장에 대한 파악은 산재보험에 의한 문서확인 방식에서 관할지역 순회(Patrol) 방식으로 전환되어야 하고, 종합적인 패키지(Package) 기술지원 방식으로 추락 등 재래형 재해의 예방에 중점을 두며, 실행 가능한 기본적인 8대 가시설물[4] 위주로 상세한 지도가 이루어져야 한다.

재해가 빈발하는 중·소 업체는 특별 관리해야 한다. 시공능력 1000위 아래 건설업체는 재해가 발생해도 입찰 시 불이익이 없어 사업주 등 경영자의 안전의식이 미흡하다. 이들의 안전의식을 고취시키며 여타 중·소 건설업체들에 그 파급효과를 확산시키기 위해 재해다발 업체에 대해서는 일정 기준을 정해 과태료 부과, 작업중지를 실행하는 등 특별 관리해야 한다.

---

4 8대 가시설물: 안전난간, 개구부덮개, 작업발판, 사다리, 낙하물방지망, 추락방지망, 이동식 비계, 안전대 부착 설비.

또한 본사(원청) 주도로 하도급공사 안전작업 매뉴얼, 안전교육 교재 등을 개발·보급하고, 현장별로 순회하면서 하도급업체의 안전시설 점검 개선 및 안전교육을 지원하게 해야 한다. 하도급업체의 신규 근로자들을 대상으로 기초안전교육을 직접 실시하거나 지원·독려하는 활동을 적극 실시해야 한다. 신공법이 적용되는 현장의 경우 하도급업체 작업반장과 근로자들에게 공법을 설명하고 안전작업 수칙 등에 대한 교육을 실시하도록 한다.

아울러 하청업체 산업재해 데이터베이스를 구축해야 한다. 「고용보험 및 산업재해보상보험의 보험료징수 등에 관한 법률」 제9조 단서의 규정[5]에 따라 하수급인이 산재보험 가입자로 승인되어 당해 현장에서 발생한 재해는, 원청업체 재해자로 파악되지 않고 하청업체의 재해로만 통계처리되고 관리된다. 그러므로 원청업체 사업장 관리시스템에 하수급인 현황을 추가하여, 데이터베이스를 검색할 때는 원청업체에 관해서도 검색 가능하도록 개선해야 한다.

이에 더하여 작업중지제도를 효과적으로 활용해 재해에 대한 사전 대응을 강화해야 한다. 현행 작업중지 해제는 현지확인 대신 대부분 서류확인으로 해제하는 실정이다. 앞으로 작업중지 현장은 개선기간 중의 불시 검사, 개선 결과 보고 후의 확인조사를 실시하여, 실제 개선 여부, 추가적인 위험요인, 현장의 전반적인 안전관리 실태를 파악한 다음 작업중지를 해제해야 한다.

또한 개인보호구 미착용 근로자를 집중 단속할 필요가 있다. 현행기준에 의하면 안전모, 안전화, 안전대, (지게차 운전자의 경우) 좌석안전띠를 착용하지 않았을 때 즉시 과태료 부과가 가능하다. 근로감독관들은 안전모 등의 미착용 근로자에 대해 '귀찮아서', '소액인데도 절차가 복잡해서' 등의 이유를 들어 과태료 부과를 회피하고 있다. 건설근로자 보호구 착용 풍토를 조성하기 위해 현장점검 때 보호구 착용 여부를 우선 점검해 미착용 근로자에게는 즉시 과태료 부과 조치를 해야 한다. 아울러 업무 편의를 도모하도록, 개인보호구

---

5 이 규정의 폐해와 문제점에 대해서는 앞에서 논급했다.

미착용 과태료 고지서는 근로감독관 전결로 현장에서 발부할 수 있게 해야 한다. 경찰의 '안전띠 미착용 범칙금' 부과 절차 등을 벤치마킹할 수 있다.

근속기간별 재해자를 살펴보면 건설재해자의 80% 이상이 입사 6개월 미만 비정규직 일용근로자다. 「산업안전보건법」 제31조에 일용근로자 채용 때 안전보건교육을 1시간 이상 실시하도록 의무로 정해놨지만, 수시로 사업장을 옮기는 근로자에 대해 교육을 소홀히 하는 실정이어서 책임의식 및 안전의식이 미흡하고 사고 방지에 큰 걸림돌이 되고 있다.

호주 등에서 시행하는 '기초안전교육 건설현장 진입 자격제'를 참고할 수 있다. 교육 이수자에게 그린카드(Green Card)를 발급해 이 카드를 소지하지 않은 자는 건설현장에 종사할 수 없도록 하는 것이다. 통계청 자료에 의하면 현재 건설일용 근로자는 180만 명으로 추산된다는데, 현장 규모별로 점차적으로 시행하면 될 것이다. 안전에 대한 기초 소양, 재해유발요인과 안전작업 방법 및 건강보호 등의 내용을 중심으로 교육을 실시할 수 있다.

제16장
허울 좋은 '위험성평가'와 유사 제도를 정비하자

1. 위험성평가의 목적과 제도의 도입취지

위험성(risk)이란 사고 발생 확률(probability)과 사고(event)가 발생했을 때 그 피해 정도를 나타내는 것이다. 환경 분야에서는 '위해성'이라고 말한다. 위험요인(hazard)과는 다르다.[1]

밀폐공간(위험요인)에서 작업할 때 국소배기장치가 설치되어 있는 곳과 그렇지 않은 곳, 그리고 보호구를 착용하고 작업하는 경우와 그렇지 않은 경우에 위험성의 정도가 다르다.

위험성평가란 설비, 작업, 업무수행에 수반되는 위험요인(hazard)을 찾아내 위험성(risk)을 식별하고 위험의 정도를 평가해 관리의 우선순위를 정하고, 거기에 따른 안전사고 예방 또는 사고 경감대책을 수립하고 실시하는 것이다. 즉, 위험요인별로 위험의 정도를 식별해 그에 따른 개선의 우선순위를 정하는 활동이다.

미국 직업안전보건청(OSHA)에서 1982년부터 시행한 사업장 자율안전관리 프로그램인 VPP(Voluntary Protection Program)는 산재예방 효과가 상당했다고 평가받고 있다. 내용을 보면 안전관리체제와 함께 위험성평가를 그 핵심요소로 하고 있다.

---

1 용어에 대해서는 제7장 "'위험한 일'에 기꺼이 종사하는 이유"를 참고.

EU에서는 1989년 위험성평가 제도를 기본적인 산업안전보건 정책으로 정하고, 회원국들은 자국의 국내법과 제도에 도입해 시행하고 있다. 제도 시행 후 효과가 긍정적이라는 평가가 보고되었다.

이웃 일본에서는 2006년 「노동안전위생법」 제28조의 2(사업자가 행하여야 할 조사 등)를 신설해 자율적인 위험성평가 제도를 법제화하고 시행을 위한 노력을 독려하고 있다. 그 내용은 다음과 같다.

사업주는 건설물, 설비, 원재료, 가스, 증기, 분진 등에 의한 것과 작업행동과 그 외 업무에서 기인하는 위험성과 유해성 등을 조사해 그 결과에 따라 이 법률(또는 이에 근거하는 명령의 규정)에 의한 조치를 강구한다. 또한 노동자의 위험 또는 건강장해를 방지하기 위해 필요한 조치를 강구하도록 노력하지 않으면 안 된다.

여러 나라에 공통된 위험성평가의 정책목표는, 사업(장)의 위험요소를 사업주 및 근로자들이 가장 잘 파악하고 있다(또는 파악할 수 있다)는 전제 아래, 사업주가 중심이 되어 위험요인을 발견하고 당해 요인으로 비롯된 위험 정도를 측정하여 적절히 관리하고 필요한 조치를 취함으로써 근로자 안전을 도모하는 것이다.

고용노동부에서는 오랫동안 사업장의 안전보건관리수준을 높이고 산업재해율을 선진국 수준으로 줄이기 위해서 안전관리의 질적 수준을 한 단계 높여야 한다는 각성이 있었다. 여기에 따른 대응으로 위험성평가를 통해 사업주의 자율적인 재해예방노력을 제고하는 방책을 강구했다. 위험성평가의 제도적 도입은 2009년 「산업안전보건법」 제5조(사업주의 의무) 개정 및 제41조의 2(위험성평가) 신설로 시작되었다.

2010년부터 3년 동안 위험성평가 시범사업을 실시했고, 2013년부터 전체 사업장을 대상으로 위험성평가 제도를 본격 시행하고 있다. 우리 법 규정의 표현과 형식은 일본의 것을 차용한 감이 있지만, 요점은 다음과 같다.

> 사업주는 정부가 고시하는 바에 따라 업무에 기인하는 유해·위험요인을 찾
> 아내어 위험성을 결정한 다음, 위험 또는 건강장해를 방지하기 위한 조치를 취
> 하고, 그 결과를 기록·보존하여야 한다.
> _「산업안전보건법」제41조의 2 제1~3항(위험성평가)

2. 위험성평가 절차

위험성평가는 단순히 공장 시설과 설비의 안전성만을 평가하는 것이 아니
고 사업장의 모든 일상적인 활동과 비일상적인 활동, 사업장 인력에 의한 위
험요인 등 다양한 요인을 평가하는 것이다. 여기서 파악된 위험요인 중 심각
성을 가진 요소에 대해 계획을 세워 개선하는 것이 목표가 되어야 한다. 특히
화학물질 시설의 위험성을 평가하기 위해서는 위험요인, 오류의 원인, 사고발
생 가능성, 사고발생의 결과 등을 고려해야 한다.

이런 기본적인 위험성평가의 절차는 **그림 3-16-1**과 같다. 따라서 위험성평
가는 초기 시설을 설치할 때만이 아니라 주변 환경 변화를 반영하기 위한 정
기적인 평가와, 사고가 발생한 후 개선방안 마련을 위한 사고 후 평가, 시설변
경을 할 때 위험성을 파악하기 위한 변경평가 등 다양한 시기에 걸쳐 실시해
야 한다. 위험성평가는 크게 정성적 위험성평가와 정량적 위험성평가로 구분
되지만, 실무에서는 두 가지가 함께 고려되고 있다.

위험성평가의 기본적인 절차는 **그림 3-16-1**과 같지만, 이미 정착되어 운영
되는 선진국의 실제 경우를 보면 업종별, 업무별, 규모별로 다양한 방법론이
활용되고 있다. 철도, 화학 산업과 같은 고위험 대규모 업종은 표준안만도 방
대한 책으로 되어 있고, 소규모 사업장에서는 간편한 방법에 의한 사례도 많

다. 그러므로 위험성평가의 방법과 절차는 획일적인 것이 아니다.

그림 3-16-1 위험성평가 기본적인 절차

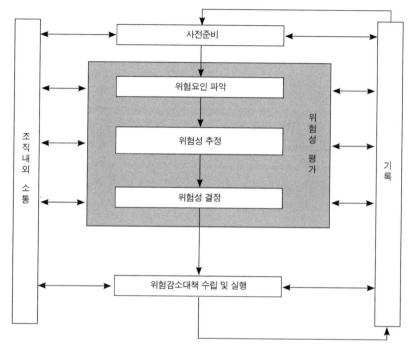

3. 우리 제도의 운영현황

우리나라의 위험성평가는 안전감독 및 산재보험과 연계되어 운영되고 있다. 근로자수가 100인 미만인 제조업이나 소규모 건설공사의 경우, 우수사업장 인정을 받으면 정기 감독을 면제받고, 산재예방시설 자금융자에서 우선권이 주어진다.

근로자수가 50인 미만인 제조업 사업장의 경우 「보험료징수법」 제15조에 따라 위험성평가를 제대로 실시해 우수사업장 인정을 받고(20%) 사업주가 관련 교육을 이수하면(10%) 산재보험료가 최대 30% 경감된다.

우리나라의 위험성평가는 기본적으로 산업안전보건공단에서 운영하고 있으며 온라인상에서도 작성이 가능하다.[2] 감독면제나 보험료 감면 혜택의 부여 조건인 '우수사업장' 인정 여부도 공단이 결정한다.

'우수사업장'은 2016년 7월 말 현재 1만 개소에 이르고 있다. 또한 매년 산업안전보건 강조주간에 각 분야별 위험성평가 발표대회를 통해 우수 사례를 소개하고 있다.

고용노동부에서는 인정 사업장의 재해율이 인정 진과 비교할 때 큰 폭으로 감소(38.7%)하는 성과를 보이고 있다고 한다.

4. 유사한 제도

1) 유해위험방지 계획서

「산업안전보건법」 제48조에 따라 일정한 업종 및 설비, 공사에 대해 사업주가 위험요인을 적시하고, 그 방지를 위한 계획을 수립하여 제출 후 심사받는 제도다. 안전공단에 제출하고 공단에서 심사해 적정, 조건부 적정, 부적정 결정을 한다.

주요 심사 항목에 건축물 각층의 평면도, 소화설비를 포함한 주요 부속설비의 구조 및 배치도면, 화학설비 및 주요 부속설비에 설치하는 경보설비, 방호장치 또는 보호구에 대한 제품 카탈로그 사본 또는 도면, 설비 및 기계 목록, 배치도면, 공정설명서 및 흐름, MSDS,[3] 전기 관련 도면, 국소배기장치, 폭

---

2 kras.kosha.or.kr.
3 MSDS란 Material Safety Data Sheet의 약자로, 물질안전보건자료를 말한다. 화학물질 또는 화학

발위험장소의 구분도, 방폭전기, 안전밸브 및 파열판 명세서, 장치의 압력, 온도, 사용재질, 부식여유, 사용두께 등 상세 명세서, 화재, 폭발 및 위험물 누출 등 비상시 조치계획에 관한 사항 등이 포함된다.

2) 안전보건진단

「산업안전보건법」 제49조의 규정에 따라 중대재해발생 사업장, 추락·폭발·붕괴 위험이 현저히 높은 사업장에 대해 지방노동관서장은 안전보건진단 명령을 할 수 있다. 진단은 지정된 전문기관에서 실시하며, 진단 결과는 사업주와 지방노동관서장에게 보고된다. 진단의 주요 항목은 안전보건 관리체제, 산재발생원인, 위험요인 측정 및 분석, 보호구, MSDS 등이다.

3) 안전보건개선계획

「산업안전보건법」 제50조에 의한 것으로, 대상만 다를 뿐 안전보건진단과 내용은 거의 동일하다.

4) 공정안전보고서

「산업안전보건법」 제49조의 2 규정에 따라 유해·위험설비를 보유한 사업장의 사업주는 누출, 화재, 폭발 등으로 발생한 중대산업사고를 예방하기 위해 공정안전보고서를 작성·제출하고 심사받아야 한다. 주요 제출 항목은 공

물질을 함유한 제재를 양도하거나 제공하는 자는 양도받거나 제공받는 자에게 MSDS를 작성하여 제공해야 한다(「산업안전보건법」 제41조). 정부(산업안전공단)에서는 동 제도의 정착을 위해 5만 800여 종의 화학물질에 대한 MSDS 정보를 제공하고 있다.

정안전자료, 공정위험성 평가서 및 잠재위험에 대한 사고예방 및 피해 최소화 대책, 안전운전계획, 비상조치계획으로 되어 있다. 상세 내용은 시행규칙 제130조의 2에 정해져 있다. 안전관리에 관한 사항이 총망라되어 있다.

5) 근골격계 부담작업 유해요인조사

이 제도는 '단순반복작업 또는 인체에 과도한 부담을 주는 작업에 의한 건강장해'를 예방하기 위한 조치[4]를 구체화하여 유해요인조사, 작업환경개선, 의학적 조치, 유해성주지 및 근골격계질환 예방관리 프로그램의 수립 시행을 사업주에게 의무화한 것이다.[5] 근골격계 부담작업이란 단순 반복작업 내지 인체에 과도한 부담을 주는 작업으로서 작업량, 작업속도, 작업강도 및 작업장 구조 등에 따라 고시된 11개의 작업에 해당되는 유해요인 조사를 체크 리스트 작성 방식으로 실시한다. 주요 조사 항목은 설비·작업공정·작업량·작업속도 등의 작업장 상황, 작업시간·작업자세·작업방법 등 작업조건, 그리고 작업과 관련된 근골격계질환 징후 및 증상 유무 등으로 되어 있다.

달리 표현하면 작업조건(Context), 근골격계질환 증상조사(Risk analysis), 근골격계질환에 대한 증상기준 분류, 근골격계 부담작업 유해요인조사 평가(Risk evaluation)로 구성되어 있다.

6) 장외영향평가

2015년 1월부터 시행 중인 「화학물질관리법」 제23조에 따라 유해화학물질 취급 시설을 설치·운영하고자 하는 사업자는 화학사고 예방을 위해 장외 영

---

4 「산업안전보건법」 제24조.
5 산업안전보건기준에 관한 규칙 제9장.

향평가서를 취급시설 설치 공사 착공일 30일 이전에 작성해 제출해야 한다. 이를 위해 사업자는 취급 화학물질의 목록 및 유해성 정보 그리고 사고 발생 당시 사업장뿐 아니라 주변 지역에 대한 영향평가를 수행해야 한다.

평가의 주요 항목으로 화학물질의 유해성 정보와 취급시설 및 주변 지역정보, 기상정보 등이 있다. 장외 평가정보 항목에 공정 위험성 분석, 사고 시나리오, 사업장 주변지역 영향평가, 위험도 분석, 안전성 확보 방안 등이 아울러 포함되어야 한다.

7) 사전 유해인자 위험분석

「연구실안전법」 제2조와 제6조에 의거해 연구실에서 발생하는 사고를 사전에 예방하고, 사고발생 때 신속하게 대응하기 위해 연구실 책임자가 연구개발활동 시작 전에 해당 연구실에 존재하는 유해인자를 미리 분석하여 이에 대한 안전계획 및 비상조치계획 등 필요한 대책을 수립하기 위해 시행해야 할 위험성평가다.

보고서는 국가연구안전정보시스템을 이용해 작성하며, 주 내용으로 연구실에 관련된 기본정보, 주요 유해인자 관련 자료, 보호구 및 안전장비, 설비현황 등이 포함되고, 연구개발활동 안전분석을 통해 각 유해인자별 위험분석과 안전계획, 비상조치계획 등을 작성해 제출해야 한다.

8) 항공안전관리시스템

이 제도는 ICAO[6] 제33차 총회에서 항공기 사고 방지를 위해 세계항공안전계획을 승인하고 사고율을 감소시키고자 마련한 사전적 조치라 할 수 있다.

---

6 UN 산하 국제민간항공기구.

리스크 관리 개념의 인식을 제고하기 위해 제정했다. 이를 계기로 해당 사업자는 「항공법」 제49조 규정에 의거하여 사업 시작 전 항공안전프로그램에 따라 항공기 사고 등의 예방 및 비행안전의 확보를 위한 항공안전관리시스템을 수립하고 국토교통부 장관의 승인을 받아 운용해야 한다.

또한 FAA(미국 항공청)는 미국으로 취항하는 모든 항공사들에 항공안전관리시스템 운영을 의무화해 이를 준수하지 못할 경우 취항을 제한받게 된다.

항공안전관리 시스템에 대한 심사 및 평가는 각 항공사가 제출한 자료 및 실사를 통해 행해진다. 시스템 내에 포함되어야 하는 심사평가 대상 핵심 구성요소는 다음과 같다. 첫째, 항공기와 램프(Ramp) 및 각 운영부서의 안전규정 매뉴얼을 구축해야 하고, 둘째, 위험관리를 통해 위험요소를 식별하고 위험성평가를 수행해야 한다. 셋째, 리스크 컨트롤의 성과 및 효과를 보장하기 위한 체계적인 프로세스의 구축과 더불어 매트릭스를 활용하여 지속적인 안전성과 측정 및 모니터링을 해야 하고, 마지막으로 안전문화 촉진 및 효과적인 커뮤니케이션을 위한 홍보와 교육을 실시해야 한다.

5. 비판과 개선방향

1) 제도의 실시 주체: 리스크 매니지먼트의 주체는 누구?

위험성평가와 유사 제도를 비교해보자. 다른 제도들은 외부의 소위 전문가 손을 빌려야 하는 점이 많다. 전문가들은 각 제도에서 리스크 매니지먼트의 주체를 표 3-16-1과 같이 나타냈다. 위험성평가 외에는 대부분 외부인의 손을 빌려야 하는 것이다.

위험성평가의 기본철학은 법에 정해진 규칙을 근로자가 준수하는 것이 아니라, 사용자가 작업장의 안전문제를 이해해야 할 책임을 져야 한다는 것이

표 3-16-1 누가 리스크 매니지먼트를 하는가?

구분	사전준비	위험요인파악	위험성결정	감소대책	모니터링
위험성평가	사업주	사업주	사업주	사업주	사업주
유해위험방지계획서	사업주	컨설턴트	컨설턴트	컨설턴트	컨설턴트
안전보건진단	사업주	컨설턴트	컨설턴트	컨설턴트	컨설턴트
공정안전보고서	사업주	컨설턴트	컨설턴트	컨설턴트	컨설턴트
근골격유해요인조사	사업주	컨설턴트	컨설턴트	컨설턴트	컨설턴트

다. 위험성평가를 도입한 또 다른 이유는 기술의 변화는 빠른 반면에 규제와 기준은 그 변화에서 나타나는 위험요소와 리스크를 따라잡을 수 없다는 것이다. 그러므로 리스크를 확인하고 통제할 책임을 사업주에게 부과해야 한다. 리스크 매니지먼트를 외부 컨설턴트에게 맡기는 유사 제도는 위험성평가로 통합되어야 할 필요가 절실하다.

2) 제도 정비의 필요성

위에 유사 제도라고 열거한, 「산업안전보건법」에서의 5종 및 기타 법규들에서의 3종 제도는 위험성평가의 변종 내지 변형이다. '주요 조사 진단 제출 항목'이라고 규정된 것은 모두 위험성평가에서 필수적으로 조사·확인하고 조치가 필요한 사항들이다.

만약 업종의 특성에 따라 반드시 특수한 위험관리가 필요하다면 이를 위험성평가에서 세부적으로 다루어 수박 겉핥기식의 형식적인 평가가 되지 않도록, 이를 강화하는 것이 더 필요할 것으로 보인다. 그러므로 위의 유사 위험성평가 제도들은 통합 및 상호 인증하도록 하여 포괄적으로 관리해야 한다.

고용노동부에서도 이 점을 일부 인식하여 '사업장 위험성평가에 관한 지침'에 "안전보건진단, 공정안전보고서, 근골격계 부담작업 유해요인조사, 각 제도는 그 실시한 범위 내에서 위험성평가를 실시한 것으로 간주한다"고 고시하여 중복을 피하는 인상을 주지만 불필요한 낭비로 보인다.

예컨대 전 안전보건연구원장은, "근골격계 질환예방 관리프로그램은 사업장 내부에서 근골격계 질환예방을 위한 유해요인조사(위험성평가에 해당)를 하여 위험요인을 줄여나가라는 것"이라고 하여, '근골격계 부담작업 유해요인조사 = 위험성평가'임을 분명히 하고 있다.

3) 제도정비의 방향

위험성평가 제도를 도입하면서, 위에서 말한 「산업안전보건법」에서의 5가지 제도들은 폐지되었어야 한다. 유사 제도가 필요한 경우를 열거할 필요 없이 사업주는 위험성평가를 해야 한다는 취지의 일반적 규정을 두고 모든 사업주에게 적용해야 한다. 그리고 평가항목과 방법을 획일적으로 규정해서는 안 된다. 기초적인 내용과 사례를 사업장에게 제공하면 된다. 또한 위험성평가를 전문 자격자 영역으로 운영해서는 안 된다.

기본적으로는 사업장을 가장 잘 알고 있는 사업주가 하도록 하고, 외부 전문가에게 의뢰하는 것은 사업주의 필요에 맡길 일이다. 선진국 기업들 대부분은 위험성평가를 사내에서 자체적으로 실시하고, 필요한 경우에만 외부기관 컨설팅을 받고 있다.

4) 벌칙 문제

「산업안전보건법」에 규정된 위험성평가를 실시하지 않는다고 하여 처벌받지는 않는다. 당국자들에 의하면 위험성평가를 실시하지 않는 경우에 처벌조항이 있어 처벌이 가능하지만, 법에 규정된 것들은 모두 안전보건관리자 등에 관한 것에 불과해 실질적으로 사업주를 처벌할 방법이 없다. 그렇다고 안전보건관리자가 처벌되는 일도 없다. 법적으로 사업자가 의무이행주체이기 때문이다. 사실 그 특성상 방법을 획일화할 수 없는 위험성평가를 실시하지 않은 일 자체를 처벌의 대상으로 한다는 것은 입법기술상 어렵다.

일본에서 사업주의 노력의무조항으로 참여를 독려하는 정책을 추진하고, 독일에서는 감독 등 정부 개입 여부를 판단하기 위한 기준으로만 사용하는 것은 다 그럴 만한 까닭이 있기 때문이다. 미실시 행위 자체에 대해 벌칙을 부과하게 되면 '서류상의 위험성평가'로 변모될 위험이 크다. 위험성평가 실시에 따른 주의사항을 지적하는 연구에 의하면, 위험성평가가 위험요인에 노출된 사람들 사이의 위험 정도 차이와 같이 수치로 표현될 수 없는 중요한 정보나 접근 불가능한 정보를 놓칠 수 있다든지, 정량적 접근의 강조는 사전적 주의조치 또는 예방적 조치로부터 관심을 돌리게 하는 경향이 있다든지, 통계적 도구와 방법을 맹목적으로 사용하여 지나치게 수치 지향적이고 축소하는 경향이 있다는 등의 비판이 있는 터이다.

5) 다른 법령의 '유사 제도' 정비

위에 언급된 「화학물질관리법」(화관법)과 「연구실안전법」은 모두 위험성평가와는 별개로 위험분석과 대책을 필요로 한다.

「화학물질관리법」의 장외영향평가는 정량적 위험성평가(QRA: Qualitative Risk Management)와, 영업허가는 공정안전보고서(PSM)와, 위해관리계획서는 PSM 상의 비상조치계획과 동일하다. 화관법 및 「연구실안전법」 상의 위험성평가 '유사 제도'들은 모두 위험성평가로 가름해야 한다. 법의 취지와 목적이 유사한 만큼 현장에서 간편하게 일하도록 규제를 합리화할 필요가 있다. 현장에서 보면 공정안전보고서, 유해위험방지계획서, 장외영향평가, 위해관리계획서 작성 업무는 보고서의 내용과 첨부서류가 70% 이상 동일한 실정이다.

또한 항공안전관리시스템의 경우, 공항공사를 포함한 모든 항공사 및 항공관련 시설을 운용하는 회사들은 이를 의무적으로 시행하고 있다. 이 또한 시스템 운영방식과 체계에 위험성평가가 필수적으로 포함되어 있는 만큼 상호 인증하여 중복되고 형식적인 규제에서 탈피해야 할 것이다.

6) 앞으로의 방향

우리나라 위험성평가 제도에는 근본적인 문제가 있다. 연구를 위한 조사 결과를 보면, 위험성평가를 형식적으로 수행하는 사업장이 대다수였다. 예를 들어 위험성평가를 외부 기관이 일괄 대행해주는 경우가 비일비재하고, 겉만 그럴 듯하게 형식적으로 수행하거나 심지어 다른 사업장의 내용을 복사해 붙여넣기를 한 사업장들도 있었다. 그 원인을 살폈을 때 공장 책임자(경영주)의 관심 부족이거나, 업무가중과 개선투자의 부담으로 형식적으로 수행할 수밖에 없는 소규모 사업장들이 대다수라는 분석이 있다. 그러나 이런 것은 표피적인 것에 불과하며, 현행 위험성평가 제도에 근본적인 문제가 있는 것이다.

기계적인 형식과 도구 및 틀에 급급해, 업종과 규모의 다양성을 고려하지 않은 형식적이기만 한 위험성평가가 이루어지고 있다. 소위 모범 답안을 두고 비슷한 업종의 사업장에서 그대로 베껴서 사용한다. 그러나 이 모범 답안을 자세히 보면 대부분 작업이나 설비 중심으로 치우쳐 있으며, 사업장 특성과 특징은 반영되지 않았다. 아니, 전혀 반영할 수 없다는 것이 옳은 표현이다.

같은 회사, 같은 업종이라도 각각 설비 규모와 인력 배치, 운용이 다른 만큼 평가 때에 이를 정확히 반영해 진행해야 함에도 형식적인 보고서가 작성되고 있는 실정이다. 개별 사업장의 특성을 도외시한 모범 답안 베끼기 식에 다름 아닌 A급 짝퉁 위험성평가가 되어버리고 있지는 않은지 책임 있는 당국자들의 실태 파악이 요구된다.

현장 안전관리자들은 산재보험료 감경을 목적으로 위험성평가를 하는 일부 사업장을 제외하고는 많은 경우 위험성평가가 서류상의 평가로 전락할 우려가 현실화되고 있다고 증언한다.

위험성평가를 실시하지 않는 행위 자체를 처벌할 일이 아니다. 실시의무를 일률적으로 부과하되 미실시 자체를 처벌할 것이 아니라 적절한 방법으로 위험성평가를 하지 않아 사고가 발생한 경우에 가중 처벌하는 방향으로 하는 것이 바람직하다. 또 필요한 경우 위험성평가를 실시하도록 명령할 수 있도록 하고, '명령 불이행'에 대해 처벌하도록 설계할 필요가 있다.

무엇보다 위험성평가를 전문가 영역에 맡기는 접근법을 탈피해 사업장 스스로 위험성평가를 용이하게 하도록 유도해야 한다. 그래서 현재 산업안전공단에서 제시하는 업종별·규모별 가이드라인을 일반에게 개방할 필요가 있다. 물론 장치산업, 전자산업 등 대규모 공정을 운영하는 경우 외부 전문가를 기용하거나 전문기관에 용역을 맡기는 것은 필요에 따라 얼마든지 있을 수 있다. 아울러 외부전문기관이 위험성평가를 부실하게 한 경우에 불이익을 주는 방안도 마련해야 한다.

6. 위험성평가 전문가 및 기업 CEO에게

리스크 매니지먼트(RM)에 관한 전문가 견해를 다음과 같이 소개한다. 하나는 위험관리의 근본적인 한계에 관한 것이고, 다른 하나는 리스크 매니지먼트가 기업에서 왜 실패하는지 그 이유를 밝힌 것이다.

1) 위험성평가 전문가에게[7]

현재 호주에서 위험성평가는 법에 의한 강제적 제도다. 그러나 명확한 기준

---

7 리스크 매니지먼트에 관한 원로 호주 학자 진 크로스(Jean Cross)의 견해로, 그의 한국인 제자에게 보낸 서신(2015.5)의 내용이다.

이 정립되지 않아 사람들이 정확히 무엇을 해야 하는지에 대해 일관성이 없는 실정이다. 위험성평가에 강제성을 부여하게 된 중요한 이유 중 하나는, 기술의 변화는 매우 빠른 반면 규제와 기준은 그 변화에 따라 생성되는 잠재적인 위험요소와 위험에 맞게 즉각 대응하기 어렵다는 문제점이 있다. 이런 위험을 확인하고 통제하는 책임을 사업주에게 부과한 것은 보다 신속하게 대응토록 하기 위한 것이었다. 그러나 불행하게도 처음에 안전관련 학계 전문가들이 위험관리에 대한 규정들을 이행하기 위해 조직이 할 일이 무엇이냐는 질의를 받았을 때, 위험 순위를 정하는 부분을 포함한 위험성평가라는 상대적으로 간단한 처방만 제시했다. 오늘날 20년이 흐른 뒤에 보니 사업주들이 완벽한 위험관리를 실행하게 하지 못했으며, 여전히 아주 기초적인 요소만 다루고 있었다.

특히 그들은 위험을 이해하려고 노력하기보다 단순히 잠재적인 위험요소들을 발견해 순위를 정하는 것만 하고 있다. 순위 매김이라는 일은 매우 주관적이어서 위험을 가능한 한 통제하기 위해 많은 노력을 쏟는 것에 비해 유용하지 못한 경우가 많다. 법으로는 잠재적 위험요소를 발견해 위험을 평가하고 통제하라고 한다. 곧 발표될 ISO 31000 기준을 적용해 위험관리를 시행한다는 것은, 위험을 야기할 수 있는 모든 잠재요소를 확인하는 것을 의미한다. 즉, 위험의 성격과, 어떻게 위험이 초래되는가를 확인한다는 것이다. 그리고 메커니즘과 위험을 증대시키는 요소들을 이해하고, 잠재 위협요소에 따른 위험의 정도가 수용 가능한 것인가를 결정하라는 것이다.

불행히도 사람들이 종종 하는 것은 잠재 위험요소 또는 위험의 근원—예를 들면 전기—을 확인한 다음, 정량적 시스템을 이용해 위험의 단계를 추정하고 나서 '전기는 매우 위험하다'는 정보산출로 종결하는 것이다. 그런 다음 위험의 통제방법은 안전기준에서 나온다. 이것은 위험을 이해하는 데 있어 위험성평가의 주요 부분을 놓친 것이다.

감전이 어떻게 발생하는지에 관해서, 감전이 잘 나타나는 경우와 심각한 감전사고 요소는 무엇인가를 간과해버림으로써 가장 좋은 통제방법은 무엇인지에 대한 정보를 못 갖게 되는 것이다. 흔히 사용하는 보편적 방법으로, 단순히 잠재적인 위험요소를 확인하고 우선순위를 매긴 다음 안전기준에 있는 통제방법만을 적용한다면, 위험관리 적용을 위한 이유 자체를 놓치는 것과 마찬가지다.

현행 위험성평가는 다음의 여섯 가지 문제점을 가지고 있다.

① 위험단계를 추정할 때는 정량적 시스템을 사용하고 결국 통제방법은 안전기준에 있는 내용에 따른다.

② 위험에 대해 어떻게 값을 정할지 그리고 계량적 평가방법을 어떻게 활용해야 할지 정확하게 모른다.

③ 발생 빈도가 매우 낮은 사건의 발생확률과 심각성을 저평가한다.

④ 정량적 방법의 평가에 대한 경험이 부족하다.

⑤ 위험이 무엇인지 일관된 정의가 없다. 불확실성인가? 손실인가?

⑥ 모든 가능성을 염두에 두지 않고, 근본원인분석(root cause analysis)에 치중한다.

2) 기업 CEO에게: 기업에서 RM이 실패하는 25가지 이유[8]

(1) RM에 대한 이사회의 전문성이 결여되어 있다.

(2) 이사회 내부에 물질 위험에 대한 거버넌스 갭이 존재한다.

(3) 이사들이 리스크를 확인하고 이해할 줄 모른다. 더구나 이해하기를 원하지 않는다. 이사회도 사건이 발생하기 전에는 관심을 두지 않는다.

(4) 이사회 대신 경영진에게 보고하면서 내부적으로 간과하는 현상이 발생한다. 현실 안주적인 이사회는 시정하지 않는다.

(5) 이사들이 물질 위험과 관리에 대한 실시간 감시에 주력하지 않는다.

---

8 조직의 거버넌스와 윤리 및 법 문제 등에 대해 연구하는 리처드 르블랑(Richard Leblanc)의 지적 (2015.2)이다(http://boardexpert.com). 선진국 기업에서는 리스크 매니지먼트 문제가 이사회의 주요 안건으로 대두되고 있다.

(6) 리스크 추적, 모니터링, 통합에 대한 정보를 현행화하지 않는다.

(7) 리스크 확인, 평가, 처리에서 과정상의 실수가 발생한다.

(8) 리스크 우선순위 부여에서 의사소통, 공통의 용어가 부족하다.

(9) 자체 진단이 부족하거나 자체 진단 결과를 무시한다.

(10) 내부 통제가 취약하거나 아주 존재하지 않는 경우가 있고, 경영진이 무시하기도 한다.

(11) 모델링과 시나리오 계획을 하면서 리스크 상호간의 작용, 그 속도, 외부적 충격에 관한 문제를 다루지 않는디.

(12) 기업 명성에 미치는, 생각하는 것보다 클 수도 있는 영향을 고려하지 않는다.

(13) 비재무적인 물질 위험, 특히 안전, 운전, 명성, 테러, 뇌물, 기술에 대한 통제가 미숙하다.

(14) 리스크 테스트의 방식이 필요할 때 고위 경영진이나 이사회에 보고되지 않는다.

(15) 이사회에 직접 제공되는 독립적이고 조정된 내부 통제가 없다.

(16) 리스크 문화의 결함(독성 부풀리기, 위험감수행태)이 많고 치유되지 않고 있다.

(17) 내부고발제도에 결함이 많다. (익명성 보장 없음. 독립적 채널 부재. 적절한 조사 없음)

(18) 리스크가 전략, 비즈니스 모델, 주요 성과 지표에 입각하지 않는다.

(19) 주요 성과지표, 급여 인센티브, 주가형성이 리스크에 따라 조정되지 않는다.

(20) 이사회가 리스크 거버넌스, 특정한 리스크, 또는 일련의 통제방법에 대한 제삼자의 검토를 지휘할 수 없다.

(21) 악성 재앙과 같은 미지의 리스크가 존재하는데도 예측과 통합에 실패한다. [(13)+(6)]

(22) 잘못된 현실감각: RM이 실행되지 않는데도 실행되고 있다고 생각한다.

(23) 예외, 적당주의, 불평등한 관리가 최고 결정자에게서 용인된다. 과도한 혹은 신중치 못한 위험감수행태를 과소평가한다. 위험을 감수하면서 높은 성과를 올리는 자에 대한 격려, 권한위임과 의존이 존재한다.

(24) 지적들에 대한 처방의 시급성에 무감각하다.

(25) 이사회는 이상의 것들이 얼마나 나쁜 것인지 모른다.

제17장
남에게 맡겨진 근로자의 안전과 건강을 스스로 챙기자

1. 안전관리자 및 보건관리자의 중요성

「산업안전보건법」은 산업재해 예방을 위해 사업주와 근로자 및 관계자의 의무를 규정하고 있고, 근로자의 안전과 보건을 담보하기 위해 기업이 일정한 관리체계를 갖추도록 강제하고 있다. 이는 본래 SMS라고 하여 세이프티 매니지먼트 시스템(Safety Management System)을 가리킨다.[1]

안전보건관리자의 기능이 보좌, 지도, 조언이라고 되어 있지만, **표 3-17-1**과 같은 업무를 담당하기 때문에 사업장에서 실질적인 안전보건관리 업무를 전담하는 사람이다. 근로자 안전과 건강 문제에서 가장 중요한 역할을 하는 사람이라고 할 수 있다.

이렇게 중요한 기능을 담당하기 때문에 법으로 이들의 자격 조건을 명시하고 있다.[2]

표 3-17-1 안전보건관리자의 직무

• 사업장 순회	• 위험성평가	• 위험 기계·기구 적격품 선정
• 재해원인조사	• 산업재해통계	• 근로자 보호를 위한 의료행위
• 안전보건교육	• 작업관리	• 작업환경관리

---

1 자세한 내용은 제11장 "경직적인 안전보건 관리체제"를 참고.
2 「산업안전보건법」 시행령 제14조 및 별표 4, 시행령 제18조 및 별표 6.

안전관리자는 산업안전관리기사 등 일정한 자격 취득자, 학력이수자, 경험자로 제한하고, 업종의 특수성을 반영해 특수한 사업에는 개별법에 의한 자격 취득자를 두도록 하고 있다. 보건관리자는 의사, 간호사, 산업위생관리기사 등의 자격자나 소정의 학력이수자만이 될 수 있다.

2. 안전보건의 직접관리와 위탁관리의 실상

안전보건관리자는 사업장의 업종과 규모에 따라 관련 분야 전문가를 1~2인으로 직접 선임하는 것이 원칙이다. 안전관리자는 유해제조업, 건설업, 운수업·통신업·기타사업으로 나누어 규모에 따라 숫자 및 자격자를 규정하고 있고, 보건관리자는 유해제조업, 기타제조업, 기타사업으로 나누어 상세하게 규정하고 있다.

법으로는 사업주에게 안전관리자 및 보건관리자를 직접 선임(채용 및 배치)하여, 다른 업무를 맡기지 말고 안전보건 업무만 전담시키라고 의무적으로 강제하고 있다. 그러나 법 스스로 안전관리와 보건관리를 외부에 위탁할 수 있도록 제도를 설정하고 있다.

대부분의 사업장이 전문가를 채용해 안전관리와 보건관리를 직접 하지 않고, 전문기관에 대행을 위탁하는 실정이다. 300인 이상 대규모 기업도 외부에 위탁하도록 되어 있다. 전문인력의 직접 채용이 오히려 예외적 현상이 되어가는 실정이다. 결국 직접 채용을 장려하는 전문 인력 배치 기준은 대행제도에 의해 취지가 크게 훼손되어버린 실정이다.

안전관리자를 두어야 하는 사업장 가운데 50% 이상이 외부기관에 안전관리를 위탁하고 있고,[3] 보건관리자를 두어야 하는 사업장 가운데 80%에 가까

---

[3] 사업장에 선임된 안전관리자의 수는 9300명인 데 비해 1만 6000여 개 사업장이 안전관리를 외

운 사업장이 보건관리를 외부에 위탁하고 있는 실정이다.[4] 과거에 비해 외부 위탁이 점점 증가하고 있다. 간단히 말하면, 절반이 넘는 사업장이 자기 회사 근로자의 안전을 외부 기관에 맡기고 있으며, 회사가 채용한 보건전문가에게 근로자 건강관리를 맡기는 사업장은 열에 셋도 채 못 되는 실정이다.

3. 외부에 맡기는 이유: 제도의 기원과 실태

1) 위탁제도의 기원

(1) 보건관리 위탁(대행)제도

대행제도는 보건 분야에서 비롯했다. 업무 성격상, 성인 근로자들을 대상으로 한 보건관리(근로자 건강상태 및 작업장의 환경 관리)는 항시 그 대상을 지켜봐야 하는 일이 아니다. 주기적으로 관찰하면서 심신의 변화와 작업환경의 유지 개선 여부를 체크하고, 근로자와 작업환경에 필요한 처치를 하는 것이다.

역사적으로는 「산업안전보건법」이 제정된 1981년보다 훨씬 이전인 1960년대로 거슬러 올라간다. 우리나라의 경제개발 초창기에 공업단지가 개발되면서 단지 내에 입주한 다수의 영세한 중소기업이 보건관리자를 직접 채용하기에는 부담이 되었을 뿐 아니라 공업단지가 병의원이 있는 도시에서 떨어져 있어 근로자들의 보건관리가 어려웠던 까닭에, 도시 병원에서 단지 내에 소재한 중소기업을 주기적으로 방문해 집단적인 보건관리를 했다.

이는 일본에서 시행되는 집단산업보건관리를 본뜬 것이다. 지금은 여러 병원에서 이런 기능을 수행하지만 당초에는 가톨릭대학교 산업보건대학원 멤

부의 대행기관에 맡기고 있다(2013).

4 사업장에 선임된 보건관리자 수는 3624명(이중 71%가 간호사)인 데 비해 1만 255개 사업장이 보건관리를 외부의 대행기관에 맡기고 있다(2015).

버들이 주축이 된 (사)대한산업보건협회가 설립되어 독점적으로 사업을 수행했다. 초창기에 이 협회는 근로자 건강관리와 작업환경개선에 크게 기여했지만, 시간이 흐르면서 건강진단과 작업환경측정의 덤핑 또는 외상 수주, 부실 검진과 측정 등 많은 사회적 물의를 일으켰다.

산업보건에서의 대행제도는 이런 사정과 필요에 의해 1981년 「산업안전보건법」 제정 당시부터 법 제도로 편입되었다. 보건관리 대행제도는 취지대로만 집행되면 근로자 보건관리라는 업무 성격과 사업장의 입지를 근거로 그 존재 이유가 있다고 할 것이다.

(2) 안전관리 위탁(대행)제도

한편, 안전관리는 본래 '대행'이라는 것이 없었다가 보건 분야의 대행을 본 떠 생기지 말았어야 할 제도가 생겼다. 「산업안전보건법」이 제정된 1981년에는 안전관리 대행제도라는 것이 없었는데, 1986년 4월에 법에 근거 없이 시행령으로 신설되었다. 우후죽순으로 안전관리 대행기관이 생겨나는 바람에 부실관리 등의 문제를 일으켜 수사선상에 오르기도 했다.

이에 1990년 23개의 안전관리 대행기관을 (재)산업안전관리대행협회로 통합해 (사)대한산업안전협회와 함께 2개소만 두는 형식을 취했다.

본래 안전 문제는 (근로자 건강관리와 작업환경 유지개선을 다루는 보건 문제와 달리) 업무 성격상 근로자들의 작업행태와 작업시설, 설비 등의 상태에 대해 '항시적인' 관찰과 조치를 필요로 하는 일이다. 안전관리 대행기관에 위탁해 남에게 맡겨두고 가끔 들여다보는 것으로는 제대로 할 수가 없는 것이다.[5]

산업재해 또한 보건 분야의 직업병 내지 작업 관련 질환보다 안전 분야의 사고성 재해가 월등히 많다. 전체 산재 재해자 가운데 업무상 질병자를 제외

---

5 소위 '안전관리 전문기관'에 위탁하면 일반적으로 대행기관에서 사업장을 1개월에 2회 방문한다. (안전보건관리 전문기관 및 재해예방 전문지도기관 관리규정)

한 사고성 재해자가 90%가 넘고, 산재 사망자 가운데 업무상 질병 사망을 제외한 업무상 사고 사망 비율이 절반을 훨씬 넘게 차지하고 있다. 이런 실정임을 볼 때 '안전' 분야에 현장 중심의 '항시적인' 관리가 요구됨은 더 말할 나위가 없다. 그런데도 안전관리 대행제도가 존치되는 현실이 걱정스럽다. 안전관리 대행제도는 폐지되어야 하지 않을까?

2) 위탁이 보편화될 수밖에 없는 현실

「산업안전보건법」은 사업주가 일정 자격을 갖춘 자를 안전관리자 또는 보건관리자로 두게 하면서 안전관리 또는 보건관리 업무를 외부에 위탁할 수 있도록 했는데, 이를 안전관리 및 보건관리 위탁제도라고 한다.

법령에 정한 일정한 요건을 갖추고 안전관리자의 업무를 수탁하여 수행하는 개인이나 법인을 '안전관리 전문기관'이라 하고, 보건관리자의 업무를 수탁해 수행하는 기관을 '보건관리 전문기관'이라고 한다.

건설업을 제외한 사업으로, 상시 근로자 300명 미만을 사용하는 사업주는 안전관리자를 채용해 스스로 안전관리를 하는 대신 외부에 위탁할 수 있고, 300명 미만을 사용하는 사업 및 외딴 지역에 소재하는 사업의 사업주는 보건관리업무를 위탁할 수 있다.[6]

이러한 규정이 있지만, 300인 이상 사업의 사업주를 비롯해 모든 사업주는 안전관리자나 보건관리자의 업무를 외부에 위탁할 수 있다.[7]

본래 위탁제도는 소규모(근로자 300인 미만) 사업장에 안전보건관리자를 전임으로 선임하기 어려운 경우 경제적 부담을 경감시키려고 외부 전문기관에 위탁할 수 있게 한 것이다. 그러나 이 같은 「산업안전보건법」 규정이 있는데

---

6 「산업안전보건법」 제15조, 제16조, 제19조.
7 「기업활동 규제완화에 관한 특별조치법」 제40조.

도, 「기업활동 규제완화에 관한 특별조치법」('기특법')에 의해 300명 이상의 사업장에서도 위탁하고 있다.

'기특법' 제40조는 '안전관리자 또는 보건관리자의 업무를 관리대행기관에 위탁할 수 있다'고 규정하고 있다. 여기서의 관리대행기관이란 안전관리 전문기관 및 보건관리 전문기관을 가리킨다.[8] 결국 모든 사업장은 안전보건을 외부에 대행시킬 수 있게 되었다.

현실적으로 안전관리와 보건관리를 대행하는 전문기관은 200여 개에 이른다. 2015년 현재, 전문기관에 안전관리를 맡긴 사업장이 1만 6045개소로 전체의 80%에 이를 지경이며, 보건관리도 대부분 외부에 맡기고 있는 실정으로 회사가 보건관리자를 채용한 경우는 30%가 못 된다. 이쯤 되면 우리나라 기업들은 근로자의 안전과 보건을 스스로 챙기지 않고 남의 손에 맡겨 두고 있는 것과 다름없다 할 것이다.

4. '기특법'의 무제한적 완화 내용

원활한 기업 활동을 도모하기 위해 규제 완화 및 특례에 관한 사항을 규정한 법률이 1993년 제정된 「기업활동 규제완화에 관한 특별조치법」('기특법')이다. 이 법률에 의해 각종 규제가 철폐 또는 완화되어 적용되고 있으며, 산업안전과 보건을 위한 의무고용에 대해서도 무제한적인 완화를 가능하게 하고 있다. 내용은 **표 3-17-2**로 요약했다.

당초에는 '기특법'에 산업안전·보건교육 및 유해위험방지계획서 제출의무

---

8 본래 안전관리 '대행기관', 보건관리 '대행기관'이라고 하던 것을, 2013년에 법을 개정하면서 '전문기관'이라고 명칭을 바꾸었다. '전문기관'으로 명칭이 변경된 '대행기관'의 존재의 의의, 운영상 문제에 대한 부정적인 평가와 지적은 어제오늘의 일이 아니다.

표 3-17-2 기특법의 의무고용 제한 철폐

> - 업종이나 규모에 관계없이 대행기관에 안전보건관리 위탁 가능(동법 제40조)
> - 산업보건의는 두지 않아도 됨(동법 제28조)
> - 안전관리자는 겸직 가능(동법 제29조)
> - 타 법에 의한 안전관리담당자 1명을 둔 경우 안전관리자 채용 간주
> - 환경 분야의 인력을 둔 경우 보건관리자 채용 간주
> - 두 종류 이상의 자격 보유자 1명을 채용하면 다른 자격 보유자도 채용 간주(동법 제31조)
> - 안전관리자 또는 보건관리자는 복수의 사업주가 공동으로 채용 가능(동법 제36조)

면제 조항이 있었는데,[9] 2007년 8월 개정되면서 면제조항을 폐지하여 이후
두 제도는 각각 부활되어 시행되고 있다.

5. 분석적 논의

기업 입장에서는 여러 가지 이유로 안전보건관리의 외부 위탁을 선호한다.
우선 인사관리의 어려움을 피할 수 있고, 비용 측면에서 이익이 크다는 것을
들 수 있다. 안전보건 위탁관리의 경우, 종업원 1인당 한 달에 얼마 식으로 위
탁비용을 계산하는데 위탁 수수료가 매우 적다.[10]

비용 절감의 이점뿐 아니라 전문성을 도움받을 수 있고, 문제가 발생하면
위탁업체로 미룰 수도 있다. 제도화된 것을 활용하므로 합법적인 것이다.

당위론 또는 직관론적 입장에서는 안전관리나 보건관리를 대행기관에 위
탁하는 것보다는 전문인력을 채용해 직접 관리하도록 하는 것이 근로자의 안
전과 보건을 담보하는 길이 된다. 그러므로 이런 시각에서는 대행 기관에 위
탁하는 것보다 사업주가 직접 전문인력을 채용해 관리를 맡기는 방안을 지지

---

9 「기업활동 규제완화에 관한 특별조치법」 제55조의 2 및 3.
10 1인당 1회 3000원이라고 한다.

하게 된다.

한편, 당위론으로는 부족하다. 정부가 기업에 대해 안전관리자와 보건관리자의 직접 채용을 권장 또는 요구하려면 직접 채용한 안전관리자가 안전관리 업무를 수행한 경우와 외부 대행기관에 위탁해 수행한 경우의 안전관리성과를 비교해 제시해야 한다. 전수조사를 실시해볼 필요가 있다.

재해가 발생한 모든 사업장의 안전관리 실태-안전관리자 채용 여부, 위탁 여부 등-를 전수 조사하는 것은 산재발생 근로자 숫자가 1만 명도 되지 않으므로 아무 어려움이 없다. 직접 채용한 전문인력에 의한 안전관리가 더 효과적이라는 것을 입증해보인 다음에야 전문인력 채용을 권고할 수 있으며, 이들을 의무고용으로 하는 정책목표를 달성할 수 있다.

안전보건 전문인력에 대한 현황관리를 제대로 해야 한다. 지금은 안전관리자와 보건관리자에 대한 실태 파악을 못 하고 있다. 선임 내용을 보고하도록 되어 있으나, 퇴사한 경우는 충원되었는지 확인되지 않는다. 복수의 사업장에 이중으로 등록되었는지 여부, 파견인력인지 아닌지 여부, 300인 이상 사업장에서의 겸직 여부, 업무 충실도 등의 현황을 파악할 수가 없다. 안전관리자와 보건관리자에 대한 실태 파악과 감독을 못 하는 상황에서는 본래 취지를 달성하기 어렵다. 위탁관리라는 대체수단이 법으로 광범위하게 허용되는 현실에서는 그렇다는 말이다.

많은 안전보건관리자들은 자신들과 같은 전문인력을 기업에 두고 외부위탁을 맡기는 방안이 가장 효과적이라고 말한다. 하지만 기업에서는 안전관리나 보건관리라는 같은 업무에 이중의 비용부담이 되므로 그런 선택을 하지 않을 것이다. 그런 까닭에 안전보건관리자들은 스스로의 활동이 성과를 내고 있음을 증명할 필요가 있다.[11]

---

11 이에 대해서는 제21장 "계량안전관리를 해야 한다" 및 제22장 "안전보건활동의 사업가치 증명 방법"을 참고.

제18장
산업안전행정 시스템 개편, 골든타임을 놓치지 말자

1. 문제의 제기

1) 과도한 산재발생 현실

국제노동기구(ILO)는 2013년 현재 전 세계 산업현장에서 매일 6300명이 사망하고, 연간 230만 명이 사망한다고 발표했다. 고용노동부 자료에 의하면, 2013년 기준 10만 명당 사고로 생긴 사망자수를 비교하면 영국 0.4명, 독일 1.5명, 일본 1.9명, 미국 3.5명인 데 비해, 우리나라는 7.1명[1]으로 미국의 2배, 영국의 18배에 달한다.

우리보다 선진국인 다른 나라들이 우리와 비슷한 경제 규모였을 때는 산업재해가 어느 정도 발생했는지 알아보았다. 국민소득이 2만 달러 내외였던 시기의 다른 나라의 산재 발생율을 알아본 것이다. 그것을 **표 3-18-1**로 나타냈다. 여기서 보는 것처럼, 십만 명당 사망자수를 비교하면 우리나라의 산재발생 정도는 그들 나라가 우리와 비슷했던 시기에 비해 우리가 훨씬 높다는 것을 알 수 있다(한국 8.9, 미국 3.3, 일본 5.3, 영국 1.0, 호주 4.8, 독일 5.1 등).

2007년 서울대학교 의과대학 팀에서 조사한 자료에 의하면, 2006년 한 해 동안 사고로 다쳐 병원치료를 받은 1300만 건 중에서 일하다 다친 산업안전

---

[1] 2015년 5.3명.

표 3-18-1 국민소득(GNI) 2만 달러 시기의 산재발생 현황

국가	국민소득 2만 달러 연도	10만 명당 사망자 수	재해율 (%)	1인당 GNI ($)
한국	2008	8.9	0.53	19,422
영국	1995	1.0	0.64	19,762
호주	1994	4.8	2.18	19,113
독일	1990	5.1	5.44	21,837
프랑스	1990	6.3	3.96	21,402
캐나다	1989	7.0	5.23	19,570
일본	1987	5.3	0.50	19,875
미국	1987	3.3	2.75	19,100

자료: 필자가 산업안전국장으로 재직할 때 이현숙 전문위원의 도움으로 작성.

보건 영역의 사고는 약 288만 건으로 추정되어 전체 사고 중에서 단일 분야로 1위였다. 당시 정부 발표로는 2006년에 사망자 포함해 8만 9910명의 재해자가 발생했다고 하니 수치의 괴리가 심각하다.

일부 논자들은 현재 우리나라의 재해발생 정도는 우리 실력으로 잘 대비하고 있는 것으로서 지금의 발생 정도는 어느 정도 불가피한 것이라고 주장한다. 위 분석으로 보듯이 그런 주장은 지극히 주관에 치우친 진술이며 객관성을 결여했다.

우리나라 산재발생 수준은 ① 과거 선진국이 지금 우리와 비슷한 수준이었을 때보다 현저히 높고, ② 현재 시점에서 볼 때 우리 경제적 수준에 비하여 매우 높으며, ③ 정부에서 발표하는 것보다 실제로 훨씬 많이 발생하고 있다. 그러므로 원인이 무엇인지 모르는 것인지, 원인을 알면서 방법을 몰라 그러는 것인지는 모르지만 아직 개선될 여지가 상당히 많다고 할 수 있다. 즉, 재해예방노력이 부족한 현실이라고 결론 내릴 수 있다.

2) 산업안전행정의 실태: 행정대상, 조직, 인력, 예산

(1) 행정대상

2016년 6월 말 현재 「산업안전보건법」이 적용되는 사업장은 233만 8562개소이며, 근로자수는 1763만 4797명이다.

(2) 인력

산업안전행정을 담당하고 있는 인력은 1860명이다. 고용노동부의 안전감독관은 357명(정원 412명)이고 산업안전보건공단 임직원은 1473명(정원 1549명)이다. 이는 안전감독관 1인당 약 6500개 사업장, 5만 명의 근로자를 담당하고 있는 셈이며, 공단 직원을 포함하면 1인당 약 1200개 사업장, 9400명의 근로자를 담당하고 있는 것이다.

(3) 예산

2016년 예산은 3877억 원이다. 수입재원은 산재보험료이며, 산업안전보건공단이 예산의 대부분을 집행한다. 고용노동부에서 집행하는 예산은 34억 원 정도다.

(4) 조직

고용노동부 본부에 산업안전국, 지방청 및 지청이 47개소가 있고, 산업안전보건공단은 지역본부 및 지사를 27개소 두고 있다.

(5) 역할

고용노동부는 산업안전 정책수립 및 제도개선과 법규이행 감독 및 처벌 기능을 담당하고, 산업안전보건공단은 안전보건 기술지도 및 교육, 산재예방기술개발 및 보급을 맡고 있다.

3) 검토가 필요한 '일하는 방식'

(1) 정부실패론

우리나라의 산재 발생정도는 그 절대치로 보거나 다른 나라와 비교해봤을 때 매우 높은 수준이다. 경제 규모로 보면, 예산과 인력 편성이 적은 것이 아니어서 일각에서는 정부실패론이 제기되고 있지만, 그보다 일하는 방식(governance system)에 개선할 문제점이 있는 것이 아닌가 하는 소견이다. 법적 의미의 행정부 조직만을 얘기하는 것이 아님은 물론이다.

산업안전에서 정부실패(government failure)라는 비판에 대응하기 위해서라기보다 그동안 유지해온 '일하는 방식'에 대한 반성과 대안 마련을 위해, 관련 법제 및 조직의 기능·역할·연계 등을 검토하는 것이 필요하다.

(2) 고용노동부

노동부는 부처의 핵심 업무가 고용정책임을 내외에 천명하면서 2010년 7월 5일 명칭을 고용노동부로 변경했다. 고용분야에 1400여 명의 인력을 증원하고 조직개편을 단행해 명실상부하게 고용노동부의 핵심 업무가 '고용'으로 바뀌었다. 약칭도 '고용부'라고 한다.

그러나 조직 변천을 거치며 산업안전보건 행정을 위한 조직체계에 관한 문제는 거론하지 않고 넘어갔다. 이는 어찌 보면 산업안전업무가 부처의 업무에서 소외되었던 상황을 반영한다고 볼 수 있다. 고용노동부의 지방조직에는 방대한 인원의 고용안정센터가 있으며, 근로감독과(근로조건개선과)와 산업안전과(산재예방지도과)가 일하고 있다. 그 가운데 산업안전과가 가장 왜소하다.

(3) 지방이양론

한편에서는 중앙정부 기능의 지방이양 목소리가 높다. 산업안전행정도 그 대상의 하나로 거론된다. 여러 가지 반론이 제기되지만 앞으로도 지방이양과 관련된 주요 대상으로 거론될 것이다. 반론의 논거로 유력하게 제출되는 것은, 산업안전이 근로기준 업무이고 근로기준은 전국적으로 통일되어야 하므로 중앙정부에서 관장해야 한다는 것과 소요예산이 산재예방기금에서 출연·집행되고 있다는 것이다. 이와 관련해 산업안전 행정조직을 어떻게 할지 고민해야 한다.

(4) 산업안전보건공단

산업안전 행정조직을 보완하는 기구로 공공기관인 산업안전보건공단이 존재한다. 1987년 설립된 공단의 기본 임무는 '안전보건에 관한 기술적 사항에 대한 지도'로 되어 있다.

공단 예산은 3800억 원으로 고용노동부가 집행하는 안전예산의 10배가 넘고, 인원은 1400명 정도로 안전감독관 숫자의 거의 5배 가까이 된다. 이렇다 보니 공단이 업무의 대부분을 집행하는 것이 산업안전행정의 현실이며, 안전감독관과 공단 직원과의 역할 경계가 모호해진다.

(5) 대행기관·협회·단체

안전보건관리 대행기관 681개소, 안전 및 보건 관련 협회 2216개소, 시민사회단체 30개소가 행정조직은 아니면서 이익단체로 활동하며 안전대행, 보건대행, 직무교육, 안전보건 캠페인 등을 벌이고 있다.

2. 산업안전행정의 기준과 유형

1) 산업안전행정의 기준

(1) 근로자 생명과 건강의 보호

근로자의 안전을 제외하고 다른 근로조건을 정한 근로기준법, 최저임금법, 퇴직급여법, 근로시간법, 임금확보법 등이 있다(실정법의 명칭을 거명한 것이 아니다). 이 모든 것들이 사용자와 근로자라는, '근로'와 '임금'을 서로 주고받는 관계에서 근로자의 부당한 처우를 예방하는 근로계약 보호 법률이라면, 「산업안전보건법」은 근로자의 안전(safety)과 보건(health)을 유지하기 위한 객관적 기준을 제시하고 이를 준수하도록 사업주를 규율하기 위한 법이다.

그러므로 「산업안전보건법」은 안전과 보건에 대해 다른 법제보다 국제 기준에 맞춰져 있는 편이다. 예컨대 임금이나 퇴직금, 산재보상금, 근로시간 기준은 각국의 경제 사회적 사정에 따라 다를 수 있다. 그러나 인간 생명에는 계급이 없으므로 화학물질을 취급하는 근로자 보호를 위해 설정하는 벤젠(benzene)의 허용기준, 건설 근로자 보호에 필요한 비계(scaffold)의 설치기준은 나라에 따라 상이할 이유가 없는 것이다.[2]

「산업안전보건법」은 사업주의 안전상 조치에 대해 근로자가 협조할 의무를 규정하고 있다(제25조). 그러나 일하는 사람(근로자)의 안전은 일을 시키는 사람(사업주)의 의무다. 안전이라는 것을 놓고 볼 때, 근로자가 일터에 들어선 순간부터 위험에 직면하는 것이 불가피한 것은 사실의 문제다. 일을 시키는 입장의 사업주는 그 위험을 최소화해 안전과 보건을 확보해야 할 의무를 부담하는 것이다.

---

2 여기서 고용법제에 관한 논의는 하지 않겠다. 최근에는 '고용 형태의 변화에 따른 안전 문제'가 새로운 과제로 등장하고 있다.

근로자, 노동조합, 사업주 사이에서 정부 기준을 하회하는 기준을 설정하는 것은 허용되지 않는다. 산재예방업무를 중앙정부 또는 지방정부에서 할 것인지, 처벌이냐 지도냐 하며 어떤 방법이 바람직한지를 논의하여 결정할 때 무엇보다 '근로자의 안전과 보건 확보'에 입각해 그 기준이 설정되어야 한다는 것이다.

(2) 효과 및 효율성

근로자의 안전과 보건에 관한 책임은 기본적으로 사업주에게 있지만, 정부에서 이를 감독하는 기능을 담당할 수밖에 없다. 감독이라는 행정 서비스는 국민의 금전적 부담으로 제공되는 것이므로 그 효과 및 효율성을 고려하지 않을 수 없다. 궁극적으로는 적정한 서비스를 적정한 비용으로 제공할 수 있는 균형점을 찾아야 하는데, 이는 과학적 분석과 철학적 논의가 필요한 사항이다.

우리나라 수준에서 불가피한 산재의 정도는 어느 정도인지 계량해야 하며,[3] 최소한의 기준을 준수하기 위한 대책으로 필요한 수단과 방법은 어떠해야 하며 국가공동체가 비용을 얼마나 지불할 용의와 능력이 되는가가 계산되어야 한다. 일반 세금, 산재보험료, 산재세, 사업주 자부담 등 재원을 어떤 방식으로 조달하느냐 하는 문제 또한 중요하다.

(3) 획일성

일반적으로 최저임금을 예로 든다. 근로자들의 생활보호를 위해 지불되어야 하는 최소한의 금전적 대가가 최저임금이다. 그런데 국가라는 공동체에서 어느 지역과 어느 산업에 종사하느냐에 따라 최저임금을 다르게 하는 것은 있을 수 없는 일이라는 주장이 있다. 반면 지역별로 물가 수준에 차이가 있고 산업별로 부가가치가 상이하므로, 지역별 또는 산업별로 최저임금이 달라야 한

---

3 이론적으로 말하면 '무재해'는 실용적 구호이고, 어느 정도의 재해발생은 불가피하다.

다는 주장도 있다. 최근 우리나라의 최저임금 문제에서 이런 논의가 나타나고 있다.

획일성의 기준에 대한 논의는 복잡하지만, 안전과 보건 문제는 비교적 간단하다. 안전과 보건은 근로자의 생명과 건강 보호가 목표이기 때문에, 국가 공동체 어디에나 적용되는 획일적 기준을 마련해 집행해야 한다. 연방국가인 미국의 경우를 보면 각 주정부별로 직업안전보건법령[4]이 있고 그에 따라 안전기준과 보건기준을 설정하여 집행하고 있지만, 연방정부에서 정한 기준을 하회하지는 못하도록 되어 있음을 보면 금방 이해할 수 있는 일이다.

산업안전행정에 획일성을 요구한다고 해서 반드시 어느 한 집행기관에서 전담해야 한다는 주장이 성립하는 것은 아니다. 안전과 보건에 관해 통일성 있는 기준이 있어야 한다는 의미다.

(4) 전문성

산업안전보건 업무가 어느 조직에서 어떠한 방식으로 수행되든 간에 기술적인 업무는 안전 분야 및 보건 분야 전문가에 의해 수행되어야 한다. 세계 각국에서 안전감독관의 채용기준으로 기술적 전문성을 요구하고 있다. 이러한 기술적인 사항 이외의 전문 분야(제도의 설계, 집행의 기준과 방식 설정, 교육과 홍보 등)에는 관련 분야에 지식과 경험을 갖춘 전문가들이 투입되어야 할 것이다.

(5) 지속성과 일관성

기업경영 속성 가운데 하나는 불확실성(uncertainty)을 싫어한다는 것이다. 기업 입장에서 안전보건관리는 기술적인 방법과 관리적인 방법을 채용하는 경영관리의 한 분야다. 안전보건제도의 특성은 '사업주를 통해' 그 목표가 달

---

4 리틀 OSHA(little OSHA)라고 불린다.

성되어야 한다는 것이다. 그러므로 안전보건업무를 경영 측면에서 바라보는 것이 절실히 필요하다. 안전보건의 행정절차와 내용이 사업주에게 불확실한 것이 아니라 예측 가능한 경영환경 가운데 하나로 인식되어야 하며, 또한 지속성과 일관성이 중요하다. 안전보건 기준과 감독의 방법을 자주 변경해서는 안 된다.

근로자에게 안전과 건강은 최저기준(minimum standard)이다. 안전에 관한 공동체 구성원들의 신념체계가 최저임금에 대한 신념체계 이상으로 확산되어야 한다.

사업주에게 안전보건이 최저기준이며 실질적으로 준수되어야 한다는 믿음을 주어야 하고 거시적으로는 노동시장에서, 미시적으로는 기업에서 하나의 신념체계로 정립되어야 한다. 이를 위해 반드시 필요한 것이 역시 지속성과 일관성이다.

2) 산업안전행정의 유형

(1) 중앙집권 대 지방분권

우리나라에서 지방자치 활성화 및 지방분권의 강화가 지속적으로 논의되면서, 특별행정기관 업무를 지방으로 이양하자고 할 때면 산업안전행정이 언제나 빠지지 않고 거론되었다.[5]

산재예방은 근로자 보호라는 측면에서 그 특수성이 인정된다. 근로자 보호의 일환으로 산재예방 업무를 중앙정부에서 하는 것이 좋은지, 지방정부에서 하는 것이 좋은지에 관해서는 일찍부터 논의가 있었다. 국제노동기구(ILO)는 중앙정부가 관장하라고 권고한다. 선진국의 예를 보면 중앙정부 전속으로 하

---

5 '중앙행정권한의 지방이양 안'(2010.3.11)에 따르면 7개 기능, 25개 단위 사무의 산업안전보건 관련 업무를 지방이양하도록 하는 결정이 있었다.

는 것이 일반적이지만 우리 사정은 복잡하다.

노동계에서는 노동문제에 문외한인 지방정부가 맡으면 근로자 보호가 부실하게 될 것이라는 이유로, 경영계에서는 이중 규제를 당하리라는 전망에서 대개 지방이양에 반대한다. 산업안전보건 업무의 지방이양 논의는 논리적, 이론적으로는 물론, 현실적으로 노동계 및 경영계의 이해관계 등 매우 복잡한 여러 가지 변수와 해결해야 할 문제들을 갖고 있다.

(2) 행정지도 대 처벌주의

일본에서는 근로감독관이 사업장에 대한 안전감독을 실시하기 전에 미리 시간을 두고 통지하는 것이 원칙으로 되어 있다. 일본에서는 다른 분야와 마찬가지로 산업안전행정에서도 행정지도에 의한 산재예방정책을 광범위하게 집행한다. 산재예방을 처벌 방법으로 할지 지도 방법으로 할지에 대해서는 각국의 역사적 배경에 따라 상이하게 결정된다.

근로감독관이 재량권을 가지고 지도 방법으로 산재예방정책을 펼치는 것은, 사업주의 의무위반이 제도와 기술적 방법에 대한 무지, 의식의 정도가 미약한 데서 비롯되었다고 전제하고 사업주에 대한 교육과 계도를 통해 행정 목표를 달성하려는 것이다. 벌칙 부과에 앞서 사업주가 스스로 시정할 기회를 주고, 그런 과정에서 감독관은 컨설턴트 기능을 수행한다. 법 위반에 대한 시정조치를 선택하는 데서 감독관의 광범위한 재량이 인정된다. 이 경우, 일관성 결여에서 오는 신뢰성 손상, 부실한 감독의 우려 등이 단점으로 지적된다.

미국에서는 근로감독관이 사업장에 대한 안전감독을 실시하기 전에 미리 통지하지 않고 불시에 실시하는 것을 정상적으로 본다. 미국에서는 산업안전행정에서 처벌 방법이 주된 수단이 된다.

처벌주의는 다음과 같은 전제 아래 성립한다. 안전을 위한 시설투자나 교육 등 산업재해 예방노력을 기울일 것인가 하는 의사결정기준, 즉 「산업안전보건법」 준수의사결정은 전적으로 사업주의 손익 계산에 달려 있다. '법 준수

비용'(안전보건 투자비용)이 '법 비준수 비용'(벌칙으로 부과되는 비용)보다 더 많다면, 법 위반이라는 '합리적인' 방향을 선택할 것이라는 것이다. 그러므로 법을 위반하면 더 많은 비용을 치르게 해야 한다는 논리다.

'위법적발 확률×벌금'을 '준수비용'보다 높게 해야 하는 것이다. 산업안전행정의 기능은 위반자 색출과 처벌이 주된 것이고, 감독관의 조치는 법대로(going by book) 처벌하는 것이다.

(3) 한국의 경우

위에 논의된 두 가지 방법은 각각 그 전형을 말한 것으로, 어느 쪽이 절대적으로 옳다는 것은 아니다. 어느 방법을 취하든 보완적으로 다른 쪽을 활용하는 것이 현실이다. 우리의 경우 제도적 측면에서 보면 법 위반자에 대해 과태료를 부과하는 행정처벌 및 형사처벌을 하도록 규정되어 있으니 처벌주의에 해당된다. 그러나 실제로 위반행위가 있다 해서 무조건 벌칙을 적용하는 것은 아니며, 보통은 행정지도를 통해 개선하도록 하고 있다.

이른바 행정지도는 법률의 경직성이나 불합리성을 현장에서 치유하면서 본래의 목적을 달성한다는 취지로 모든 행정 분야에 수반하는 개념이며, 법령위반에 대해서 형벌의 제재를 가하는 대신 행정지도를 통해 준수를 촉구하는 것이 매우 일반적인 현상이다. 이런 관행으로 집행 단계에서 그 재량의 범위가 상당히 넓은 편이다. 예방감독의 경우 전적으로 근로감독관의 재량에 맡겨져 있다고 해도 지나친 말은 아니다. 한편, 예방감독, 기획감독의 효과와 부작용에 대해서는 논란이 있기도 하다.

우리나라에는 산업안전보건공단이 있다. 공단의 조직, 인력, 예산은 고용노동부의 산업안전 분야의 것과 비교하면 훨씬 방대하다. 예산은 10배, 인원은 5배 가까이 더 많은 실정이다. 현실적으로 정부의 산업안전행정 기능을 대행하고 있다. 그러한 역할 변화를 고려한 것인지 2014년 7월부터는 공단의 일선기관을 '기술지도원'이라고 하지 않고 '지사'라고 한다. 심하게 말하자면, 고용노동부의 역할은 사법권의 행사 정도이고 실질적인 산업안전행정은 공단이 담당하고 있는 실정에 이르렀다. 여기서 사법권이란, 근로감독관이 「산업안전보건법」 위반 사범에 대해 수사하고 그 결과를 검찰청에 보내는 일을 말한다.

한마디로 우리나라에서는 근로감독관은 처벌 방법으로, 공단은 지도 방법으로 재해예방이라는 목표를 달성하도록 설계되어 있는 것이다. 그러나 현실은 혼돈스럽다. 감독관은 특별한 경우가 아니면 지도 방법을 사용할 수밖에 없는데, 그렇게 하도록 관행화되어 있거나 지시를 받기 때문이다. 공단은 손발 역할을 하는 지방조직을 산업재해예방을 위한 기술지도원에서 산재예방 사업을 대행하는 지사로 명칭을 변경했다. 한편, 공단은 과태료 부과권을 비롯하여 사법권을 갖고 싶다는 희망을 갖고 늘 처벌 방법을 그리워하고 있다.

정부에서 시행하는 여러 가지 산재예방정책 가운데 처벌의 방법이 사업주의 재해예방노력을 촉구하는, 재해를 감소시키는 효과가 가장 뚜렷한 좋은 수단이라는 연구 결과가 있지만, 그 원형으로서 어느 것을 재해예방의 기본수단으로 취할 것인가, 아니면 어떻게 양자를 조화시킬 것인가 하는 문제는 아직 풀어내야 할 과제다.

3. 산업안전행정의 문제점

1) 전문성 부족

안전과 보건을 전공한 기술직 감독관 숫자가 절대적으로 부족하고, 그 부족을 양적으로는 산업안전과에 근무하는 일반감독관이 담당하고 있으며 질적으로는 공단의 인력이 보충하고 있다. 노동부와 공단에서 담당하는 인력 사이에 교류가 전혀 없는 실정으로, 감독 기능의 기술적 전문성 부족이 심각

하다.[6]

2) 일반적인 행정관리 수준

산업안전감독은 아직도 단순한 행정관리적 차원에 머물고 있다. 근로감독관과 사업주가 서로 감당 가능한 선에서 타협을 도출한다. 총체적으로 사업주의 의식과 안전보건과 관련한 경영관리에 문제가 있는 경우도 바로 근본적인 시정을 촉구하는 수단과 방법을 취하지 않는다. 그저 구체적인 법령 위반 사실을 적발해 과태료를 부과하는 구조다. 그러므로 이러한 상황에 대한 변화를 도모하려면 근본적인 조직변경을 할 필요가 있다. 심하게 얘기하면 산업안전행정은 노동행정에서 비핵심업무로 치부되고 있다고 할 수 있다.

3) 비효율적인 예산·인력·기구

산업안전행정에 사용하는 예산은 모두 산재보험료로 조성된 산재예방기금에서 공단으로의 출연방식으로 집행된다. 연간 4000억 원이 조금 못 되는데, 고용노동부에서 집행할 수 있는 예산은 40억 원 정도로 공단의 1/100 수준이라 일반관리비에나 충당할 정도다.

인력 구조를 보면 공단은 1500명에 육박하고 근로감독관 숫자는 300명을 좀 넘는다. 전문성 측면에서는 안전이나 보건을 전공한 기술직 감독관은 100여 명을 조금 넘는다. 산업안전공단은 2016년 6월 말 현재 기술사 341명, 기사 796명, 박사 65명, 석사 424명, 전문의 5명 등의 전문인력을 보유하고 있음을 자랑한다.

---

6 대규모 반도체 제조 공장에 위험성평가 지도점검을 나온 감독관과 안전공단 직원이 신공정에 대한 이해가 부족해 그 공장 담당자가 애를 먹었다는 에피소드가 있다.

고용노동부의 행정조직은 본부에 5개 과로 구성된 국이 있고, 일선 조직은 지방청 및 지청에 47개 산재예방지도과가 있다. 산업안전공단에는 본부에 3인의 이사, 연구원 및 교육원, 10실, 2센터가 있고, 일선조직으로 지역본부 및 지사 27개소를 두고 있다.

정부와 공단 사이에 기능의 명확한 분화가 이루어지지 않아 정부(고용노동부)와 공단 사이의 견해와 시각 차이를 극복할 수 없어서 정책 집행의 왜곡과 비효율 현상은 피할 길이 없다.

정부 재원만으로 운영되는 산업안전공단과 같은 기구는 외국의 예가 없다. 유사하다고 간혹 거론되는 일본의 중앙노동재해방지협회는 정부보조가 명목적인 수준에 불과하다.

독일의 업종별 직업조합(BG: Berufsgenossenschaft)은 동업자 조합으로 산재보험 업무를 기본 업무로 수행하고 산업안전 업무의 일부를 담당하는데, 재원은 기본적으로 사업주 부담금이다.

4) 일관성 결여

지금의 산업안전행정은 중대 사고가 나면 미봉책으로 일관하고 있다. 지도 기능을 수행하면서 예산을 쥐고 있는 기관(공단)과 감독 권한을 집행하는 기관(노동부) 사이에 집행의 일관성이 결여되어 있는 탓이다. 어느 사업장에서 큰 사고가 발생하면 그 사업장과 동일한 업종에 속하는 전국의 모든 사업장에 대해 일률적으로 감독을 실시하는 경우가 잦고, 양 기관 사이에 견해의 차이나 의견 대립이 나타나면 자칫 기업과 시장에 다른 신호를 보낼 수 있다. 결국 산재예방정책의 지속성과 일관성이 결여되어 예산 낭비 가능성이 높고 정책 집행 효과가 저하될 가능성이 짙다.

5) 전문기관의 이익집단화

전문성 부족이라는 약점을 보완하는 제도적 수단으로 안전과 보건 관련 단체를 활용하고 있다. 그런데 무려 2000개소가 넘는 이들 대행기관, 협회 등은 자신들의 전문성에 입각해 교육, 안전보건진단 등의 서비스를 제공하는 것이 아니라, 자신들의 단체 이익 또는 자격 종별 직역 이익 추구에 집중하는 경향이 강하다. 이들 단체는 활동 결과를 정기적으로 보고하도록 되어 있으나, 각 단체가 주어진 역할을 적정하게 수행하고 있는지 확인하는 정부의 모니터링 기능은 미약하기 짝이 없다.

예를 들면, 기업에서 근무하는 안전관리자 혹은 보건관리자들은 안전보건진단 후에 효과도 불분명한 정부 간섭을 받게 된다는 이유로, 법에 정해진 명칭인 안전보건'진단'을 받으려 하지 않고 안전보건'컨설팅'을 받는다.[7] 나아가, 앞서가는 기업에서는 전문성을 추구하여, 제도권 내의 대행기관이나 협회를 찾지 않고 실력을 갖춘 법외 전문기관의 서비스를 구입하고 있는 실정이다.

4. 산업안전행정의 개선방향: 발상의 전환

1) 행정수요에 부응하는 법체계 마련

(1) 자율관리 지향

근로자를 위한 안전과 보건 활동을 기업 스스로 하게끔 하는 제도로 나아가야 한다. 즉, 기업 스스로 안전관리 노력을 자율적으로 하게 만드는 법이 되

---

[7] 안전보건'진단'을 실시하면 실시일로부터 30일 이내에 결과를 고용노동부에 보고해야 하기 때문이다. (「산업안전보건법」 시행규칙 제130조)

어야 하는데, 이를 위해서는 안전 및 보건 시장의 활성화를 촉진하는 법제가 되어야 하며 필요하면 '기업 안전 투자 촉진법' 제정을 검토할 필요가 있다. 그리하여 안전을 우선하는 기업에게는 인센티브를, 안전을 등한시한 기업에게는 사회적 신뢰 배반에 대한 처벌이 가능하도록 해야 한다. 이런 점에서 대규모 중대재해, 산업사고(화학사고), 집단적 보건사고에 대한 징벌적 손해배상 제도와 집단소송제도가 도입되어야 한다.

(2) 법의 층화 분화

사회경제적 변화를 수용하기 위해 「산업안전보건법」을 층화 및 분화시킬 필요가 있다. 기본법을 만들어 총론 사항을 입법하고, 업종과 규모 등 대상별, 안전과 보건 등 내용별로 개별법을 제정하는 방향을 모색해야 한다. 행정수요, 즉 산재예방노력이 더 필요한 분야와 산재 취약 분야에 집중할 수 있도록 법 체제를 다듬어야 한다는 말이다.

예를 들면, '소규모 제조업 산재예방을 위한 특별법', '건설공사 사고예방을 위한 특별조치법', '감정노동자 건강관리에 관한 법률', '도급사업에 있어서 안전관리에 관한 특별조치법' 등으로 입법해야 한다. 「근로기준법」에서 「기간제 및 단시간 근로자 보호에 관한 법률」, 「파견근로자 보호 등에 관한 법률」과 같은 비정규직법이 독립한 것처럼 말이다.

(3) 처벌규정의 정비

현행법상의 처벌 규정을 정비할 필요가 있다. 처벌 규정의 정비 방향은 중대 재해발생 사업주에 대한 처벌과 같이 반드시 형벌이 필요한 규정은 존치시키고, 나머지 규정은 과태료 부과 규정을 포함해 모두 정비하는 것이다. 그 대신으로 하나의 방안을 제시하자면, 산재가 발생하면 피재자나 유족에게 지급되는 산재보험급여의 일정 비율을 사업주로부터 산재과징금으로 징수할 필요가 있다. 현재 산재보험 급여의 연간 지급 총액은 4조 원에 달하고 있다.

제시한 것처럼 법을 정비한다면, 산재보험급여의 10%만 징수해도 4000억 원에 달한다. 이 정도 금액이면 현재 산업안전행정에 소요되는 예산 수요를 넉넉히 충족한다. 그렇게 하는 것의 이점은 크게 두 가지다. 하나는 산재보험 요율을 인하할 여유가 생긴다는 것이다. 다른 하나는 처벌규정을 산재과징금 부과 방식으로 전환하면 기업 스스로 효율적인 예방 노력을 경주하게 된다는 것이다.

(4) 원청의 책임 강조

산재 발생의 불평등 현상 가운데 대표적인 것 중 하나가 원-하청 관계에서 나타난다. 사업을 주도하는 것은 원청이고 이익을 가져가는 것도 원청인데, 원청은 산재가 적고 하청은 산재가 많다. 이는 건설업에서 두드러지고 사내 하도급의 경우에도 마찬가지 현상이 나타난다. 이것은 법률의 규율로 막아야 한다. 그러므로 원-하청 관계에서 산재예방노력 의무를 원청에게 부담시키는 방향으로 법을 정비할 필요가 있다.

2) 산업안전행정의 지방이양에 대한 논의

지방이양 문제는 구체적으로 논의되어왔다. 논의되다 중단된 것은 10개 기능, 37개 사무다. 작업환경의 측정대행(2개 업무), 안전보건지도사의 등록(1개 업무), 안전인증업무(7개 업무), 안전보건기능(5개 업무), 사업주 감독(6개 업무), 유해물질 제조허가(2개 업무), 유해인자관리(2개 업무), 교육기관취소(2개 업무), 물질안전보건자료 제출명령(4개 업무), 진폐환자 이직자 건강진단(6개 업무) 등의 지방이양 논의가 중단되었다.

이러한 의사결정은 「지방분권촉진법」에 의해 설치되는 민간인 중심의 '지방분권촉진위원회'에서 결정하는데, 산업안전보건 분야에 대한 논의에서는 너무나 전문성이 부족하다. 이양하기로 논의한 내용이 너무나 졸속이고 부실하기 짝이 없다.

예를 들어 안전보건진단, 안전보건개선계획, 안전인증의 취소 업무는 감독상의 조치와 선후의 관계에 있거나 따로 독립하여 시행하는 것이 불가능함에도 지방자치단체가 수행하는 것으로 하고 있다.

우리나라 지방자치제도에서는 지방이양 문제를 논하는 것이 시기상조다. 산업안전보건 업무의 지방이양 문제는 시간을 갖고 거시적·미시적인 검토를 하되, 지방행정체계 개편과 더불어 논의되어야 한다. 국제기준과 외국의 사례 검토 등을 통해 업무 전체에 대한 집행 방법을 고찰해야 한다. 지금같이 업무의 일부분을 지방에 떼어주는 식의 논의는 무의미하다.

ILO 협약은 산업안전보건에 관한 정책이나 법률 등을 개정할 경우 사전에 노사와 협의하도록 규정하고 있고, 감독업무는 중앙기관의 감독·관리 아래 두게 하고 있다.[8]

덧붙인다면, 산업안전행정의 집행업무 가운데 어느 일부분만 분리해 지방 정부에서 집행하는 사례는 어느 나라에도 없다.

3) 일반감독과의 통합 검토

(1) 현재도 미분리된 상황

일각에서는 안전감독을 일반감독과 통합해 운영하는 방안을 제시한다. 현재 안전감독은 외견상으로 일반감독과 분리되어 있다. 그러나 관리자(산업안전과장) 및 감독관들이 일반직에 속하면서도 다른 업무와 순환하며 안전업무를 맡는다는 점, 안전감독관 직렬이 구분되어 있지 않고 있는 점 등을 보면 실질적으로 안전감독이 분리, 전문화되어 있다고 보기 어렵다.

---

8 'under the central authority'라고 표현하고 있다.

(2) 통합의 장단점

안전감독을 일반감독과 통합하면 지방관서에 있는 산업안전과(산재예방지도과)를 폐지하고 근로감독과(근로조건개선과)에서 일반감독 및 안전감독을 함께 맡는 형식이 된다. 이 방안은 현재 일반근로감독의 가장 핵심업무가 되어, 양적으로 가장 많은 부분을 차지하는 체불임금업무가 다른 방식으로 해결된다는 것을 전제로 한다.[9] 만약 체불임금 처리업무를 그대로 두고 통합한다면 물리적으로 과다한 체불임금 업무에 더 많은 감독인력이 배치될 것이고, 안전감독 업무는 더 왜소해진다. 반면 체불임금 업무가 다른 방식으로 해결된다면 이 같은 통합은 인원의 적정 배분과 활용을 가능케 해 산재예방에 도움이 될 것이다.

(3) 분리운영의 합리성

통합 방안은 업무의 전문성 제고, 효과, 안전제일 등의 기준으로 보면 합리적이지 않다. 오히려 과거로 회귀하는 꼴이다. 오래전인 1987년 5월, 산업안전보건의 특수성을 고려해 일반근로감독으로부터 산업안전감독을 분리·독립시킨 적이 있었다. 다만, 지금처럼 안전감독 인력이 너무 부족한 상황에서 현재의 임금체불 업무해결 방식이 근로감독관에 의한 방법이 아니라 다르게 변경되고, 그 업무를 담당하는 인력이 산재예방업무에 활용된다면 고려할 만한 가치가 있다.

4) 전문성의 제고

(1) 인사 교류

현재의 인력 규모는 공단과 고용노동부 비율이 5:1 정도다. 안전보건 업무

---

9 2016년 말 기준 체불임금은 1조 4000억 원을 상회하고 있으며, 이는 일본의 9~10배에 달한다.

의 전문성을 제고하고 업무적인 시너지 효과를 높이는 방안으로, 안전보건 업무분야의 대규모 인사교류를 정기적으로 실시하는 방안이 강구되어야 한다.

(2) 사법경찰관리 직위부여

산업안전보건공단은 오래전부터 직원들에게 과태료 부과 권한을 비롯하여 사법권을 부여할 것을 요청하고 있다. 방대한 예산을 사용하고, 많은 전문인력을 보유하고 있는 공단의 책임성 확립 측면에서도 진지하게 고려할 만한 방안이다.

공단을 대폭 개편해 대부분의 일반적인 기능을 민간기관으로 이양하고, 나머지 인력에게 사법경찰관 임무를 맡기는 것이다. 공공기관인 국립공원관리공단, 금융감독원 직원의 경우처럼 「사법경찰관리 직무를 수행할 자와 그 직무범위에 관한 법률」(제7조의 2, 3)에 따라 사법경찰관 지위를 부여하는 것이다. 이렇게 하면 공단의 업무 효율성이 제고되고 책임성이 매우 높아져서 명실상부한 안전보건의 최고기관으로 위치가 정립될 수 있다. 다른 무엇보다도 산재예방에 크게 기여하게 된다.

(3) 산업안전보건청 설치

현재의 고용노동부 산업안전부서와 산업안전공단을 통합해 산업안전보건청을 설치하는 방안도 있다. 이는 예산을 더 수반하거나 인원을 더 늘리게 되는 방법이 아니다. 공단 기술직들을 감독관으로 활용하는 것이다. 노동과학에 대한 연구기능은 독립된 정부기구로 존치시키고, 나머지 기능의 대부분은 안전보건 비영리법인이나 지정기관 또는 순수 민간기관에서 수행하게 하는 것이다. 이 방안은 기존 기관(에 속한 사람들)의 이해관계에 영향은 있을지 몰라도 법적으로 문제될 것이 없으며, 예산 측면에서는 지금의 행정방식보다 비용이 적게 드는 방안이다.

산업안전보건청은 그 업무를 양분하여 감독과 지도의 기능으로 나누되, 지도 기능을 최소화하고 대부분의 인력을 감독 업무에 종사하게 해야 한다. 그러면서 교육, 컨설팅, 안전보건진단, 건강검진, 위험성평가 등 안전과 보건에 관한 많은 기능을 민간이 담당하게 제도화하고 그런 서비스가 시장에서 거래되게 해야 한다.

5. 결론

우리나라의 산업재해는 더 이상 방치할 문제가 아니다. 심각한 산업재해 문제를 해결하기 위해 새로운 방향을 모색해야 한다. 안전과 보건의 확보를 위해 안전문화가 기본방향이 되고, 사업주의 의식과 행태가 변화되어야 한다. 기업 스스로 산재예방의 효율적인 방법을 찾아 실행하도록 하는 법제 정비가 시급하다.

우리나라의 산업안전행정은 감독기능의 제자리 찾기와 민간시장의 활성화를 도모하는 데서 그 방향을 찾아야 한다. 지금 같은 중대사고 중심의 미봉책은 산업재해의 근본적인 예방에 도움이 되지 못한다. '정부의 일은 정부가, 시장의 일은 시장에서' 행해지는 행정 시스템으로 방향을 잡아야 한다.

「산업안전보건법」이 제정된 것은 1981년이며, 산업안전보건공단이 창립된 것은 1987년이다. 그동안 법과 행정체제 덕분에 우리의 산업재해는 많이 감소했다. 하지만 이제 정체 상태에 이르렀으며 산적한 문제가 해결을 기다리고 있다.

공단이 출범한 1987년 당시로는 새로웠던 산업안전행정 시스템이 이제 30년의 세월이 흐르면서 몸에 맞지 않는 옷이 되어버렸다. 다시 새로운 행정체계를 종합적으로 정비할 시기가 되었다. 법체제를 정비하고, 산업안전공단 등 기구의 기능 및 인력 구조 개편을 중심으로 산업안전행정 시스템을 정비하는 것을 늦춘다면 골든타임을 놓치는 것이라고 본다.

제4부 어떻게 해야 할까: 새로운 처방 2

제19장
안전과 보건의 경제적 가치를 생각해보자

1. 서언

안전 전문가들이 안전 문제를 논할 때 가끔 '안전의 경제적 가치'라는 말을 하고는 한다. 안전이라는 용어는 추상명사여서 그것을 경제적으로, 화폐 가치로 표현하는 것은 여간 어려운 일이 아니다.

안전(safety)이란 안전한 상태를 말한다. 보건을 포함하는 개념이다. 사고로부터의 보호(또는 사고를 당하지 않는 것), 건강이나 경제적 손실을 초래할 그 무엇에 노출되어도 아무런 피해가 없는 상태를 가리킨다.

그러므로 안전을 돈으로 따지면 얼마인가라는 것은 몹시 모호한 질문이 된다. 다시 말하면 안전사고 및 보건사고로 인간 생명과 신체가 손해를 입었을 때 그 값이 얼마인가라는 것인데, 인간의 목숨이 경제적으로 얼마인가 하는 우울한 문제가 내재되어 있다.[1]

---

1 한 생명의 가치는 우주보다 무거움에 틀림없지만 목숨의 물질적(화폐적) 가치를 가늠해야 하는 슬픈 현실을 피할 수 없는 경우가 있다. 학문적으로는 주로 보험수리(actuarial study)와 같은 경제학의 영역에서 다룬다.

2. 안전의 경제적 가치: 사례

1) 안전의 비용: 판교 환풍구 사망 사건

2014년 10월 17일, 판교 테크노밸리 환풍구 붕괴사고로 사망 16명, 부상 11명의 피해자가 발생했다. 최종 합의안에서 직장인은 사망 당시의 연봉을 정년까지 받았을 때의 금액을 보상금으로 했고, 주부나 무직자는 건설 인부 일당을 기준으로 보상금을 책정했다. 위로금은 별도로 지급하기로 했다. 보상금과 위로금 지급에서 희생자의 과실은 판례를 참고해 40%로 했다. 장례비 2500만 원과 유실소지품 보상비로는 일괄적으로 500만 원을 별도로 지급하기로 했다.

만약 이 사고로 현재 세후 연봉 3000만 원을 받는 33세인 직장인(정년 58세)이 사망했다면, 유족이 지급받는 보상금의 총액은 5억 내지 6억 원 사이에서 결정될 것으로 보인다. 33세 보통 직장인의 목숨값은 진정 6억 원인가? 계산은 보상금총액 = (3000만 원×25년×60%) + (위로금) + (2500만 원) + (500만 원) = 4억 8000만 원 + α의 식으로 된다.

사고 이후 환풍구를 안전하게 고쳤다고 하는데 과연 그 비용이 얼마나 들었을까 궁금하다. 그뿐 아니라 서울시에서는 6000개에 이르는 환풍구 실태를 전면 조사하고 다른 대부분의 도시에서도 환풍구 점검 작업을 했다.

당시 16명이 사망했다고 하므로, 사고가 발생하지 않았다면 적어도 100억 원 이상이 헛되이 지출되는 일은 없었을 것이다. 인적 이유가 되었든 물적 이유가 되었든, 안전하지 못해서 지불된 비용이다. 사전에 '환풍구의 안전한 설치와 관리'라는 상대적으로 저렴한 투자를 했더라면 어땠을까? 안전에의 투자는 '저비용 고효율 투자'인 것이다.

2) 사람 목숨의 값: 어느 신경외과 의사

필자가 20년 전에 겪은 실제 사례다. 1996년 가을 신경외과의사 한응규 씨가 병원 건물 8층 난간에서 잠시 휴식을 취하던 중 추락해 사망했다. 그는 38세였고, 당시 그의 임금은 공제할 것을 다 공제하면 월 700만 원이었다. 그의 죽음은 근로복지공단에서 산재 '승인'을 받지 못했으나, 나중에 산재심사위원회 결정으로 산재로 '인정'되었다.

유족이 그의 죽음에 따라 정부에서 받은 돈은 약 3억 2400만 원이었다. 평균임금의 1300일분을 지급하는 유족보상일시금과 장례비(평균 임금의 120일분)를 합한 금액이다. 물론 그 의사가 근무하던 병원으로부터도 얼마간의 보상금을 수령했다고 들었다. 약 1억 3000만 원가량이었다고 한다. 산재보상에서는 일실소득의 70%를 보전해주므로 나머지 30%를 사업주로부터 받게 된 결과가 되었다. 신경외과 의사의 목숨 값은 대략 5억 원인가? 계산 방식은 보상금총액 = 2억 9000만 원(유족보상일시금) + 2800만 원(장례비) + 직장 보상금이다.

이 의사의 산재 사망으로 유족에게 지급된 돈 5억 원은, 의사의 불안전한 행동에 기인했든 아니면 불안전한 환경 탓으로 되었든, 안전하지 못하여 지불된 비용이다. 사망한 의사가 조금만 주의를 기울였더라면, 또는 사망을 초래한 물적 설비를 철저히 관리했더라면(이것은 그야말로 소액 투자이다) 그 비용은 발생하지 않았을 것이다.

3) 보건의 경제적 가치: 메르스 사태

2015년 봄부터 가을까지 우리나라는 메르스(MERS: Middle East Respiratory Syndrome, 중동호흡기 증후군) 사태로 보건 재난을 겪었다. 그해 9월 17일, 질병관리본부에 의하면 확진환자 186명, 사망자 36명이었으며 치명률[2] 19.4%

라는 공식 발표가 있었다.

질병 전파 방지라는 안전(보건) 실패를 경험한 것이다. 메르스 예방 대책으로 사람과 사람 사이의 전파를 차단하는 것이 시급한 상황이었는데, 보건복지부에서는 '낙타 고기 먹지 말라'는 계몽을 하는 웃지 못할 쇼를 연출했으니 글자 그대로 보건 실패였던 것이다.

경제적 파급 효과는 참으로 컸다. 극장, 마트, 백화점이 온종일 한산했으며 관광객이 급감했다. 그중 바클레이스 캐피털(Barclays Capital)은 주로 메르스 사태로 야기된 관광업 타격으로 국내총생산 손실규모를 20억 달러로 추정했고, 한국경제연구원은 '메르스 사태의 경제적 효과 분석' 보고서에서 GDP의 1.3%—20조 922억 원—가 줄어들 것이라고 전망했다.

메르스 사태는 전염병의 확산 방지라는 안전(보건)에 실패한 사건이었다. 안전, 보건 조치를 제대로 취하지 못한 비용이 국가적으로 엄청났다. 전문적인 의료지식을 가진 이들이 합심해 노력—이런 주의와 노력은 금전적으로 따진다면 미미하다고 할 수 있다—했으면 막았을 전염병 때문에 사회적으로 엄청난 비용을 발생하게 했다.

4) 화학공장 안전관리 프로그램의 투자가치

민간보험회사가 산재보험을 운영하는 미국의 사례를 소개해볼까 한다. 프리 페트로 가스(Free Petro Gas)라는 미국 화학회사는 2012년부터 2015년 사이에 모범적인 안전관리 프로그램을 지속적으로 시행했다.

그 결과 5년 동안 산재 부상 건수 32%, 휴업 건수는 39%가 줄었으며, 중대재해 또한 24% 줄었다. 더불어 2012년에 3억 원에 달했던 산재보험료가 2015년에 7000만 원으로 줄었다가 이듬해에는 4000만 원으로까지 줄었다. 그리고

---

2 치명률 = 사망자수/환자수×100.

2012년 대비, 2015년의 결근율은 50%였다.

안전에 대한 투자로 수억 원의 비용 절감을 이룬 것이다. 종업원 사기 진작이라는 혜택은 별도의 문제다. (이 또한 금전으로 환산하면 상당할 것이다.)

5) 건설업의 안전투자 수익

수력발전소 건설을 하는 펜 파워 컴(Penn Power Com)이라는 회사는 2개의 대규모 발진소 건설을 수주했는데, 공시 기간인 2010년부터 2013년까지 3년간 집중적인 안전관리 프로그램을 시행했다.

그 결과 재해 건수가 동종 업계 평균 대비 각각 24%, 50% 감소했으며, 두 현장 중 한 곳은 400만 달러, 다른 한 곳은 500만 달러의 직접 비용 절감을 이루었음을 보고했다.

6) 제조업의 안전투자 성과

미국 미네소타 주 소재 농산물 가공회사 리처드 앤 페기 사(Richard & Peggy Co.)는 2005년부터 2008년까지 안전관리 프로그램을 시행했는데, 3년 후 산재보험료는 절반으로 줄었고 생산성은 13% 높아졌으며, 재가공을 요하는 농산물의 양이 16%로 감소했다.

• • VPP

위의 4~6항에 제시한 사례에서 언급된 안전관리 프로그램이란 미국의 OSHA에서 시행하는 VPP(Voluntary Protection Program)라는, 비용은 적게 들면서도 정책사업 요건에 부합하는 안전관리시스템이다. VPP의 핵심요소는 여섯 가지다. ① 경영진의 몰입적 리더십, ② 종업원 참여, ③ 위험요소의 확인과 평가, ④ 위험요소의 예방과 통제, ⑤ 정보와 훈련, ⑥ 프로그램의 효과성 평가.

---

3. 안전의 경제적 가치: 이론

현대 사회의 사법 시스템은 인간 생명을 무한 가치가 있는 것으로 간주하여 노예노동을 불법화했다. 인간은 사고팔 수 없는 것으로 간주하고 있다. 그렇지만 인류의 총체적 지혜를 동원한다 해도 모든 생명을 구하는 것은 불가능하다. 안전사고가 발생했을 때 모든 생명을 예외 없이 구한다는 것은 인류 경험에 입각한 통계적 의미에서도 맞지 않는 얘기다. 다른 한편, 어느 누구의 생명이 다른 누구의 생명보다 귀하다는 주장 또한 옳지 않다.

1) 안전의 경제적 가치를 측정하기 위한 기본 논리

안전과 보건을 무시하면 사고나 질병이 발생하고 그 피해(손해)가 증가한다. 사전에 챙기면 사고나 질병이 발생하지 않거나 발생한다 해도 피해가 경미하거나 작을 것이다. 다르게 표현하면, 안전과 보건에 투자하지 않으면 손해가 발생하므로 적은 투자로 큰 피해(손해)를 막을 수 있다는 것이다.[3]

안전과 보건의 경제적 가치의 계산 또는 추정은 예방 조치를 취해야 할 사람들의 귀찮음에 따른 심리적 비용과 안전과 보건을 학습하는 데 소요되는 시간비용, 그리고 특히 산업안전에서 안전과 보건을 잘 챙기는 데 소요되는 기업의 직접적인 투자비용을 고려해야 할 것이다.

따라서 안전의 경제적 가치는 ① 안전을 위해 사전 대비를 하지 않아 일어난 사고가 초래한 최대피해액을 최고값(소극적 의미에서 안전의 경제적 가치)으로 하고, ② 완전한 안전을 확보하기 위한 투자가 이루어졌을 때(그 결과 사고

---

3 투자란 어떤 목적을 위해 돈이나 시간, 마음을 사용하는 행위인데, 여기서는 투입된 시간과 마음은 화폐 가치로 계산 가능하다고 간주된다. 손해란 화폐 가치로 표현 가능한 금전적 손해를 가리키고, 예컨대 사고에 따른 죽음으로 인한 가족의 마음의 상처와 같은 비금전적 손해도 금전적인 계산이 가능하다고 전제된다.

표 4-19-1 안전사고의 총비용 산정 예

---

(1) 하인리히 산정 예
- 사고비용총액 = 직접비용 + 간접비용(직접비용의 4배)
  ➲ 직접비용: 산재보험에서 지급하는 비용(휴업, 장해, 유족보상비)
  ➲ 간접비용: 산재보험에서 지급하지 않는 비용(작업손실, 법률비용, 위로금 등)
  ※ 1940년대 하인리히가 자신의 저서에서 제시한 것으로, 산업재해의 피해에 대해 경제적 평가를 실시하여 안전의식 계몽에 기여했으나 1:4 비율이 비현실적이라는 비판이 많다. 우리 정부는 이 방식으로 계산하여 산재 사고의 연간 총 손실액을 약 18조 원으로 추정하는데(2015년), 이는 개략적으로 연간 산재보상금 지급총액에 5를 곱한 수치다.

(2) 미국의 산정 예
- 사고비용총액 = 직접비용 + 간접비용(직접비용의 다과에 따라 상이)
  ➲ 직접비용: 의료비 & 임금손실 포함 배상금
  ➲ 간접비용 (1): 건물 손상비용 / 도구 및 장비 손실 / 손실 제품 및 자재 보충 / 생산지연 비용 / 법률 비용 / 비상용품 대체비용 / 장비대여비용 / 사고조사 시간비용
  ➲ 간접비용 (2): 부상자 및 동료 작업손실시간 임금 / 대체근로자 채용 및 훈련비용 / 잔업수당 / 추가적인 감독수당 / 사무처리 시간비용 / 복귀자 생산성 하락 비용 / 사업과 영업권 손실

〈사고의 직접비용과 간접비용〉

직접비용	간접비용
0~2,999달러	직접비용의 4.5배
3,000~4,999달러	1.6배
5,000~9,999달러	1.2배
10,000달러~	1.1배

자료: The Business Roundtable(1982).

가 발생하지 않았을 때)의 투입액을 최저값으로 해서 계산해야 할 것이다.

다른 고려 사항으로, 안전과 보건을 잘 수행하기 위해 겪어야 하는 심리적인 불편의 가치와 안전 지식의 숙지에 따른 시간비용은 어떻게 계산할 것인가

하는 문제가 있다. 특히 우리가 논의하는 산업안전에서는 안전과 보건 사고가 발생해 지출되는 비용을 어디까지 인정할 것인가? 직접비용만 계산해야하는가, 간접비용도 계산해야 하는가가 문제가 되는데, 실무적으로는 사고에 따른 간접비용을 안전사고의 손실액에 포함하여 계산하는 것이 일반적이다. 안전사고의 비용을 산정하는 예는 **표 4-19-1**과 같다.

다음, 안전과 보건을 위한 투자액을 누가 부담하는가 하는 문제가 있다. 이 사항은 산업안전과는 거리가 있으므로 논의를 생략한다. 산업안전에서의 투자 주체는 당연히 기업 활동의 주체인 사업주가 되어야 한다.

2) 안전비용의 감소방안

안전사고의 비용을 줄일 수 있는 방법으로 현대 사회에서 개발된 것 가운데 하나가 보험 제도다. 안전 또는 보건을 책임지는 주체(기업) 입장에서는 안전과 보건에 최소한의 투자를 한 뒤 미흡함 때문에 발생하는 사고를 보험가입으로 해결한다면 안전과 보건에 투입되는 비용을 줄일 수 있을 것이다. 이는 결국 작은 부담으로 큰 부담을 줄이는 것이라고 할 수 있다.

이와 관련해 이따금 인용되는 것으로 페덱스(Fedex)의 1:10:100 법칙이 있다. 이는 불량이 생길 경우 즉각 고치는 데는 1의 원가가 들지만, 문책 등의 이유로 이를 숨기고 그대로 기업의 문을 나서면 10의 원가가 들며, 이것이 고객 손에 들어가 클레임으로 이어지면 100의 원가가 든다는 것이다.

그러나 사회적으로 보면, 보험회사에서 사고 발생으로 지급하는 보험금 역시 안전 또는 보건의 경제적 가치 계산에 반영하는 것이 논리적으로 타당하다. 이렇게 되면 기업이라는 개별 주체 입장에서는 안전과 보건의 비용을 줄일 수 있는 유인이 있지만, 국가적으로는 안전투자가 부족하게 된다. 다시 말하면 안전에 필요한 비용을 과소 지출하게 된다. 개별 기업은 안전에 대해 필요한 만큼 투자를 하지 않는다. 결국 사회적으로 필요한 만큼 투자가 이루어

지지 않는 것이다.[4]

　이처럼 안전보건에 대한 투자가 부족하게 되면 사고발생 가능성이 높아지는데 이렇게 되면 또 안전의 경제적 비용이 높아지게 된다. 이렇게 높아지는 경제적 비용을 절감하는 다른 방법을 강구하게 되는데, 이때 필요한 것이 넓은 의미에서의 교육이다. 그런데 국민안전의식조사 결과에 의하면, 우리나라의 실정은 대형 안전 사건이 발생할 때마다 제도 개선 의지 및 관심은 고조되지만 정작 이를 뒷받침하는 실질적인 의식변화나 개선은 이루어지지 않는다고 한다.

　1990~2000년대 초반, 대형 재난이 수차례 발생했으나 안전에 관한 국민의식 수준은 1994년을 기준(100)으로 할 때, 2004년에 101.5 수준으로 그다지 변화하지 않았다.

3) 안전에 돈을 쓸 용의

　생명의 가치에 대한 생각을 바로 안전의식이라고 단정할 수는 없을 것이다. 다만, 안전에 대한 의식이 생명에 대한 의식에 뿌리를 두고 있음은 부인하기 어렵다. 안전의 사회적 가치를 교통사고 사망자 1인에 대한 사회경제적 비용을 기준으로 주요 선진국과 비교해보면 한국 5.4억 원, 미국 100.6억 원, 영국 28.4억 원이다. 우리나라는 미국의 1/18, 영국의 1/5 수준에 불과하다. 이같이 교통사고 사망자에 대한 사회경제적 비용이 상대적으로 낮은 것은 비용 항목의 포괄범위가 상대적으로 좁고, 특히 심리적 피해에 대한 사회경제적 비용을 낮게 평가하기 때문이다. 교통사고 사망자에 대한 사회적 가치 평가방법을 비교한 결과, 생산손실 비용의 경우 미국은 피해 당사자뿐 아니라 가계나 고용주 등 피해자와 직접 관련된 사람의 손실도 고려한다.

---

4 이에 대해서는 제9장 "시대에 뒤떨어진 산업안전보건법"을 참고.

안전에 관한 비용지불의사를 나타내는 지표로 손해보험 시장의 추이를 살펴본 결과, 개인 안전에 관한 지불의사는 점점 커지고 있다. 안전비용은 미래의 불확실성에 대한 지불비용이라는 점에서 보험과 성격이 유사하며, 일반적으로 '재해로부터의 복구비용 절감분'을 안전의 편익으로 파악한다.

농작물재해보험에 관한 전망은 2011년 3500억 원 수준에서 2021년경에는 1조 9000억 원 수준으로 크게 증가할 것으로 내다본다고 한다. 이는 안전에 관한 개인의 지불의사가 증가하는 것으로 해석할 수 있다.

기업의 안전문제를 보험으로 해결하려는 노력은 사후적인 것이므로 다른 차원의 접근이 필요하다. 사전 예방투자를 촉진해야 하는 것이다. 특히 우리와 같은 강제적인 산재보험을 채택한 경우에는 더욱 그렇다. 선진국과 같이 생명의 본질적인 가치를 포괄할 수 있도록 안전에 관한 가치평가방법을 재정립하여 안전 가치를 제고해야 한다. 또한 안전에 대한 투자지출은 사고나 직업병 등의 발생에 따른 비용지출보다 상대적으로 적어 '저비용, 고효율'의 투자라는 점이 부각되어야 한다. 이는 초고층 건물의 건축, 대규모 설비의 건설, 대형 토목 공사, 화학물질 이용 증가, 환경오염 등 불확실성이 증가하는 현대 '위험사회'[5]에서는 필수 불가결한 일이다.

---

5 고민과 성찰이 부족한 상태로 발전이 누적되어 위험이 도처에 존재하고 위험을 초래하는 원인이 다양해져 위험이 일상화한 현대 사회를 가리키는 말로서 독일의 사회학자 울리히 벡(Ulrich Beck)의 저서 『위험사회(Risikogesellschaft)』(1986) 이후 많이 인용된다. 그는 위험 문제 해결을 위해 커뮤니케이션의 역할을 강조했다.

제20장
안전보건전문가로 적합한 사람은 누구인가

1. 능력 있는 안전보건전문가의 조건

1) 직무역량

안전관리전문가에게 필요한 역량은 무엇인가. 일반적으로 역량(力量, competency)이란, 조직에 속해 있는 종업원이 업무 수행에 필요해 갖추어야 할 기술(skill)과 행태(behavior)를 가리킨다. 기업의 일반적인 직원에게 요구되는 역량과, 안전과 보건 담당 직원에게 요구되는 역량으로 나누어 살펴볼 수 있다.

다른 분야의 인재 선발과 마찬가지로 안전관리를 위해 기업에서 채용하는 인재에게 요구되는 역량이 있다. 우리나라에도 소개되어 시도되고 있지만,

---

> **• • • 역량이론**
>
> 1950년대 이후 1970년대에 심리학자 매클랜드(David McClelland) 등에 의해 개발된 직무역량(job competency) 이론에 의하면 직무역량이란 일하는 사람의 역량이 관찰되는 것만으로는 부족하고 직무를 수행하는 당사자의 역량이 관찰됨은 물론 의도가 이해되어야 한다고 한다. 즉, 역량이론은 과업이나 직무보다 사람에 중점을 두는 것이다. 이 접근법은 이후 훈련, 선발, 승진, 경력개발 등 수많은 프로그램에 응용되고 있다. 저자도 역량교육의 이론과 적용에 관한 훈련을 받고 관리직 공무원을 대상으로 교육을 실시한 경험이 있다.

다른 나라의 기업과 연구기관에서 개발되어 활용되는 사례 결과를 토대로 안전관리전문가에게 요구되는 역량이 무엇인지를 우리나라에 적합한 내용으로 정리해 소개해본다.

2) 안전보건관리의 원칙과 기준

안전보건전문가의 핵심역량이 무엇인지 확정할 때 기업의 안전보건관리가 지향해야 하는 원칙과 기준을 확실히 해야 한다. 지향해야 할 원칙을 제시하면 다음과 같다.

① 법 준수(compliance): 기업은 벌칙이 적용되는 것을 피하기 위한 소극적 자세가 아닌 기업시민(corporate citizen)으로서 안전과 환경에 관한 법을 준수해야 한다. 그러므로 안전보건전문가는 안전, 보건, 환경, 소방, 재난 등 관련 법과 규제의 내용을 잘 알아야 한다.

② 시스템적 사고(system focus): 안전보건관리는 경영관리의 한 분야로서 조직 전체 및 환경을 고려하면서 계획이 수립되고 집행되어야 한다. 조직을 투입과 산출이 끊임없이 지속되는 유기적 실체로 파악하면서 업무를 추진하는 시스템적 사고가 필요한 것이다.

③ 팀워크(teamwork): 현대 경영은 생산, 배분, 판매, 서비스 등 모든 직종의 업무가 팀 중심으로 그 활동이 전개된다. 어느 업무가 되었든 팀워크가 중요하지만 안전과 보건은 조직 구성원 하나하나의 건강과 안전에 직결되는 것이어서 특히 팀워크가 중요하다.

④ 리더십(leadership): 안전은 언제일지 모르지만 급박한 상황의 도래가 예정되어 있는 인간 생활의 영역이며, 보건관리는 지속적인 관심과 관찰을 요구하는 특성을 갖는다. 안전보건 전문가는 급박하고 혼란스러운 상황을 정리하고 관련자들을 통솔할 수 있는 전문지식이 뒷받침된 설득력과 인간성이 결합된 리더십이 중요하다.

⑤ 표준화능력(standardization): 안전과 보건 업무를 전문가가 아닌 사람들이 쉽게 이해할 수 있도록 설명할 수 있어야 하며 이를 매뉴얼로 만들어야 한다. 안전관리자는 자신이 일하는 조직의 업종, 근로자 특성, 지리적 소재지, 공정 등을 제반 특성을 반영한 사업장 맞춤형 표준관리방식을 개발할 수 있어야 한다.

2. 안전보건전문가의 핵심역량

1) 교육 및 경험

(1) 기술적 전문성

사업장에 요구되는 안전보건 기능에 관한 구체적인 지식과 전문성을 갖추고 적용할 수 있어야 하며, 문제가 발생했을 때 해답을 어디서 찾아야 하는지 알고 있어야 한다. 안전보건에 관한 정부 규제, 그 해석 및 집행 실태에 관한 지식을 보유하고 있어야 한다.

(2) ICT 응용역량

스프레드시트(spreadsheet), 데이터베이스, 프리젠테이션 소프트웨어 등 IT 응용역량을 갖추어야 한다. 웹 기반 응용프로그램과 인터넷 자료를 활용해 업무 성과를 향상시킬 수 있어야 한다.

(3) 학력

작업 현장의 위험 종류와 정도에 비추어 필요한 공식적인 교육을 이수해야 한다. 안전 관련 자격증 소지자의 채용이 법률적으로 의무화된 경우가 있고, 작업 내용, 위험의 종류와 정도에 따라 대학원 과정 이상의 학력을 소지한 자가 요청될 수도 있다.

(4) 경력

담당하는 안전보건 업무의 책임 정도에 따라 경험을 가진 자가 필요할 수 있다. 경력이 없는 경우 관련 분야의 업무 수행 능력을 제시할 수 있어야 한다.

2) 업무 기술 역량

(1) 작업 현장 문화에 대한 이해와 상호작용 능력

근로자들과 언어적인 의사소통에 능숙해야 하며, 관련 업무의 전문용어를 숙달하고 있어야 한다. 다양한 배경과 특성을 지닌 근로자들을 통합시켜야 할 필요성을 이해하고 구체화할 수 있어야 하는데, 이는 의사결정과정에서도 마찬가지로 적용된다.

(2) 프로그램 입안능력

안전보건 프로그램을 입안하고 집행할 수 있어야 한다. 부족한 부분을 찾아내고, 목표달성을 확실하게 할 수 있는 프로그램을 계획할 수 있어야 한다.

(3) 프로젝트 관리능력

프로젝트의 핵심적인 활동을 파악하고 모니터링할 수 있어야 한다. 안전보건과 관련된 업무에서 일상적으로 부딪히는 복잡한 프로젝트를 효율적으로 관리할 수 있어야 하며, 조직 구성원으로서 자기 고유 업무에 대한 실력을 보여줄 수 있어야 한다.

(4) 프리젠테이션 기술

문서 및 구두 방법을 활용하여 상대방에게 가치 있고 효과적으로 수용될 아이디어를 전달하고, 종업원들을 편한 상태로 만들어 확신에 차서 교육하는 능력을 갖추어야 한다.

(5) 관리 시스템에 대한 이해

경영관리 시스템의 원칙과 중요성에 대한 이해를 할 수 있어야 하며, 자신의 역량에 대한 지지를 이끌어낼 수 있어야 한다.

(6) 완벽주의

주어진 과업을 완성할 수 있도록 회의와 발표에 앞서 자신과 타인의 업무와 정보를 정확하고 주의 깊게 준비해야 한다.

3) 기업가 마인드 역량

(1) 전략적 사고

동종 업계 트렌드, 현재와 미래의 고객, 당해 기업의 약점과 강점 등 당해 기업의 경쟁 상황을 이해할 수 있어야 한다.

(2) 혁신

신규 또는 어려운 과업에 접근하는 데 창의성과 상상력이 있어야 한다. 문제해결의 대안과 필요한 자원을 찾고 활용하는 데 능숙해야 한다. 적은 것으로 많은 것을 할 수 있어야 한다. 시간, 예산, 인력이 제한되어 있을 때 다른 방법을 강구할 수 있어야 한다. 자신의 경험, 전문성 빛 타인의 업무를 살 조정해 활용할 줄 알아야 한다.

(3) 분석 능력

문제에 대해 논리적, 체계적, 순서적 접근을 활용할 줄 알아야 한다. 업무

관련 분석 도구와 응용 역량을 갖추어야 한다.

(4) 네트워크

업무 관련 고객들과 강한 네트워크를 맺을 수 있는 능력이 필요하다. 업무 목표 달성에 도움이 되는 관계 형성 능력이 있어야 한다. 업무 성과 향상에 네트워크를 활용할 수 있어야 한다.

4) 리더십 역량

(1) 설득능력

타인을 설득하여 영향력을 발휘하는 역량이다. 안전보건 관련 회의 또는 계획 작성에서 영향을 미칠 수 있어야 한다. 토의에서 타인에게 확신을 심어 주고 지지를 이끌어낼 수 있어야 한다. 규제 관련 법령을 준수하는 데 '변화 역군'으로서 기능을 발휘해야 한다. 바람직한 결과를 달성하기 위해 필요한 경우에는 조직의 관심과 우려를 고양시킬 수 있어야 한다.

(2) 협동역량

기업의 일상적인 업무 흐름에 안전보건을 통합시켜야 한다. 이를 위해 안전보건 시스템을 수행하고 그 영향을 받는 개인과 집단의 지지를 획득한 경험이 있는 것이 바람직하다. 개인과 집단에게 프로그램의 입안과 집행에 참여하게 할 수 있어야 하고, 윈-윈하는 마음가짐을 가져야 한다.

(3) 결과지향

안전보건전문가로서 자신 및 부서의 최종적인 업무 성과에 집중해야 한다. 도전적 목표를 설정하고, 목표에 부응하거나 초과 달성하는 데 노력을 쏟아야 한다. 반대나 어려움에 직면할 때 포기하는 것을 거부해야 한다. 강인한 마음가짐으로 목표를 지속해서 추구하며, 자신의 일을 완결하는 데 몰입해야 한다.

(4) 타인 개발

타인이 잠재능력을 충분히 발휘할 수 있도록 코치하고 개발할 수 있는 기술이 있어야 한다. 적극적으로 격려하고 정보와 피드백을 제공할 수 있어야 한다. 또한 능력 개발 기회를 제공해야 한다. 경력이 짧은 하급자에게는 멘토가 되어야 하며 명확한 목표, 기대, 피드백을 제공해야 한다.

3. 앞으로의 안전보건전문가에게 요구되는 역량

1) 패러다임의 변화에 따른 안전보건관리의 시각 변화

정보화, IT의 발전, 서비스 산업의 확장, 인력구조와 노동력 구성의 변동, 라이프스타일과 가치관의 변화 등으로 비즈니스의 세계는 일대 변환의 시기를 맞고 있다. 이에 따라 특히 안전 및 보건 문제를 보는 시각에 대변혁이 일어날 것으로 예견된다. 이를 요약해 **표 4-20-1**에서 살펴볼 수 있다.

표 4-20-1 패러다임의 변화에 따른 안전보건관리의 시각 변화

비즈니스 패러다임 (현재 → 미래)	이제까지	앞으로
자본권력 → 지식권력	• 안전은 비용	• 안전은 투자 - 조직의 가장 중요한 자산인 사람에 대한 투자
수직조직 → 수평조직	• 안전관리자(safety manager)는 직접 안전관리업무를 수행하는 사람 • 관리감독자는 회사방침 집행자 • 방침과 절차를 통한 명령 및 통제	• 안전관리전문가(safety professional)는 안전관리 촉진자·컨설턴트·리더 역할을 하는 사람 • 종업원 참여 및 자율시스템

국내시장 → 세계시장	• 단일문화적 안전훈련 교재와 접근법 • 국내외 사업장에 대하여 상이한 기준 적용	• 안전관리 접근법에 문화적 다양성 고려 필수 • 안전·보건·환경에 보편적 기준 적용
개별 과제 중심 → 팀 기반 조직 중심	• 안전은 안전관리부서의 책임 • 안전이 팀 구조에 통합되지 않음	• 이제까지 안전전문가(experts)들이 수행하던 안전업무를 훈련받은 종업원(employees)들이 수행

2) 미래 안전보건전문가들에게 요구되는 역량

선진국의 안전보건관리 동향변화에 비추어 볼 때 미래 안전보건전문가들이 갖추어야 할 핵심역량을 정리하면 다음과 같다.

(1) 기본적 역량

• 기술적·행태적·조직적 문제에 중점을 두고 사고와 질병 예방 전략·기준·해법을 개발해야 한다.
• 모든 종업원이 안전에 관한 각자의 책임을 짊어지고, 기업 활동에 통합된 안전문화가 개발될 수 있도록 기업 리더십과의 파트너 관계를 형성해야 한다.
• 잠재적 건강 영향, 안전절차, 안전 업무에서 종업원의 지식을 제고하는 전략적 교육훈련 프로그램을 수립·집행해야 한다.
• 기술적·인간적 측면의 조직 문제를 강조하는 통합적 사고 및 질병 예방 접근법을 개발해야 한다.

(2) 기술적 역량

• 산업안전, 산업위생, 인간공학, 관련 규제 및 교육 시스템, 이러한 제반 요소들의 상호 관련, 관련 분야와의 관계에 대한 지식을 갖추어야 한다.
• 보건과 안전에 관한 방향설정, 관리에 관한 심층적 지식과 경험을 보유해

야 한다.

(3) 사회적 역량

• 조직의 모든 계층으로부터 지원을 이끌어내는 방식으로 안전보건의 원칙
과 기준에 대해 의사소통을 할 수 있어야 한다.

• 고도의 안전기준을 유지하면서 비즈니스 리더들과 협력적인 관계를 형성
할 수 있어야 한다.

• 안전과 보건에 관한 문화, 안전보건관리 계획과 집행에 관한 사항을 자문
하기 위해 리더, 스태프, 종업원 대표, 조업관리자들과 밀접한 관계를 유
지하는 능력을 갖추어야 한다.

• 기술적·인간관계적 차원에서 변화를 리드할 수 있어야 한다. 지속적 변
화를 위해 미래 비전을 제시하고, 구성원들의 몰입도를 높일 수 있어야
하며, 진행상황의 모니터링·측정·인정·보상·의사소통과정에 대한 변경
건의를 할 수 있어야 한다.

• 변화 노력의 집행에서 라인 관리자들과 파트너 관계를 형성해야 한다.

• 참여적·분권적 관리의 모범을 보여줄 수 있는 행태를 보여야 한다.

• 안전보건 문제에 대한 사회적·기술적 시스템을 개념화하여 설계하고 집
행하는 데 필요한 지식을 갖추어야 한다.

• 다른 사람의 변화를 리드하고 지금의 활동에 통합할 수 있는 역량을 갖추
게 해야 한다.

4. 우리나라 안전보건관리자들의 경우

책 앞부분에서 산재예방의 '달인'으로 선정된 안전관리자와 보건관리자들
에 대해 얘기했다.[1]

달인으로 선정된 사람들은 모두 자기 자리에서 최선을 다하는 사람들이다. 다만 산재예방의 달인들이 안전보건전문가로서의 역량을 갖춘 전문인들인가는 생각해볼 필요가 있다.

그들은 역량 이론에서 제시하는 관련 분야의 체계적 교육이나 훈련을 받았다기보다 본인 스스로의 경험을 통해 노하우를 축적한 경우가 대부분이다. 또한 안전과 보건을 전공한 기술자, 공학자들도 관리자로서의 역량은 기업 현장에서 일하며 스스로 익힌 경우가 대부분이라고 할 수 있다.

우리나라 안전관리자와 보건관리자들은 기능인의 소양을 가지고 취업한 것에 불과할 뿐 '관리자'가 되기 위한 교육 훈련을 받지 못한 것이 현실이다. 안전보건관리자 육성을 위한 대학의 양성교육, 그들의 자질을 유지·향상시키기 위한 보수교육의 일대 혁신이 필요하다.[2] 한편, 용어상의 문제로서 우리의 실정에서 자원 배분의 실질적인 권한이 없는 사람들을 안전관리자(safety manager), 보건관리자(health manager)라고 명칭만 근사하게 붙일 일이 아니고, 참모 기능을 중시하고 있는 현실에 맞게 안전전문가(또는 안전전문인) 또는 보건전문가(또는 보건전문인)로 변경할 필요가 있다.

---

1 제2장 "산재예방의 달인, 그 빛과 그림자"를 참고.
2 제12장 "수요자를 외면하는 안전보건교육"을 참고.

제21장
계량안전관리를 해야 한다

1. 문제의 제기

기업에서 안전보건관리자들이 소외받는 이유는 무엇일까? 모름지기 기업이라는 경제주체는 이윤을 창출하기 위해 존재하는데, 안전과 보건을 담당하는 사람들은 이윤 창출에 기여하지 못하는 존재로 인식되기 때문이다. 이런 상황은 사실을 왜곡하는 것이다. 기업 구성원은 누구나 이윤 창출에 직간접적으로 기여하기 때문이다. 그런데도 생산이나 영업, 판매 같은 분야만이 이윤창출에 기여한다고 잘못 인식되고 있다.

이런 잘못된 인식은 경영진의 경우에도 마찬가지여서 기업의 안전, 보건, 환경을 담당하는 조직을 돈을 버는 것이 아니라 '돈 쓰는 부서'로 잘못 여기고 있다. 하지만 기업의 자원과 지출을 배분하는 것은 경영진이므로, 그들에게 안전보건 활동의 재무적 성과를 보여줄 필요가 있다. 지금까지는 안전보건의 성과를 사업가치로 측정하는 일이 매우 어려웠다.

안전보건의 성과와 사업가치 사이의 장벽은 무엇일까? 안전보건의 중요한 기능과 관련 사업가치의 연결고리는 무엇일까? 안전보건의 사업가치를 제고하기 위한 방법에는 어떤 것들이 있을까? 안전보건의 역할이 경영진에게 관심을 불러일으키도록 하는 실질적인 도구는 무엇일까? 안전보건활동의 성과는 어떻게 측정할 것인가? 안전보건의 투자수익률은 얼마나 되는가? 다른 기업 활동은 수량적으로 계산되는데 안전관리는 왜 계량화하지 못하는가? 안전보건의 사업가치는 도대체 얼마나 된다는 것인가? 비즈니스 앤 리걸 리포츠 사(Business & Legal Reports Inc.)의 자료를 중심으로 소개해본다.

2. 안전보건활동이 제대로 평가받지 못하는 이유

미국 직업안전보건청(OSHA)에서는 안전에 투자되는 1달러는 4~6달러의 수익을 가져온다고 한다. 미국 어느 보험회사 부설 연구소에서 연구한 결과를 보면, 기업이 안전에 대해 1달러를 투자할 때마다 3~6달러의 비용 절감을 가져왔다. 평균적으로 인식되는 안전투자의 회수분은 1달러당 4.41달러라는 연구도 있다.

안전·보건·환경 전문가들은 경영진의 지속적인 관심과 지원이 부족한 점 때문에 좌절하는 경우가 많다. 기업이 비용을 절감해야 하는 상황이 되면 우선 취하는 조치가 안전·보건·환경 프로그램을 대폭 줄이는 것이다. 비용을 많이 쓸 수 있는 성장 시기에도 안전·보건·환경 프로그램은 마지막에 가서야 강화되는 것이 일반적이다. 기업의 안전과 보건활동의 성과가 낮게 평가되고 있는데, 그 원인은 안전보건전문가들과 경영진 사이의 의사소통에 장애가 존재하고, 안전보건 활동의 성과를 평가할 수 있는 표준화된 성과측정방식이 결여되어 있는 탓이다.

안전보건전문가들도 경영자들이 사용하는 분석도구, 재무분석가들이 사용하는 공식과 용어를 사용해 자신들의 사업성과를 측정할 수 있다. 측정 결과는 전반적인 안전보건 사업전략으로 통합되어 시현됨으로써, 조직 내에서 안전보건의 투자수익이 얼마인지 나타나게 된다.

예를 들면 업무성과와 사업가치를 연결시킬 수 있는 기법들 중의 하나인 균형성과표(BSC: Balanced Score Card)를 그래프로 보여주는 것이다. 해당 지표는 조직의 비전과 전략을 행동으로 변환할 수 있게끔 하는 관리시스템이자 아울러 측정시스템이다. 이를 활용하면 조직의 비전과 전략을 분명히 할 수 있고 그것들을 행동으로 변환할 수 있다. 그리고 안전보건 사업의 성과를 한 눈에 평가할 수 있으며, 그 성과를 사업가치 및 재무지표로 나타낼 수 있다.

어떻게 해야 경영진의 시각에 안전보건 업무의 가치와 성과가 높게 평가될 수 있을까? 조직 전반의 성과 속에서 안전보건 기능의 가치는 연차보고서에 표현된 것보다 훨씬 크지만, 대개 감추어져 있거나 눈에 보이지 않는 경우가 많다.

3. 안전보건 성과와 사업가치 사이의 장벽

1) 표준용어 부족

안전보건 관리전략을 표현하는 용어를 재무성과와 연관시킬 지표가 부족하다. 안전과 보건의 활동성과가 무엇인지 정확하게 정의되지 않으면 제대로 측정하기가 불가능하다. 여러 기업에서 각자 분야의 성과를 나타내기 위해 작성한 안전보고서에 사용된 용어와 기준을 비교하면, 재무 결과를 전달하기 위해 사용된 용어의 정의와 계산방식에 일치되는 지표가 부족하다는 것이 확연히 나타난다.

예를 들면, 인터페이스(Interface)의 '지속가능보고서'는 안전관리 성과를 '20만 시간당 사고건수'로 표시하고, 같은 제목의 존슨앤존슨(Johnson and Johnson)의 보고서는 동일한 내용을 '종업원 100명당 사고건수'로 표시한다. 이 두 회사의 안전관리 성과를 비교하기 위해서는 동일한 기준을 사용하여 사고율을 산정하는 또 다른 분석이 필요하다.

2) 공통의 언어 부재

재무전문가와 안전보건전문가 사이에 안전보건의 가치를 설명할 수 있는 공통 언어가 없다. 재무 담당 중역들은 안전보건 분야 선략의 사업가치를 이해할 필요를 느끼지 못하고 있다. 재무분석가는 확립된 기업가치의 추진요소와 관련 있는 산업특화적인 안전분석자료를 갖고 있지 않다. 동일한 안전보건 상황을 평가하고 설명하는 데 재무분석가, 안전보건관리자, 정부, 이익단체가 서로 상이한 전문 용어와 관점을 갖고 있는 것이다.

3) 가치 변환 기술 결여

안전보건에 관한 전략정보를 재무 분석으로 통합하는 데에 가장 큰 방해요소는 안전보건 현안을 재무적 용어로 변환하는 수단이 결여되어 있다는 것이다. 정보통합에서 통일성 결여가 안전전략을 수치화하는 데 방해요인이 되고 있다고 할 수 있겠다. 기업 내부에 안전에 대한 비용과 편익을 이해하는 회계전문가가 없다. 이런 이유로 중역들이 안전보건의 총비용을 측정할 수 없는 것이다.

4) 인센티브 부족

안전보건과 관련된 가치를 상품에 포함시킬 시장 인센티브가 부족하다. 업계에서 인정받는 안전보건 성과가 제품의 시장가치를 제고시킨다는 점을 시현할 수 있는 방법이 현재로서는 없다. 현행 안전보건 규제시스템은 일반적으로 안전보건 기준의 제시와 집행에 초점이 맞추어져 있다. 시장에서 안전, 보건 분야의 성과향상에 대해 경제적 인센티브가 제공되어야 하는데, 현행 규제시스템은 성공을 못 거두고 있는 것이다. 「건설산업기본법」에 따라 재해율이 건설사의 시공능력평가에 영향을 주는 것과 같은 시장 인센티브가 있지만 그 타당성을 의심받고 있다. 요컨대 아직까지는, 안전관리 우수업체라고 해서 시장성과가 우수하다는 객관적 증거가 없는 것이다.

5) 신의 성실의 책임

안전보건 정보를 공개할 신의 성실 책임이 중시되지 않고 있다. 안전보건 분야 업무성과 공표 의무 및 공표에 관한 통일성이 결여되었다는 것은 투자사들이 당해 분야의 실적에 관해 기업들을 비교할 수 없다는 뜻이다. 기업이 산재 사고 자료, 사고로 인한 벌금 및 과태료 부과 현황 등 실질적 영향(근로자의 안전과 보건에 관한 정보 및 안전보건 규제의 준수 또는 미준수가 자본지출, 수입, 경쟁력에 미친 내용)을 보고하게 만들어야 한다.

4. 안전보건 성과와 사업가치의 연결

안전보건전문가들이 안전보건 활동을 효과적인 사업 프로그램으로 만들려면 중역들이 어떻게 안전보건 프로그램의 성과를 평가하는지, 조직에 적용되는 사업가치는 무엇인지 확실하게 이해할 필요가 있다. 사업비용으로서의 안전보건 기능, 중역들이 중시하는 사업가치, 그 둘의 연결에 대해 알아보자.

1) 사업비용으로서의 안전보건 기능

안전보건 기능은 조직 내의 광범위한 분야를 포괄한다. 사업경영 관점에서는 때로는 모든 것이 투자 또는 편익의 반대로서 비용으로 간주된다. 안전보건 관련 기능의 비용은 다음과 같은 것들이다. ① 기록유지 비용(훈련계획 작성,

규제준수 기록): 직원시간, 필요 집기, ② 개선조치 비용: 직원시간, 컨설턴트 수수료, 장비구입 또는 리스, ③ 안전보건 법령준수 비용: 직원시간, 장비작동 정지, 생산지연, ④ 산업안전보건위원회 비용: 직원시간, ⑤ 보안조치비용(화학물질, 장비, 인원, 생산공정): 직원시간, 장비구입, 생산지연, ⑥ 연구, 진단, 보고 비용(안전보건 진단, 위험요인 분석): 직원시간, 컨설턴트 수수료, ⑦ 훈련비용: 직원시간, 컨설턴트 수수료, 생산지연(종업원작업 정지), 장비구입.

2) 사업가치

중역들과 투자자들이 중요하다고 여기는 핵심 사업가치는 다음의 것들이다. ① 이익, ② 명성/이미지/브랜드, ③ 시장점유율, ④ 제품출시시간, ⑤ 주주가치, ⑥ 비용절감, ⑦ 생산성, ⑧ 고객서비스, ⑨ 준법리스크.

3) 안전보건 성과의 사업가치로의 연결

안전보건은 재무 및 기타 사업가치에 영향을 준다. 안전보건전문가들은 의식적으로 특정 안전보건 기능과 핵심 사업가치의 연결고리를 확인해야 한다.

양자를 연결시키는 방법을 제시한 것이 **표 4-21-1**과 **표 4-21-2**이다. 표에 나타난 것은 하나의 예시로서 각 조직의 안전보건 활동과 핵심 사업가치의 내용에 따라 달라질 수 있다. 우선, 안전보건 기능을 각 해당되는 사업가치와 연결한다(표 4-21-1). 다음으로 사업가치 결과로서 안전보건 기능의 성과를 측정할 전략을 짠다(표 4-21-2).

일단 안전보건 기능과 사업가치 사이의 연계를 만든 다음 사업가치 맥락에서 사용할 안전보건 성과를 무엇으로 측정할 것인가를 결정하면, 그 결과를 사업 포맷으로 나타낼 수 있고 자신이 하는 일을 의사결정자에게 설명할 수 있게 된다.

표 4-21-1 안전보건 기능의 사업가치로의 연결(예)

안전보건기능 \ 사업가치	이윤	생산성	법준수 리스크	명성/ 이미지	비용 절감	출시 시간	주주 가치	고객 서비스	시장 점유율
훈련	○	○	○		○	○	○		
연구, 진단, 보고	○		○	○	○		○		
법령규제준수	○	○	○	○	○	○	○		
개선조치	○	○	○		○		○		
안전보건위원회		○	○		○				
보안		○	○	○	○				
기록유지		○	○		○				

표 4-21-2 안전 성과의 측정과 사업가치 결과로의 변환(예)

안전보건 기능	사업가치의 목표	성과척도	사업가치의 결과
훈련	• 생산물단위당비용 절감 • 생산성 향상 • 법준수 리스크 저감	• 생산성비율 • 비준수 사고비율	• 생산성향상(%) • 비준수 사고비율감소(%)
안전보건 법령준수	• 법준수 리스크 저감 • 생산성 향상 • 출시시간 축소 • 비용 절감 • 이익률 제고	• 산재보험지불금 대비 근로손실일수 감소율 • 사고건수/종업원총근로시간 • 아차 사고 발생률 • 종업원 만족도 인덱스	• 연간 금액 또는 산재보험료 절감(%) • 금액 또는 근로손실일수 감소(%) • 생산성 향상(%) • 법준수 사고비율감소(%)

4) 사업가치와 재무분석에서 사용하는 전문용어

안전보건 기능이나 성과를 사업가치로 표현할 때 주된 장애물은 공통된 용어가 결여되어 있다는 것이다. 안전보건전문가들이 사업가치로서의 자신들의 프로그램 성과를 측정하고 표현하기 위해 알아야 할 재무 전문용어들의 의미와 용례를 이 장의 끝 부분에서 설명했다.

5. 안전보건 기능과 성과의 사업가치 제고를 위한 프로그램

안전보건 기능과 활동의 사업가치 증대를 돕기 위해 다음과 같은 사업관리 전략이 개발되었다. 그중 안전보건과 직접 연관 있는 몇 가지만 소개한다.

1) 안전보건관리시스템(OHSAS 18000)

우리나라 기업에서 채용한 예가 많은 OHSAS 18000은 국제적인 직업보건 안전 관리시스템 규격(international occupational health and safety management system specification)이다. OHSAS 규격은 안전보건 리스크의 통제, 안전보건 성과 향상, 법령준수를 위한 프레임워크를 제공한다. OHSAS 18000은 OHSAS 18001, OHSAS 18002로 구성되어 있으며 여타 수많은 문서가 포함되어 있다.

이것은 ISO 9001 및 ISO 14001의 관리시스템 기준과 병용 가능하다. OHSAS 18000은 진단/인증 규격이지 법령준수요건 또는 집행가이드라인이 아니다.

인증기관으로부터 인증을 받으려면, 회사의 안전보건 비전과 공약을 표출하는 안전보건 정책을 수립해야 한다. 잠재적 위험요인을 확인하고 리스크를 평가해야 하며 항시적으로 통제해야 한다. OHSAS 18000은 ISO 14000 시리즈를 매우 밀접하게 따르고 있다.

2) 지속가능성 보고 가이드라인(GRI)

GRI(Global Reporting Initiative Guidelines)는 전 지구적으로 적용할 수 있는 '지속가능성 보고 가이드라인'을 개발하고 보급하는 독립된 기관이다. 가이드라인은 각 조직의 활동, 생산물, 서비스의 경제적·환경적·사회적 차원에 대한 자발적 보고에 사용하기 위한 것이다. GRI 가이드라인은 조직의 경제적·환경적·사회적 성과를 보고하기 위한 프레임워크(framework)라고 할 수 있다.

- 가이드라인은 조직 수준의 지속가능성 보고서 준비를 안내하기 위해 보고 원칙과 구체적 내용을 제시한다.
- 가이드라인은 어떤 조직이 이룬 경제적·환경적·사회적 성과의 균형 잡히고 합리적인 그림을 제시하는 것을 돕는다.
- 가이드라인은 세계 각지에서 운영되는 다양한 종류의 조직의 정보 공개와 관련된 실질적으로 고려된 사항을 감안하면서 지속가능성 보고서와의 비교를 촉진한다.
- 가이드라인은 국제기준코드, 성과기준, 자율적 이니셔티브와 관계된 지속가능성 성과의 벤치마킹과 평가를 지원한다.
- 가이드라인은 이해관계자 관여를 촉진하는 도구로 활용할 수 있다.

3) 균형성과표

기업 경영진을 새로운 사업 프로그램에 끌어들이기 위해서는 데이터, 정보, 추세, 전략을 시각적으로 잘 표현하는 것이 필수적이다. 이를 위한 효과적인 방법이 조직 차원의 균형성과표(Balanced Organizational Scorecard)를 구축하는 것이다.

균형성과표는 조직이 비전과 전략을 명확하게 하고 이를 행동으로 옮기게 하는 관리시스템이자 측정 시스템이다. 균형성과표 접근법은 재무적 관점의 '균형'을 맞추기 위해 조직이 측정해야 하는 것에 대한 명확한 처방을 제시한다. 일부 조직에서는 '스코어카드' 대신에 '대시보드'라는 용어를 사용한다. 스코어카드에는 그것을 읽는 사람을 위한 용어의 정의가 들어가야 한다. 안전보건 용어를 사업가치로 변환할 수 있는 용이한 방법이다.

조직의 균형성과표는 다섯 가지 중요 요소를 고려한 전반적인 관리의 틀로 구축된다.

- 사명: 당해 조직의 존재 이유 선언
- 원칙: 사명을 완수하기 위해 조직을 움직이게 하는 가치(이익, 생산성, 고객만족, 종업원충성, 기타)
- 비전: 사명을 수행하는 방법(다른 조직과 당해 조직을 구별하는 요소)
- 추진방법: 진전을 측정하는 기준
- 목표: 원하는 성과와 결과

균형성과표는 원하는 목표에 대비해 조직이 어떻게 일을 하고 있는지를 측정한 그래프로 보여준다.

4) 식스 시그마

식스 시그마(Six Sigma)의 원래 목표는 제품결함 감소를 통한 고객만족 증대였다. 그랬던 것이 사업을 추진하는 방법으로 진화한 것이다. 식스 시그마는 운영상의 결함을 없앨 목표를 갖고, 운영 중에 나타나는 수용 불가능한 변이를 찾아내는 방법론이다. 성과에 대한 통계 측정을 하는데,[1] 완벽을 지향하는 품질 측정이다.

식스 시그마 기법은 안전보건 프로그램의 사업가치를 증대시키는 데 사용할 수 있다. 예를 들면, 근로손실일수를 감소시키는 회사의 프로그램 성과측정에 사용할 수 있다.

존슨앤존슨은 근로손실율을 100명당 0.06으로 줄이는 목표 달성에 식스 시그마를 활용했다. 안전보건관리자들은 자신들이 목표달성을 위해 어떻게 하는지 중역들에게 보여주어야 하고, 기업자원(재무, 권위, 몰입)을 사용할 필요성을 정당화할 수 있어야 한다.

---

1 100만 개 제품 중 3.4개 불량품 또는 평균으로부터 6표준편차.

•• 안전보건환경전문가들에게 유용한 사업가치 용어

- 현금유동성(cash flow): 수입(收入) + 무형자산 감가상각
  - ➪ 수입(이익) = 총수입 − 총비용
  - ➪ 무형자산: 회사의 명성, 브랜드 가치 등
  - ※ 잉여현금흐름(free cash flow), 순현금흐름(net cash flow)
- 비용/편익분석: 어떤 대안이나 투자의 비용 측면의 효과 분석. 비용과 편익을 요약하여 비교한다. 분석이 유효하려면 측정값의 공통적인 공통분모가 있어야 하며(대개 화폐 단위), 모든 측정값은 동일한 척도 단위로 표현되어야 한다.
  - ➪ 비용: 사용된 돈, 시간 등 자원
  - ➪ 편익: 회사가 획득한 부가가치
- 경제적 부가가치(economic value added): 소정 기간 창출된 또는 상실한 주주가치
- 수입(이익): 총소득 − 총비용
- 내부수익률(IRR: internal rate of return): 투자에 소요된 지출금액의 현재가치가 투자로 기대하는 현금수입액의 현재가치와 동일하게 되는 할인율. 현재의 투자가치와 미래의 현금수익액이 동일하게 되는 수익률. 재무전문가들은 이 지표를 중요한 의사결정기준으로 삼는다. 투자대안들의 순위를 매길 때 사용한다. 자금의 시간가치를 측정하는 지표다. 이 지표를 활용하면 이익의 현재가치가 비용의 현재가치에 도달하는 시점을 알 수 있다.
- 순현재가치(NPV: net present value): 투자를 시작하여 사업의 최종년도까지 얻게 되는 순편익(편익 − 비용)의 매년 흐름을 현재가치로 계산하여 이를 합계한 것. 투자(지출)의 미래 순현금흐름에서 최초 투자(지출)를 뺀 것.
- 자본회수기간(payback perid): 투자 사업에서 유입되는 현금으로 투자원금을 회수하는 데 걸리는 기간. 투자 사업의 리스크를 측정하는 데 활용되는데, 이 기간이 길수록 리스크가 커진다.
- 주가수익율(PER: price earnings ratio): 주식의 1주당 시장가격인 주가와 1주당 수익액의 비율. 현재 주가를 주당순이익(EPS)으로 나눠 구한다. 단위는 배. 회사의 가치를 평가하는 데 사용한다. 바꿔 말하면 주가의 적정수준을 판단하는 지표로 이용된다. PER가 높다는 것은 기업의 수익력에 비해 주가가 상대적으로 높게 형성되어 있음을 뜻한다. 반대로 PER가 낮으면 수익성에 비해 주가가 저평가되어 있어 그만큼 주가가 오를 가능성이 높은 것으로 기대된다.
- 생산성(productivity): 동일한 시간이나 자원을 들여 더 많이 생산할 수 있는 능력. 노동생산성이란 노동투입량 1단위가 산출하는 생산량. 노동생산성 = (총노동보수 / 총투입시간) ÷ (생산량 / 총투입시간)

- 손익계산서(P/L balance sheet): 비용과 수입을 정리한 표. 순익(純益)이 나타남.
- 투자수익률(ROI: return on investment): 널리 사용되는 경영성과 측정기준 중의 하나로, 기업의 순이익을 투자액으로 나누어 구한다. 순이익 ÷ 투자액. 비용편익분석의 또 다른 표현이기도 하다. 이 개념은 다른 많은 재무적 계량기법에 적용되는데, 총자산수익률, 평균수익률 등이 그것이다. 실제 운용에서는 흔히 다음과 같이 표현된다.
  - ➡ 기준년도 대비 연간 현금 저축(예: 지난 1년간 지출 대비 10% 저축)
  - ➡ 제품 단위당 비용 절감(예: 생산비가 단위당 5% 절감되었다)
  - ➡ 생산성 향상(예: 지난 분기에 생산이 2% 증가했다)

  ROI는 편익이 직결되는 지출에서 창출된다고 가정한다. 투자 이외의 다른 조건이 결과에 영향을 미치는 경우에는 투자수익률을 계산하기 매우 어렵다. 예를 들면 교육훈련의 투자수익률을 계산하고자 할 때 교육훈련 종료 이후 투자수익률 측정 시점까지 이직률이 높은 경우에는 ROI가 부정적으로 나타나기 쉽다.

식스 시그마 전략의 기본적인 요소들은 다음과 같다.

- 정의: 안전보건 문제와 그로부터 영향을 받는 사업가치 확인과 정의
- 측정: 측정 방법의 개발과 수행(예: 근로손실비율)
- 분석: 수집된 데이터의 분석과 목표와의 비교
- 개선: 결과의 80%를 창출할 20% 추진요소의 확인과 조치
- 통제: 운영상의 결함을 통제하고 줄이기 위한 조치의 제안과 시행

식스 시그마는 목표가 달성될 때까지 그 과정을 반복한다. 존슨앤존슨은 식스 시그마 전략과 균형성과표를 결합했다. 이런 과정을 통해 그들은 운전사고가 근로손실일수에 가장 큰 영향을 준다는 것을 확인했고, 운전사고 예방 전략을 수립했다.

제22장
안전보건활동의 사업가치 증명방법

1. 안전보건 활동의 사업가치로의 통합: 측정·분석·관리

안전보건전문가 입장에서 안전보건활동을 어떻게 기업의 경영시스템에 통합시킬 것인가? 이때 명심할 한 가지 격언은 '측정되는 것은 결과가 있다'는 것이다. 비즈니스 쪽에서 안전과 보건의 문제점을 이해하지 못한다고 한탄할 일이 아니고, 비즈니스 쪽에서 사용하는 용어를 배워 상위 레벨의 관리자들과 그 사람들의 용어로 안전보건에 관해 소통하도록 해야 한다. 그리고 이제부터 이야기할 것은 성과와 결과를 측정하는 시스템에 관한 것이다.

1) 안전보건 부문 성과측정과 분석

안전보건 부서의 성과를 어떻게 측정하고 분석하느냐에 따라 '지속적인 개선'[1] 여부가 결정된다. 중요한 것은 데이터와 정보의 품질과 획득가능성이다. 그러므로 어떤 정보를 활용할 것인가 하는 것과 당해 정보를 어떻게 효과적으로 획득할 것인가를 결정하는 것이 중요하다. 몇 가지 팁을 소개하면 다음과 같다.

---

[1] 지속적인 개선(continuous improvement)은 안전관리 및 품질관리의 모든 분야에서 알파이자 오메가다.

표 4-22-1 균형성과표(예시)

기준	지표	목표	당년도	기준년도 2013	목표초과	목표달성	중간	목표미달	책임부서 (주무/보조)
근로손실율	근로손실일수/1000근로일	0.03	0.035	0.18			▨		안전환경/안전환경
산업직원 보건교육/정기교육 실시원료	총신입자/재교육실시/월	95/95	60/40	40/20		2010년 훈련개발사행 컨설턴트 제용, 2012년 자금부족으로 제외종료		▨	안전환경/인력개발
산업직원 안전교육/정기교육 실시원료	총신입자/재교육실시/월	95/95	90/75	60/30		2010년 안전교육전문자격 소지 고위안전엔지니어 신규채용, 종합훈련프로그램시행			안전환경/인력개발
법 위반 (산업안전보건법 위반)	월간위반건수	0	4	7			▨		각 부서/안전환경
사고조사소요시간	조사소요일수	20	18	27	▨				안전환경/인력개발
안전위반, 벌금	위반건수/총 벌금(₩)	0/₩0	1/₩1백만	5/₩3천만					각 부서/안전환경
지역사회민원	월간민원건수	0	1	8					안전환경

- '기준'은 판단 또는 결정의 기준이 된다.
- '지표'는 기준 목표 달성 여부를 판단하는 측정 지표다.
- '목표'는 조직의 목표를 충족하는 지표 값이다.
- '당년도', '기준년도' 열은 기준의 측정값을 나타낸다.
- 그다음의 네 열은 기준의 목표를 향한 진전의 정도를 나타낸다.
- 마지막 열은 각 기준별로 어느 부서가 운용이나 행동의 책임을 지고 있는지 나타낸다.

- 동종의 다른 회사 안전보건 부서를 연구한다.
- 내부적으로 획득 가능한 정보를 수집한다.
- 현재 사용 중인 계량관리기법을 활용한다.
- 달성하고자 하는 기본 수치를 확정하기 위한 목적에 필요한 계량관리기법을 찾는다.

일단 시간 흐름에 따라 분석·비교하고자 하는 정보를 확인했으면 측정 가능한 목표를 수립한다.

- 달성하고자 하는 기본 수치를 확정한다.
- 중간 목표를 정한다.
- 관리 가능한 기간 범위(예: 5년)에 걸친 개선계획을 확정한다.

(1) 안전보건 프로그램의 가치 측정: 내부적인 계량기법 개발

전반적인 비즈니스 목표의 맥락에서 프로그램의 진행 추세를 나타내고 결과를 나타내 보일 수 있는, 안전보건 프로그램의 가치를 확인할 수 있는 계량시스템을 개발해야 한다. 이 계량시스템은 회사 중역들이 직관적으로 이해할 수 있게 만들어야 한다. **표 4-22-1**의 균형성과표를 통해 어떻게 효과적인 계량시스템을 구축하는지 설명하려고 한다. 균형성과표에 나타난 기준에 관한 상세한 설명과 용어들에 대한 해설집을 만들어두면 좋을 것이다.

(2) 사업가치 형태로 안전보건 활동의 성과결과 표현

대부분의 안전보건 기능의 재무적 가치는 균형성과표에서 도출될 수 있다. 예를 들면, 만약 예산 지원을 지속적으로 혹은 더 배정받고자 한다면 근로손실일수(율)의 감소 또는 증가를 일정 기간 동안의 안전프로그램의 활동과 함께 그래프로 나타낼 수 있다.

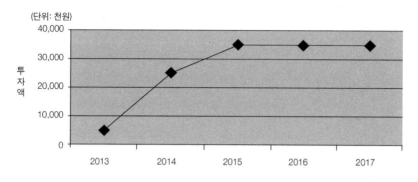

그림 4-22-1 안전훈련투자 추세(2013~2017)

(단위: 천원)

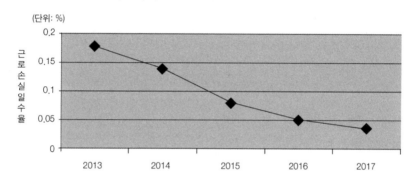

그림 4-22-2 근로손실일수율 추세(2013~2017)

(단위: %)

대부분의 관리자들이 공통적으로 사용하는 형태로 만들어 활용하라. 그것을 회사의 사명, 비전, 전략과 연결하라. **그림 4-22-1**과 **그림 4-22-2**는 안전훈련투자와 근로손실일수율이 균형성과표에 나타난 값의 결과치를 그래프로 나타낸 것이다.

안전보건관리자들은 이러한 결과들이 어떻게 연결되는지에 관한 뚜렷한 증거와 논리적 설명을 활용함으로써 근로손실일수의 감소를 가져오는 안전훈련에 대한 예산을 더 배정받을 수 있을 것이다.

신규 엔지니어링 컨트롤, 금연이나 비만 퇴치 프로그램에 대한 예산지원에 대해서도 이와 같은 방식을 활용할 수 있다. 이러한 요소들이 균형성과표 상에 적절한 범주(기준)로 포함되어야 한다. 혹은 부속서류로 담길 수도 있다.

나아가 안전보건관리자는 근로손실일수의 변화가 회사 전체적인 생산성 지표에 끼친 영향도 계산할 수 있다.

어떤 안전보건 기능의 경우 바로 사업가치로 변환되지 않는 것도 있다. 종업원 훈련의 가치는 사업가치 값으로 직결시켜 수치화하기가 어렵다.

2) 정보와 지식관리

데이터와 정보의 획득가능성이 점점 중요해지고 있다. 관리자들은 특히 균형성과표에서 얻어진 비교 데이터에 관심을 갖는다. 데이터가 보다 효과적이려면 중역들, 종업원들, 고객들, 공급자들에게 신뢰할 만한 데이터가 쉽게 획득될 수 있어야 한다.

- 획득하여 분석하고자 하는 데이터가 무엇인지 목표를 분명히 해야 한다. 너무 많은 데이터는 혼란을 초래한다. 데이터를 자꾸 추가하는 데 신중할 필요가 있다.
- 믿을 만하고 안전하며 사용자 친화적인 하드웨어와 소프트웨어를 선택한다. 근사해 보이는 복잡한 프로그램은 시간 낭비만 초래하고 사용하다가 지칠 수 있다.
- 데이터를 수집하고 입력하는 데 시간을 맞추는 시스템을 개발한다. 회사의 시스템에 따라 자동으로 입력되는 것이 좋다. 만약 그렇지 못하면 스스로 입력하는 방식을 취해야 한다. 근로손실이 발생했을 때 그 사실과 종업원들의 피드백을 의무적으로 입력하는 시스템을 갖추면 좋다.
- 통합성, 정확성, 정보 보호 등을 담보하기 위해 주기적으로 점검한다.
- 데이터를 상급자가 쉽게 보게 하려면, 데이터를 상위 경영층에 매월 단위로 제출하라. 한꺼번에 모든 데이터를 보내 압박하지 말아야 한다. 추세

그래프와 의미 있는 비교만이 눈에 띄도록 강조한다. 다만 기타 연관 정보는 상급자가 볼 수 있는 상태로 두도록 한다.

- 인트라넷을 사용하는 회사라면 월별로 데이터를 선별해 게시한다. 아니면, 추가적으로 종업원들이 모두 보는 게시판 등에 올린다.

3) 지원부서와의 협조

안전보건 부서의 전반적인 운영성과를 향상시키기 위해 주요 지원부서를 검토해야 한다. 우선 안전보건 부서의 가치창조과정, 종업원 및 일상 운영을 위해 가장 중요하다고 생각되는 주요 지원부서를 확인한다. 재무회계, 법무, 인사, 설비, 총무부서와의 협업과 의사소통이 중요하다.

다음으로 할 일은 검사, 실험, 진단과 관련된 부서의 비용을 줄이기 위해 예방기반 활동과 과정을 활용해 어떻게 할 것인가를 모색해야 한다. 그렇게 성취한 개선 실적으로 정리하면 조직 전반에서 그것을 공유할 수 있다.

2. 안전보건 부문의 효과 측정

안전보건 부문 목표달성의 효과성에 영향을 미치는 주요 성과결과를 다음과 같은 요소를 염두에 두고 요약해야 한다.

1) 효과성의 척도와 지표에 포함될 요소

- 관청 경고 및 과태료 감소
- 관청 감독 감소
- 품질 및 생산성 향상

- 근로손실일수 감소
- 안전통계
- 종업원 만족도 조사 결과
- 생산 유연성
- 식스 시그마와 같은 계획 실행의 결과
- ISO 진단과 같은 외부기관의 평가 결과
- e 테크놀로지의 사용 증가

2) 경영 및 사회적 책임 결과

윤리경영의 시범사례를 보여주기 위해 사회적으로 책임진 결과 및 지역사회의 훌륭한 시민임을 나타내는 측정결과를 요약한다. 다음과 같은 척도를 포함해야 한다.

- 규제 및 법령 준수
- 법령 수준을 초과하는 성취(예: 법령 수준을 넘는 프로그램, 사회적 인정 및 표창)
- 지역사회 활동

지난 3년간 법률, 규제, 계약 위반으로 인한 경고, 벌금 또는 지역사회 문제가 있었으면 이 단계에서 그 내용과 현재 상황을 비교·요약한다.

3. 결론

안전보건전문가와 경영진 사이의 의사소통 장애, 안전보건 부서의 성과 평가를 위한 표준적인 계량 방법의 부재로 안전보건의 기능과 성과 편익이 그 가치를 낮게 평가받았던 것이 이제까지의 현실이다. 하지만 안전보건의 사업 가치 측정을 위한 계량적 방법의 출현과 그것을 활용하기 위한 조직화된 전략 덕분으로 이런 상황은 점차 나아지고 있다.

안전보건전문가들은 비즈니스 매니저들이 사용하는 도구와 재무분석가들의 공식과 언어를 사용하여 자신들 프로그램의 성과를 측정해야 한다. 그 결과는 전체적인 비즈니스 전략 내에서 통합해 표출될 수 있다. 이러한 계량관리방법과 전략들은 여러 기업의 안전보건전문가들에 의해 이미 효과적으로 활용되고 있으며, 앞으로 더 많은 안전보건전문가들이 활용하고 학습함에 따라 그 효과성이 증대될 것이다.

제23장
왜 안전'문화'인가

1. 문제의 제기

【 서울 지하철 스크린도어 사망 사건 】

우연히도 모두 토요일이었는데 2013년 1월 19일(성수역), 2015년 8월 29일(강남역), 2016년 5월 28일(구의역), 잊힐 만하면 서울 지하철 2호선 역사에서 스크린 도어 사망 사고가 발생했다. 운영 회사 책임자는 이렇게 말한다.

"하청업체 소속 작업자들이 자의로 선로 안쪽에서 안전문을 점검하다 사고가 난 것이고, 시키지 않은 일을 하다 개인 과실로 사망한 것이다."

수도 서울의 신경망을 운용하는 공기업 안전관리의 현주소다.

【 경기도 남양주시 진접읍 지하철 공사현장 폭발사고 】

2016년 6월 1일, 남양주시 진접읍 지하철 진접선 공사현장에서 폭발사고로 4명이 숨지고 10명이 중경상을 입었다. 원청은 작업을 무자격 업체에 도급주었고, 일을 맡은 무자격 업체는 다른 무등록 업체에 또 일을 넘겼다. 여기에 원하청안전협의회는 없었으며, 안전교육도 실시하지 않고 실시한 것처럼 서류를 위조했다.

근로자 음주 여부 등을 확인하는 '작업안전 적합성 검사 체크리스트'는 위조되었고, 작업 전 공사의 위험성 등을 사전에 교육하는 '툴박스미팅 활동일지'는 조작되었다. 시공능력순위 3위, 연간 수주 1조 원을 상회하는 건설회사의 안전관리 현실이다.

굴지의 건설회사와 9000명이 넘는 임직원이 근무하는 공기업, 외국에까지 이름이 알려진 이런 조직의 안전관리에 대한 생각과 관행이 이렇다. 어떻게 설명해야 할까? 기술, 관리능력, 돈, 임직원의 능력, 무엇이 부족해서일까? 이때 '문화'라고 하는 추상명사가 상기된다.

산재예방 기술 개발과 보급을 사명으로 출범한 산업안전공단('공단')은 발족한 지 30년이 되는 우리나라 최고 권위의 산업안전보건 전문기관이다. 기술 전문가 집단인 '공단'에서 요즘 가장 걱정하는 것 가운데 하나가 안전'문화'라고 한다.

> 안전에 관한 각종 법규나 제도, 관리방법 등을 종합적으로 고려할 때 우리나라의 수준은 선진국에 비해 결코 낮은 편이 아니라고 생각한다. 가장 큰 차이는 '문화'가 아닐까 싶다. 기술이나 제도만큼 중요한 것이 '의식'이다. 절반 정도 남은 임기 동안 공단 사람들의 '의식'을 끌어올리는 데 집중하고 싶다.
> _ 안전보건공단 이사장 인터뷰(2016.5.16)

안전에 관한 '법규', '제도', '관리'가 선진국에 못지않다는 언급에 대한 질문은 따로 하기로 하자. 위 인터뷰의 요점은 안전에 관한 법규, 제도, 관리방법은 선진국 수준에 진입했는데 문제는 '문화'라는 것이다. 심지어 안전 문제에 관한 한 최고의 권위를 자랑하는 공단 사람들의 '의식'을 끌어올리는 데 집중하겠다는 것이다.

많은 사업장에서 안전사고를 산재로 처리하지 않고 공상처리하고 있다는 것은 현장의 공공연한 비밀로 되어 있다. 정부가 발표하는 산재 발생 통계에 문제가 많다는 지적과 실상에 관한 보고가 오래전부터 있어왔다. '회사에서 발생하는 사고는 산재로 처리하자!', '사고 나더라도 숨기지 말자!', '산재통계는 믿을 게 못 된다!', '근본적인 개선을 하자!' 이런 구호가 나타나지 못하는 것이 바로 '의식'의 문제, '문화'의 문제일 수 있다는 것이다.

정책결정자, CEO, 안전보건전문가, 기업관리자, 노조에 이르기까지 안전 문제에 대해 말로는 걱정하면서도, 이 시대에 적합성을 갖는 실효성 있는 전략을 제시하지 못하고 있는 상황이다.

근본적인 원인은 제도적, 기술적 차원을 넘는 어떤 것에 대한 처방을 마련하지 못하는 데 있다. 제도적인 것은 국가, 단체, 기업에서 법, 지침, 고시 등 안전에 관해 규정하는 내용을 가리킨다. 기술적인 것은 기계, 전기, 건설, 토목, 시스템, 인간공학 중 안전에 관련된 내용을 가리킨다. 그 두 가지를 넘는 어떤 것이, 바로 안전공단 대표가 인터뷰에서 '문화' 그리고 '의식'이라고 표현한 것이라고 본다.

기업이든 정부에서든 이 시점에서 요청되는 것은 실효성 있는 근본적인 안전전략이라고 할 수 있다. 그리고 그 전략의 바탕과 정신을 차지하는 것이 바로 '의식'과 '문화'라고 할 수 있다.

다시 말해, 안전에 관련된 의식의 변화를 가져오는 문화적 접근이 긴요하며, 그렇게 하는 데 무엇이 필요한지 알아내는 것이 중요하다. 이때 '안전문화'라는 개념이 대두된다.

2. 문화 vs. 안전문화

사전적 의미로 문화란 인간이 개인 및 집단으로 자연을 변화시켜온 그 노력과 과정의 산물이라고 정의할 수 있다. 정치, 경제, 법과 제도, 문학과 예술, 도덕, 종교, 풍속 등 모든 인간 산물이 포함되며, 이는 개인을 초월해 집단 구성원들과 공유된다. 단순하게 표현하면 인간집단의 생활양식이라고도 할 수 있다. 집단 사이의 문화 차이는 위계 또는 선악의 문제가 아니라 차이의 문제라는 것을 유념할 수 있다.

문화를 기능적으로 파악했을 때, 가장 본질적인 것은 기존 사회 체제의 유지 및 재생산이다. 인간이 한 사회의 구성원이 된다는 것은 생활양식과 상징 체계, 즉 그 사회의 문화가 반영하고 있는 사회의 질서, 규범, 가치를 따르게 된다는 것이다.

문화는 사회를 재생산하는 동시에 끊임없이 균열을 일으키며 장기적, 지속적, 점진적으로 변화해간다. 개인에 있어서나 집단에 있어서, 문화는 선천적으로 타고나는 것이 아니라 교육으로 형성되는 것이다.

서로 아주 다른 조직에서 안전문화의 차이 역시 선악의 문제가 아니라 차이의 문제. 조직의 안전문화는 본래부터 고정적 현상으로 주어져 있는 것이 아닌 것이다. 이 또한 집단의 안전성과를 재생산하면서 끊임없이 변해가고 있다. 인위적인 노력으로 얼마든지 바꿀 수 있다. 집단의 구성원들에게 공식적·비공식적인 경로를 통해 교육할 수 있는 것이다.

•••'안전문화'라는 용어

'안전문화'라는 용어는 1986년 체르노빌 원전사고에 기원을 두고 있다. 1986년 4월 발생한 폭발사고로 일어난 방사능 피폭으로 5년 동안 7000여 명이 사망했다. 20세기 최악의 사고로 기록되어 있다. 사고 후 25년이 지난 2011년에야 엄격한 조건하에 관광객 출입이 허용되었다. 체르노빌 원전사고의 원인에 대해 국제원자력안전자문단(INSAG)은 '안전시스템과 같은 제도가 없어서가 아니라 제도를 움직이게 하는 안전문화(safety culture)가 없었기 때문'이라고 진단했다. 국제원자력위원회(IAEA)는 '안전문화란 안전에 관해 조직 구성원이 가지는 가치관, 신념, 습관, 지식, 기술 등을 포함하는 종합적인 개념을 말하며 그들의 태도, 의식, 행동을 결정짓는 데 영향을 미친다'라고 했다. 우리나라에서는 1995년 삼풍백화점 붕괴사고 이후 국무총리를 위원장으로 하는 '안전문화추진중앙협의회'가 구성되어 운영되고 있다.

3. 우수한 안전문화란 무엇인가?

어떤 조직의 안전문화를 향상시키는 것은 그 조직에서 일하는 사람들과 그들 가족의 삶의 질을 향상시키는 것이다. 안전문화가 우수하면 이타적 보상이 따르게 되고 사업 성장에도 도움이 된다. 우수한 안전문화는 조직 구성원들에게 조직에 대한 자부심을 갖게 하고, 이는 연속적으로 한 단계 향상된 안전문화로 나아가게 한다.

우수하다는 것이 반드시 완벽을 의미하는 것은 아님을 항상 명심할 필요가 있다. 우수하다는 것의 의미를 '스스로 최선을 다한다'는 것으로 새롭게 정립할 필요가 있다. 조직이 최선을 다해, 불가능하다고 여긴 것을 뛰어넘어 더 넓게 더 깊이 그 역량을 제고할 수 있다고 믿는다면, 그 조직은 자신이 처한 현실 범위에서 가능한 최고 수준의 성과를 위한 일련의 과정을 수행하게 된다. 여정(旅程)을 시작할 수 있는 것이다.

안전이란 무엇일까? 안전을 지향한다면 '안전? 나에게 무슨 득이 되는 건데?'라는 질문에 바로 답변할 수 있어야 한다. 일단 안전에서 성공하면 다른 목표를 지향할 수 있고, 조직 전체가 우수성을 창출하게 된다. 수많은 사람들이 전체적인 문화를 개선한다는 아이디어는 무모해 보일 수도 있다. 그러나 사실로서 입증되어 있다. 우수한 안전문화를 개발하는 것은 실제로 조직의 모든 측면의 우수성을 탐색해가는 과정이기도 한 것이다.

조직 혁신을 안전 분야에서 시작하는 것은 다른 이점을 동반하는데, 그 이유는 안전은 이타적인 것이며 조직 구성원들에게 손발이 아닌 '마음으로부터의 노력'을 행하게 하는 분야이기 때문이다.

우수한 안전문화, 그것은 종착점이 아니라 앞으로 나아가는 일종의 여정이다. 목표 지점이라고 생각한 곳에 도달했다고 해서 여정을 멈춘다면 어느새 조직이 목표에서 벗어나버린다는 사실을 발견하게 된다. 여정의 완벽한 종결은 그 여정이 도달하는 어느 지점이 아니라, 그 여정이 조성한 조직의 모습인 것이다. 우수한 안전문화 달성을 향한 이런 여정은 항상 현재진행형이며 그 것을 염두에 두고 앞으로 나아갈 때 조직의 역량은 향상된다고 할 것이다.

또한 안전은 궁극적으로 인본주의인 동시에, 조직을 위해 전략적으로도 가장 가치 있는 우위를 차지하고 있다. 안전 분야에서 최고의 조직은 가장 재능 있는 인재, 나아가 인간성이 훌륭한 사람을 끌어들이게 되고, 그때 창의성과 만족감이 극대화될 수 있다. 안전문화가 우수한 조직은 그 조직이 생산하는 제품과 서비스를 필요로 하는 기업에 매력적인 파트너가 될 것이며 사업 파트너, 직원 가족, 지역사회 등에서 좋은 평가를 받을 것이다.

이렇듯 안전한 조직은 사람에 대해 보살피는 조직이며, 그런 보살핌은 사람들이 그 조직의 문밖으로 나간다 해도 멈춰지지 않을 것이다.

4. 안전문화 및 조직문화에 대한 연구

'안전문화는 바로 이런 것이다' 하고 딱히 정의 내리기는 어렵지만 눈으로 보거나 느끼기는 쉽다. 일찍이 안전문화를 연구한 댄 피터슨(Dan Peterson)은 그의 책에서 이렇게 말한 바 있다.

문화에 대한 가장 훌륭한 정의는 내가 인터뷰한 어느 근로자로부터 들은 말이었다. 바로 '문화란 일터에 존재하는 방식입니다'라는 것이었다. 문화란 조직이 일을 해나가는 불문의 규칙이다. 문화란 모두가 아는 것이어서 선언되거나 문서로 기술될 필요가 없다.

문제는 근로자들에게 안전한 작업태도와 습관을 몸에 배게 하는 데 도움이 되는 안전문화가 창출되어야 한다는 것이다.

기업경영에서 '문화'에 대한 논의가 활발해진 것은 1980년대였다. 우리나라에 "초우량 기업의 조건"이라는 제목으로 여러 차례 소개된 『인 서치 오브 엑설런스(In Search of Excellence)』가 1984년 번역되어 출간되고부터다. 이 책은 성공하는 기업의 특성을 다루면서 '문화'의 중요성을 강조했다. 지금도 가끔 '기업문화'에 관한 논의가 있는데, 이는 과거에도 이따금 유행했던 용어다.

기업문화, 조직문화, 일터문화, 또는 경영철학, 이런 것들은 용어는 다르지만 그 의미와 내용은 대동소이하다.

다른 나라에서와 마찬가지로 우리나라에서 한동안 유행했던 기업문화라는 이름의 조직문화에 대한 연구가 왜 안전문화 연구의 토대로 활용되지 않았을까 의문을 제기한 학자들이 있었다. 조직문화란 창업자 혹은 최고 경영자가 세상과 사업운영에 관해 기본적으로 갖고 있는 가치관에 의해 결정되는 조직형태를 말한다.

조직문화와 관련된 문제점에 대해 피터 프로스트(Peter J. Frost)는 다음과 같이 지적하고 있다.

조직문화 연구자들은 문화가 무엇인지, 왜 연구해야 하는지에 대해 일치된 견해가 없다. 조직문화 연구자들은 동일한 현상을 연구하지 않는다. 조직문화 연구자들은 연구하는 현상에 동일한 이론적, 인식론적, 방법론적 관점으로 접근하지 않는다.

다시 말하자면, 몇 년간의 연구가 있어왔음에도 조직문화에 대해 통일된 견해가 없었다는 것이다. 아울러 조직문화에 대한 연구가 안전문화 연구의 토대로 활용되지 못하고 안전문화에 대한 통일된 견해 역시 형성되지 못했다는 것은 모든 정황을 살펴봤을 때 그리 놀랄 일이 아니다.

5. 안전문화에 대한 착시현상

앞서 언급한 톰 피터스(Tom Peters)의 『초우량 기업의 조건(In Search of Excellence)』이 번역되어 소개된 1980년대 중반의 일이다. '문화'가 경영의 주제가 되고 나니 '기업문화운동'이라는 이름 아래 우후죽순 격으로 '우리 회사의 문화를 개선하자!'는 움직임이 붐을 이루었다.[1] 기업마다 잘 보이는 곳에 큼지막하게 포스터를 붙이는 것이 유행이었다. 그런데 사실 그 포스터에 적힌 내용을 보면 그 기업의 '문화'를 표현한 것이 아니라 '사주가 보기 원하는 회사 모습'을 드러낸 것이었다. 포스터가 낡아 너덜거리게 되는 것처럼, 그 조직의 '문화'도 그렇게 된다는 것인가? 이런 경우를 우리는 수없이 봐왔다.

포스터는 문화를 구성하는 요소가 아니다. 그 누구도 문화가 포스터에 기술되어야 할 필요성을 느끼지 않는다. 문화란 글로 써놓고 읽거나 암기하는 것이 아니기 때문이다. 어느 누구의 눈에도 보이지 않지만, 자기도 모르게 느끼고 반응하는 것, 그것이 문화다.

실무 차원의 몇몇 저작들은 무재해 또는 근로손실일수 제로(zero)를 보고한 조직에서 나타나는 재해감소사례를 모델로 하여 안전문화를 설명하려는 경향을 보인다. 그들은 무재해를 목표로 추켜세우거나 안전문화로 휘몰아가기 위해 '안전제일'을 구호로 내세운다. 그들은 또 조직을 안전목표로 향하도록 이끄는 데 경영진의 리더십이 매우 중요하다고 추켜세운다. 특정 프로그램이나 경영기법을 사용해 우수한 안전성과를 보인 조직을 예로 들기도 한다. 성공한 조직을 모방하기만 하면 성공한다고 믿는 것 같다.

모방을 통해 우수한 안전문화를 달성할 수 있다고 여기는 것은 참 곤란한 사고방식이다. 한 개인도 다른 성공한 개인을 무조건 모방한다고 성공이 보

---

[1] 책의 저자인 톰 피터스가 내한하여 강연회를 갖기도 했다. 필자도 강연을 들으러 갔었는데 강의는 잘하는 편이 아니었던 것으로 기억한다.

장되는 것이 아니듯이, 조직도 성공적인 안전 성과를 달성한 다른 조직을 모방한다고 같은 결과가 보장되는 것은 아니다. 설사 유사한 안전 성과가 나타났다 해도, 그런 결과를 다시 시현할 수 있는 안전문화가 만들어진다는 보장은 없다.

문화라는 것은 너무 다양해서, 모방하려고 시도하면 실행할 수 없게 되거나 불가능하게 되는 경우가 많다. 또한 후행안전지표[2]에서 동일한 결과를 내는 상이한 문화라도 동일한 방법으로 똑같은 과정을 거쳐 그렇게 되는 것이 아니다. 어느 한 조직에서 잘 작동하는 문화가 다른 조직에서는 그렇지 못한 경우가 많다. 또 많은 조직이 단기간에 대단한 실적을 낸 것이 그대로 지속되는 경우는 드물다. 결코 모방해서는 안 되는 모델이다. 어떤 경우는 그 조직의 고유한 특정 관행 때문에 성공하는 것도 있다.

6. 안전문화에 대한 올바른 이해

안전문화에 대한 논의를 보면 종종 "장님 코끼리 만지기"라는 말이 생각날 때가 있다. '부분'을 놓고 '전체'라고 간주하는 어리석음을 범하는 경우가 많기 때문이다.

안전문화는 매우 다양한 내용을 가졌고 수많은 해석이 가능하다. 많은 조직이 우수한 안전문화로 가는 길을 다양하게 모색하며 가장 좋은 길을 탐색하고 있다.

우수한 안전문화를 달성하는 것은 전혀 모르는 길을 가야 하는 것도 아니고, 고도의 학위나 초인적 기술을 필요로 하는 것도 아니다. 각 조직의 특성에

---

2 후행안전지표(lagging indicator)란 안전활동의 사후성과를 나타내는 지표다. 부상이나 사망 또는 질병, 보험금 지급액 통계 등이 이에 해당한다.

맞춘 원칙과 기법을 개발해 단계를 밟아 나가며 관습을 정립하는 것이 중요하다. 그러나 모든 단계마다 조직 특성을 반영하는 것은 아니며 각 단계는 생략될 수도 있고 목표에 맞게 다른 것으로 대체할 수도 있다. 우수한 안전문화를 달성하기 위해 단계별로 접근하는 것은 약간 복잡한 실행을 요구하지만, 아주 좋은 실용적인 방법이다.

현재의 안전문화를 연구·평가하는 접근법이나, 단계를 기계적으로 따라하는 접근법이 아닌 맞춤형 접근법이 실행되어야 한다. 맞춤형 접근법이란 우수한 안전문화를 갖고자 노력하는 조직이 그저 '시키는 대로 따라 하는 조직'이 아닌 '생각하는 능력을 가진 조직'이 되도록 노력하는 과정이다.

우리는 자유여행을 할 때 손에 로드맵을 들고 다니고, 여행 중에 길을 잃거나 주변을 잘 모를 때는 누군가에게 묻는다. 여행자가 북극성을 기준으로 삼는 것도 앞으로 갈 길을 찾는 행위다. 우수한 안전문화로 가는 길은 다양해서 어떤 경로든 선택할 수 있지만 분명 로드맵은 있는 법이다. 그것은 바로 원칙에 충실한 목표를 중심으로 나아가면서, 조직 또는 현장의 특정 문제에 대해 유연히 대처할 수 있어야 한다는 것이다. 전혀 모르는 지점을 향하는 탐험여행도 아니고, 또한 고도의 지식과 초인적 기술을 요구하는 문제가 있는 것도 아니다.

한편, 문화의 변화는 인간 집단의 의식의 변화를 가져오는 사상(事象)이어서 인위적으로 한번에 모든 것을 다 하려고 서두르면 반드시 실패하는 특징을 갖는다. 기업의 안전'문화'를 변화시킨다는 것은 근로자 집단의 의식에 영향을 주어 개인(들)에게 '안전한 행동(safe act)'이 습관으로 되게 하려는 목적을 성취하자는 것인데, 이는 어느 정도 이상의 시간을 요하는 집단역학(group dynamics)이 작용하는 영역의 과업이라는 점을 명심해야 한다.

제24장

안전문화 CEO가 특별히 유의할 점

1. '안전문화'의 목표점

최근 '안전문화'라는 용어가 아주 많이 사용되고 있다. 또한 많은 조직이 현실의 작업장에서 톱다운 프로그램과 경영 기법의 한계를 깨닫고 있다. 체르노빌 원전사고 등 유명한 안전사고에서는 대부분 문화가 그 근본 원인으로 언급되고 있다.

다음에 예로 드는 사고가 발생했을 때, 미국항공우주국(NASA)과 영국석유(BP: British Petroleum)의 안전문화에 문제가 많다는 비난이 일었다.

【 텍사스 시티 정유공장 폭발 사고 】

2005년 3월 23일 휴스턴 남쪽 58킬로미터 지점의 텍사스 시티에 소재한 BP의 정유공장에서 폭발사고가 발생했다. 15명이 사망하고 175명이 다쳤다. 공기보다 질량이 무거운 탄화수소 증기가, 달리던 차량의 엔진에서 나온 것으로 추정되는 인화물질과 결합 후 연소된 것이 직접적인 원인으로 발표되었다. BP 및 미국화학안전위험조사위원회는 기술적인 문제 외에, 해당 정유공장 및 BP 조직 내부에 수많은 문화적 결함이 있음을 확인했다.

【 걸프 만 기름 유출 사고 】

2010년 4월 20일, 미국 루이지애나 주 해변에서 50마일가량 떨어진 멕시코

만의 BP 사 석유 시추공이 폭발하면서 화재가 발생했다. 11명의 시추 노동자가 사망했고 18명이 다쳤다. 해저 우물 뚜껑이 열린 뒤 원유가 시간당 10만 4000갤런 단위로 쏟아져 나왔고, 5개월간 수억 갤런이 유출되었으며 기름띠 넓이는 한반도 면적을 넘어섰다. 사고 이후 수년간 인근 해역 생태계에 엄청난 재앙을 초래했다. 직접적인 사고 원인은 심해 유정 내부에서 고압의 메탄가스가 급격하게 분출되어 시추관을 통해 뿜어져 나와 폭발한 것이다. 안전장치(blowout preventer)가 수압 누출과 배터리 고장으로 작동하지 않은 것으로 보고되었다.

【 챌린저 우주 왕복선 사고 】

저녁 시간에 미국 대통령의 국정연설이 예정되어 있던 1986년 1월 28일 화요일 아침, 우주 왕복선 챌린저호가 발사되었다. 우주선 안에는 7명의 승무원이 타고 있었다. 발사 후 1분 13초 만에 챌린저호는 갑자기 불길에 휩싸이더니 산산조각이 나며 불꽃처럼 떨어졌다. 이 광경은 TV로 생중계되었다. 저명한 물리학자 리처드 파인만(Richard Feynman)이 조사위원회에 참여하여 고무 제품의 부품 결함을 설명한 일화로도 유명하다. 고무 재질 부품의 결함과 사고에 대해 우려했던 기술자들이 책임자들에게 발사 연기를 강력하게 주장할 수 없는 분위기였음이 밝혀졌다.

많은 조직이 안전에 상당한 노력을 쏟고 있으며, 그런 까닭에 일이 틀어지면 실망이 배가된다. 안전문화에 문제가 있다는 평가를 받는 많은 조직은 그동안의 노력에 대해서 의문을 품게 된다.

위험의 불확실성을 어떻게 받아들여야 하는가? 애플 컴퓨터의 앨런 케이(Alan Kay)가 "미래를 예측하는 가장 좋은 방법은 미래를 창조하는 것이다"라고 말한 것처럼, 견고하고 역량 있는 안전문화를 개발하는 것이야말로 스스로의 미래 안전을 창조하고 통제할 수 있는 가장 좋은 방법이다.

하지만 안전문화는 맨 땅에서 '창조'되는 것이 아니다. "안전문화는 이미 당신 회사에 있다!" 어느 조직이나 고유의 안전문화라는 것이 이미 존재하는 것이다. 중요한 것은, 조직이 갖고 있는 안전문화가 좋아질 수 있고, 좋아진 안전문화는 이제까지 알려진 어떤 방법보다도 조직의 안전노력을 보다 효과적으로 지속가능하게 해준다는 것을 깨닫는 일이다.[1]

2. 분명히 알아야 할 몇 가지 개념

1) 사고

사고(accident)란 의도하지 않았는데 행해진 무엇, 또는 의도하지 않은 결과를 초래하는 의도적으로 행해진 무엇이다. 사고란 '의도하지 않은 것'이거나 '고의적이지 않은 것'이며, 그 강도가 작은 부상부터 재앙까지 있다. 안전 분야의 개선에 실패하는 중요한 이유 가운데 하나가 한 번에 너무 많은 것을 시도하는 것이다. 불확실한 목표를 두고 일하는 것과 엉뚱한 데에 초점을 맞추는 일이 그다음의 실패 요인이다. 이와 같은 세 가지 이유 때문에, 안전문화 개선은 올바른 방향을 잡아 매 조치마다 간격을 적당히 하면서 적당한 속도로 진행하는 것이 중요하다.

2) 안전

대부분의 사람들이 안전(safety)이 무엇인지 안다고 하지만, 안전이 무엇인지 정의를 내려 보라고 하면 대부분 안전의 목표를 얘기할 뿐 정의를 얘기하

---

1 안전문화에 대한 논의에서 가장 중요한 요소의 하나가 '지속적인 개선'이라는 점을 앞 장에서 언급했다.

지 못한다. 흔히 하는 대답이 '다치지 않는 것', 또는 '출근할 때와 똑같이 몸 어느 곳도 이상 없이 퇴근하는 것'이라고 한다. 그것은 안전의 목표라고 할 수 있는데, 안전의 정의는 무엇일까?

일반적인 정의는 '안전이란 사람을 다치게 하는 것이 무엇인지 아는 것, 다 치는 것을 방지하기 위해 무엇을 해야 하는지 배우는 것, 그리고 배운 것을 실 천하는 것'이다.

만약 사고를 예측하고 회피하고자 한다면, 리스크가 무엇인지 확인하고 그 에 대처해야 한다. 거의 모든 사고는 '리스크 확인의 실패', 또는 '리스크에 대 한 적절한 대처의 실패'로 나눌 수 있다. '그 사고는 리스크 미확인에 기인하 는가, 리스크 저평가에 기인하는가, 그것도 아니라면 파악하고 있는 리스크에 대한 적절한 대처의 실패에 기인하는가?'라는 질문을 해보면 무엇이 최선의 예방 전략인지 결정하는 데 아주 좋다.

두 질문의 사이의 차이가 근소해 보일지 모르지만, 대처 방법에서는 큰 차 이가 있다. 이 둘을 분간하지 못하면 안전 문제의 해법을 그르치는 결과를 초 래한다.

3) 행동기반 안전관리

BBS(Behavior-Based Safety, 행동기반안전관리)의 논거가 되는 이론은 일찍이 허버트 윌리엄 하인리히(Herbert William Heinrich)에 의해 제시된 것이다. 트 래블러스 인슈어런스 컴퍼니(Travelers Insurance Company)라는 보험회사의 간부로 근무하던 그는 산재보험 청구건수 1만 2000건과 사업주가 제출한 사 고기록 6만 3000건을 검토하면서 불안전한 행동(unsafe acts)에 기인한 것과 불안전한 근로조건(unsafe conditions, 물리적인 것과 기계적인 것)에 기인한 것 으로 사고의 원인을 분류했다.

그 결과 사고의 88%가 불안전한 행동, 즉 인간의 실수(man failures)에 의해 발생한다고 결론지었다. 이러한 그의 관찰과 검토에 의해 얻어진 결론에 입각해 발전한 것이 BBS이다.

하인리히의 이러한 분석은 많은 비판을 받고 있다. 그 핵심은 '불안전한 행동'은 일하는 사람 내면에서 스스로 발생하는 것이 아니고, 그것을 부르는 '다른 요인'이 있는 것이며, 그 '다른 요인'에 대해 대처해야지 '불안전한 행동' 그 자체를 사고의 원인으로 탓해서는 안 된다는 것이다.

하지만 안전 프로그램에서 무엇보다 가장 중요한 요소는 사람이다. 행동에 의해 야기된 사고가 아니라 할지라도 행동으로 예방되는 경우가 있다.

4) 안전문화

'안전문화'라는 제목을 달고 있는 책자나 조직의 명칭, 캠페인은 주변에서 많이 볼 수 있다. 그러나 우수한 안전문화를 성취하고 유지하기 위해 조직이 가야 할 실질적인 방도를 제시한 것은 없다. 또한 조직문화에 대한 책은 많지만 안전문화를 간과하고 저술된 것이 대부분이다. 학자들이 저술한 것이 대부분인데, 왜 그렇게 되었는지 해명거리를 찾자면, 이론적으로는 이른바 안전문화라는 것이 없기 때문이다.

전통적인 정의에 따르자면, 문화란 '어느 일단의 사람들이 공통적으로 갖고 있는 것들'이며 어느 특정한 주제 또는 목표에 한정되지 않는다.

안전문화가 가져야 하는 가장 기본적인 역량은 '스스로 개선할 수 있는 능력'이다. 관리자나 컨설턴트들이 안전문화를 가지고 어떻게 할 수 있는 것이 아니고, 안전문화 자체가 그렇게 해나갈 수 있어야 한다.

그러므로 진정한 의문은 "우리의 안전문화는 어떤 모습인가?"라기보다 "우리의 안전문화로 할 수 있는 것은 무엇인가?"가 되어야 한다.

5) 리더십

안전문화에 관한 여러 저작들의 주제는 아직도 근로자들이 '지시받은 대로 해야 한다'거나 근로자들을 보다 유순하게 만드는 무슨 별다른 요법이라도 있는 듯이 생각하고 있음을 보여준다.

'지시받은 대로 한다'는 식의 문화가 우수한 문화인가에 대해서는 동서양을 막론하고 부정적인 평가가 우세하다. 안전문화에서 리더가 할 역할이 없다는 뜻이 아니다. 사실 리더는 문화의 개발과 우수성 목표 수립에서 결정적인 역할을 한다. '리더십이란 부하들에게 일을 성취할 수 있도록 영감을 부여함으로써 스스로 역량을 개발하게 하는 관리자의 능력이다'라고 존 라이네케(John Reinecke)는 말했다. 이런 유형의 리더십이야말로 어떻게 하라고 지시받지 않더라도 구성원 스스로 역량을 기르고 성취감 속에 문화를 창조해가도록 만든다. 물론 안전문화에서 영감을 불어넣는 것 말고 리더십이 다른 역할을 할 수 없다는 것이 아니다. 올바른 리더십 없이는 어떤 그룹이라도 우수한 성과를 달성하기 위한 역량을 개발하거나 활용하는 것이 실질적으로 불가능하다. 그렇지만 현대 조직에서는 리더십의 역할을 고전적인 명령과 통제 범위 내에서 정의해서는 안 된다. 기대 수준 설정, 자원 조달, 권한 위임, 지속적 개선의 조성에 리더의 역할이 있다.

6) 우수성

문화가 우수하다는 것은 완전하다는 의미가 아니다. 수많은 학자와 컨설턴트들이 완전한 문화에 대해 정의 내리고, 조직을 그것에 적응시키고자 도전하려는 경향이 있다. 불행하게도 그런 일은 가능하지 않다. 불완전한 문화는 완전 모델을 따라 완벽하게 자신을 변화시켜가는 것이 아니다. 문화에서 우수하다는 것은 완벽하다기보다 '스스로 최선을 다하는 것'에 가깝다. 한 번에 다하려고 하면 틀림없이 실패한다. 조직의 현재 상황이 어떤지 분명하게 깨닫게 하는 문화, 그리고 점진적 개선을 가능하게 하는 문화를 만드는 것을 목표로 해야 한다.

7) 지속적 개선

안전을 기초적인 선형인과관계 모형으로 지나치게 단순화하려는 경향이 있다. 그러나 인과관계 체인이라는 사고방식에 더하여 고려할 것이 많으며, 균형성과표(BSC: Balanced Score Card)를 만들어야 한다. 그리하여 인식의 변화에는 어느 정도의 노력이 필요하고, 무엇이 행동 변화를 가져오며, 무엇이 사고 빈도와 강도에 영향을 주는지 알아야 한다.[2]

안전문화가 역량을 갖추면, 문화는 단지 '지속 가능한 것'이 아닌 '지속적 개선'이 가능한 우수한 수준으로 안전성과의 능력을 향상시킨다. 그저 단순히 사고 원인을 제거하려는 시도는 제한적인 성공만 가져올 뿐이다. 점진적 과정을 통해 안전성과에 영향을 끼치는 모든 주요 원인, 원인 제공 요소, 영향, 장애물, 방해요소들을 일목요연하게 정리해 대처해야 한다. 이런 모든 요소들을 체계적으로 정리하여 대처하면 우수한 안전문화가 어떻게 달성될 수 있는지 통찰력을 얻을 수 있다.

---

2 안전보건 분야 균형성과표의 예는 제22장 "안전보건활동의 사업가치 증명방법"을 참고.

3. '안전문화'에 영향을 주는 요소들

1) 근로자들의 생각

우수한 안전문화를 지향한다는 것은 그 자체가 목적이 아니고 참여자들에게 이익을 가져다주기 위한 것이라는 점을 기억해야 한다. 다시 말하지만 "안전? 그게 나에게 뭐가 좋은데?"라는 질문에 대한 응답이 중요하다.

문화를 어느 조직이 갖고 있는 '무엇'이라고 생각하는 사람도 있고, 조직이 띤 '모습'이라고 생각하는 사람도 있다. 문화를 경영진이 디자인해 좌우할 수 있는 무엇이라고 보는 견해가 있는가 하면, 전적으로 근로자들의 수중에 있는 것이라고 보는 견해도 있다. 또한 근로자들의 머릿속에 있는 것으로 문화를 설명하는가 하면, 근로자들의 생각이 서로 오가는 집단적인 현상으로 여기기도 한다.

우리가 안전문화라고 부르는 것에 대해 이해하고 개선하기를 원한다면 여러 아이디어를 압축하고 집중할 무엇인가가 필요하다. 근로자들은 안전문화에 대해 어떻게 생각하는가? 그들이 생각하는 안전문화라는 개념은 서로 유사한가, 많이 다른가? 귀를 기울여야 한다.

안전문화에 대해 학계에서는 '근로자들이 공유하고 있는 공통의 가치관과 믿음'이라는 데 대체로 의견이 일치하고 있다. 이런 가치관과 믿음이 문화를 형성하는 그룹 사이에서 서로 소통되고 상호작용한다는 것이다. 일단 가치관과 믿음이 공유되면 일반적 관행으로 나타나기 마련이다.

2) 습관이 된 행동, 그리고 문화

문화에 대한 학계의 논의는 차치하고 일반적으로 '공통된 관습'을 문화라고 여기는 사례가 많다. 근로자들이 '여기서 우리가 일하는 방식', '아무도 보지

않을 때 우리들이 하는 행동'과 같은 말을 할 때처럼 말이다. 마치 어떤 마음
자세가 행동으로 바뀔 때 눈에 띄는 것처럼, 문화도 관습으로 바뀔 때 눈에 보
이는 것이다. 그러나 행동이 태도가 아닌 것처럼 관습은 문화가 아니다. 문화
는 관습보다 의미가 깊다. 문화는 관습이 형성된 이유 및 관습에 영향을 준 것
까지 포함한다.

심리학이나 행동과학에서 어떻게 공통의 관습이 발생하고 지속되는가를
설명할 때면 자주 인용하는 이야기들이 있다.

하나는 이런 것이다. 어느 여성이 하나가 아닌 두 개의 팬에서 빵을 굽는데
알고 보니 그 어머니가 그랬기 때문이었다는 것이고, 그 어머니는 할머니가
그랬던 것을 보고 따라하게 되었다. 그런데 할머니는 무슨 다른 생각이 있어
서가 아니라 그저 한 번에 다 구울 수 있는 충분히 큰 팬이 없어서 두 개의 작
은 팬을 사용했을 뿐이었다는 것이다.

또 하나는 철길을 설계하는 젊은 기술자가 철길 간격의 설계 역사를 거슬
러 올라가 보니 로마 시대 마차 바퀴의 간격과 같더라는 이야기다.

이 두 이야기는 이제는 그렇게 할 이유도 없어졌고 처음의 이유가 잊혀졌
는데도 어떻게 문화가 관습을 지속시키는지 보여주고 있다. 이렇듯 "어떤 문
화에서 근로자들에게 영향을 끼치는 사람은 누구이며, 또 사물은 무엇일까?"
라는 질문을 해볼 수 있다.

3) 작업 현장의 영향 요인들

(1) 동료

우선 분명한 것은 '동료'라는 것이다. 동료의 영향력 정도는 집단 내에서 상
호작용의 양과 상호관계의 성격에 달려 있다. 일터에서 근로자들의 상호접촉
의 양은 일 흐름의 설계와 수행해야 하는 과업의 성격에 달려 있다.

팀워크를 필요로 하는 과업이 있는가 하면, 개별적으로 하는 것이 더 좋을

수 있는 과업들이 있다. 상호작용이 잦을수록 공통의 관습에 끼치는 문화의 영향력이 커진다. 자주 접촉하는 근로자들이 서로 다른 과업을 수행하게 되어도, 문화니 공통된 관습이니 하는 것들을 공유하게 된다. 이런 경향은 특히 조직에서 안전을 우선순위로 하거나 큰 가치로 인식하는 경우에 나타난다.

"귀하가 최고책임자(CEO)인 조직에서 근로자들은 동료들과 일상적 접촉을 얼마나 가지는가?"

(2) 업무

어떤 특정한 종류의 업무는 현실적으로 그 일을 하는 근로자들 사이에 보다 친밀한 관계를 형성시킨다. 지하광부, 소방수, 경찰, 특수전부대원, 기타 여러 집단의 근로자들은 외부인들이 잘 이해할 수 없거나 그 내용을 알 수 없는 공통의 위험과 경험을 공유하는 경향이 있다.[3]

그런 집단 내부에서는 외부인보다 동료의 영향력이 대단하다. 동료의 영향이 자신들끼리 공유하는 불문의 법을 창조하며, 멤버들은 그 법을 경건한 마음으로 준수한다. 보다 큰, 또는 특수한 리스크를 수반하는 직업에서 이런 종류의 문화가 나타나는 경향이 있다.

"귀하가 최고책임자(CEO)인 조직의 근로자들은 내부 전문가를 존중하는가? 외부 전문가를 더 존중하는가?"

(3) 지역사회

일터 밖의 지역사회 모임이나 다른 조직에서의 접촉이 일터의 문화에 영향을 준다. 동일한 지역에서 출퇴근하는 사람들 사이의 문화와, 서로 다른 여러 지역에서 출퇴근하는 사람들 사이의 문화는 현저히 다르다. 일터 밖에서도

---

3 예를 들면 동지, 형제, 전문가, 사교클럽, 엘리트집단, 특수부서를 비롯하여 심지어 무슨 '문화'라는 명칭을 사용하는 집단을 생각해볼 수 있다.

접촉을 가지며 직장과 집안 얘기를 함께 나누는 사람들은 관계가 아주 끈끈하다. 모든 일에 서로 의견이 일치되지 않을지라도 자기들 생활을 관통하는 얘깃거리가 많은 법이다. 함께 나눌 얘깃거리가 있을 때 소통이 훨씬 쉬워진다.

"귀사의 근로자들은 지역사회에서 얼마나 자주 접촉하는가?"

(4) 회사 안팎의 조직

노조 또는 협회와 같은 업무 관련 조직의 구성원인지 아닌지 여부가 근로자들의 상호작용에 영향을 준다. 조지 구성원들끼리는 자신들만의 고유한 용어, 철학, 화제가 있고 이런 것들이 규범이 되어 대화의 출발점이 된다. 일터에서보다 더 자주 모임을 갖는 경우도 있다. 유대감이 형성된다. 그런 조직에 속한 것에 강한 자부심을 느끼며 자신의 정체성을 그 조직과 결부시키기도 한다. 같은 조직에 속한 사람들은 동료 조직원들에게 단순한 직장의 동료에게 느끼는 것보다도 친밀한 감정을 갖게 되고, 그 조직의 문화가 집단과 개인의 행동에 강한 영향을 준다.

"귀하가 책임지고 있는 조직의 근로자들은 노조, 협회, 혹은 다른 조직에 가입해 있는가?"

(5) 프로젝트 업무

건설공사와 같은 프로젝트 업무는 문화에 특별한 영향을 준다. 프로젝트 팀에 속하게 되면 갑자기 함께 어울리고 집중적으로 일에 몰두하다가 과업이 종료되면 흩어진다. 이런 환경에서는 문화가 갑자기 형성되기도 하고, 전혀 생기지 않는 경우도 있다. 프로젝트 업무를 하는 조직은 어떻게 하면 최고의 속도로 일을 해 납기 내에 일을 마칠 수 있는지를 대개 알고 있다. 그런 조직에서 안전이 우선이라면, 근로자들의 안전을 위해 일에 대해 잘 알고 있는 사람을 뽑아 업무 리스크와 작업지침을 지시하게 한다. 프로젝트 업무는 대개 복수의 도급업자가 개입한다. 각기 다른 여러 조직에 속한 근로자들 사이의 안전에 관한 의사소통은 효과적인 안전문화 형성에 지장을 초래하기도 한다. 프로젝트 업무를 고도로 안전하게 추진한다는 것은 어려운 과제다. 이런 까닭에 건설공사에 사고가 많다는 것을 건설회사 CEO는 알아야 한다.

"당신은 혹시 건설공사 현장소장이 아닌가?"

(6) 업무 배치와 흐름

이는 근로자들 사이의 상호작용을 제한하거나 촉진한다. 신규 종업원 오리엔테이션, 팀 구성, 파트너 구성, 멘토링 프로그램 등도 근로자들이 관계를 맺는 방식과 관계 속에서의 역할에 영향을 준다. 신규 근로자에게 조직문화가 금방 주입되는 경우가 있는가 하면, 근로자들 사이의 접촉이 어떻게 설계되었느냐에 따라 스스로 인간관계를 천천히 맺어가는 경우도 있다. 많은 조직이 종업원 사이의 좋은 상호작용을 창출할 수 있는 업무 설계에 실패해 훌륭한 문화를 형성할 수 있는 귀중한 기회를 잃고 있다.

"지금 조직의 업무 설계를 조금만 변화시키면 친근한 문화가 형성될 수 있지 않을까?"

(7) 종업원 참여 프로그램

여기서 말하는 종업원 참여는 법으로 정해진 무슨 위원회나 프로그램과는 다른 것이다. 본래적 의미의 '참여'를 말한다. 참여 프로그램은 참여를 통한 문화를 형성시킨다. 안전의 특정한 부분을 개선하기 위해 어떤 사람들은 위원회에서 봉사하고, 어떤 사람들은 뭔가 제안할 수 있는 구조를 문화 속에 형성한다. 어떤 경로가 되었든, 참여 프로그램이 시행되는 과정은 문화에 영향을 준다. 또한 그런 프로그램을 받아들이고 안 받아들이고 하는 자체가 근로자들과 리더들 사이의 관계에 영향을 준다. 근로자들에게 인기가 있어 잘 받아들여질 수 있는 프로그램을 채택하면, 근로자들과의 사이에 유대감과 신뢰가 공고해질 수 있다. 인기 없는 프로그램의 경우는 그 반대효과를 가져올 것이다.

"귀사는 자율주의를 바탕으로 한 참여적 프로그램을 시행하고 있는가?"

(8) 감독자

동료 간의 상호작용 다음으로 근로자들에게 영향을 끼치는 요소는 감독자다. 감독자의 영향력은 조직에 따라 매우 다르다. 감독자가 근로자들과 일상적 접촉을 하는 곳에서는 감독자가 문화에 강한 영향을 준다. 근로자들이 일하면서 따르게 되는 공통의 관습과 가치관이 무엇인지 정하는 것이 주로 감독자이기 때문이다. 근로자들은 감독자 문화의 한 부분이 되기도 하고, 감독자와 생각이 다른 경우에는 대응문화(counterculture)를 형성하기도 한다. 감독자에 대한 신뢰 수준이 낮거나 감독자가 지나치게 규율을 강조하는 조직에는 상당한 정도의 대응문화가 존재한다.

"귀사의 감독자들은 견실한 문화를 형성하려고 노력하는가, 아니면 명령과 통제를 주로 행사하는가?"

(9) 관리자 및 리더

경영진과 리더는 어떤 조직에서는 동일인이기도 하지만 그렇지 않은 경우도 많다. 경영자가 리더가 될 수도 있고, 리더가 경영을 할 수도 있으며, 또 이두 기능은 여러 가지 방법으로 나뉠 수 있다.

근로자가 부상을 당하는 사고가 발생했을 때, 그 일을 어떻게 처리하는지 조직 내부의 기류를 보면 경영진이나 리더의 생각을 읽을 수 있고, 그 조직이 안전에 어떤 실적을 나타내는지 알 수 있다.

안전 실적이 나쁜 조직을 보면 사고와 부상당한 근로자를 비난하는 것이 일상적 현상의 하나로 굳어 있다. 안전 실적이 좋은 조직은 이런 일로 근로자를 탓하지 않는다. 사고와 부상이 발생했을 때 종업원을 탓하지 않는 조직에서는 철저하고 객관적인 사고 조사를 실시한다. 부상과 사고 예방이 강조되며, 잠재적으로 위험한 요인이 무엇인지 발견하기 위해 필요한 모든 조치를 취한다. 실수는 학습의 기회로 인식하며 '아차 사고'도 보고된다. 조직 내의 상호 관계가 개방적이며 동등한 특징을 보인다. 종업원은 안전 문제에 대해 자유롭게 건의 사항을 제출할 수 있고, 경영진은 적극적으로 피드백을 한다.

4. 리더가 영향력을 행사하는 방법

리더의 영향력은 작업장의 일상적 현실과 멀리 떨어져 있는 경우가 많다. 리더는 근로자들과 주기적으로 직접적인 접촉을 하지 않아도 조직의 풍토 또는 분위기(climate)를 전반적으로 통제한다. 풍토 또는 분위기라는 것은 넓은 의미에서 문화가 자라나는 방식에 영향을 주고, 다른 모든 문화적 영향력이 작동하는 한계를 설정한다.

•••문화 vs. 분위기(풍토)

풍토 또는 분위기(climate)라는 용어가 있다. 안전문화에 관심을 갖고 있는 연구자들이 혼란을 겪고 있으므로 이에 대해 잠깐 언급한다. 가끔 문화라는 용어 대신 풍토 또는 분위기라는 용어를 사용하는데, 조직의 분위기(풍토)란 조직의 문화보다 표피적인 현상을 가리킨다. 문화와 분위기(풍토)의 차이는 건설현장과 사무실의 환경을 비교해보면 금방 이해할 수 있다. 행해지는 일의 종류와 대표적인 업무 내용의 차이가 바로 그것이다. 또 개인별 인간성이 분위기(풍토)를 형성하는 데 일정한 역할을 한다.

건설현장의 철골 근로자들이 공유하는 인간적 특성은 회계전문가들이 공유하는 것과 차이가 있다. 이 차이가 분위기를 만드는 것이다. 분위기(풍토)는 문화와 달리 조직의 기초적인 가치관을 반영하지는 않는다. 분위기(풍토)는 외면적이고 분명하게 드러나는 반면, 문화는 깊숙한 뿌리를 갖고 있기 때문이다. 개념적이고 논리적인 설명은 이렇게 할 수 있지만, 일반적으로 문화와 분위기(풍토), 두 용어는 혼용해도 별 문제가 없다.

많은 지도자들이 규칙 또는 명령으로 조직 문화의 모습을 설정하거나 변경할 수 있다고 생각하는 경향이 있다. 그런 방식은 일시적으로는 영향을 줄 수 있다. 하지만 규칙만이 문화에 영향을 미치는 유일한 요소가 아니며, 하나의 규칙이나 정책으로 다른 영향 요소를 배척하지 못한다. 리더나 경영진이 안전문화에 영향을 끼치는 가장 좋은 도구는 안전전략을 개발하는 것이다. 대부분의 조직이 안전 측면에서 희망사항이나 정해둔 목표가 있지만, 전략을 수립해둔 곳은 드물다.

안전전략의 수립과 전개야말로 경영진이 멀리서 안전 관련 의사 결정과 관습에 영향을 미칠 수 있는 방법이다.

당신이 책임지고 있는 조직은 안전전략을 가지고 있는가? 그 전략이 안전에 관한 사고방식과 작업장에서의 의사결정에 효과적인 영향을 미치고 있는가? 모든 사람들이 그 내용을 자세히 숙지하고 있는가?

5. CEO가 특별히 유의할 점

1) 우수한 안전문화 육성을 위한 과업

안전문화는 많은 모델이 상정하는 것보다 훨씬 더 유기적이다. 안전문화 형성은 하나의 식물을 재배하는 것과 유사하다. 백지 상태에서 시작하는 것이 아니다. 새롭게 설비를 신축하거나 전혀 새로운 사람들로 채우는 것이 아닌 이상, 이미 문화는 존재하는 것이다. 그것을 개선하는 것이 과제다. 다시 말하지만, 진정한 개선은 특징을 변형시키는 것이 아니라 역량을 개선하는 것이다.

문화의 역량 개선을 시도하기 전에, 문화가 어떤 모습이고 어디쯤 와 있는지 이해해야 한다. 어떤 안전문화든 비빌 언덕과 같은 일정한 강점이 이미 있으며 언제든, 약점과 결점을 시정하는 것보다는, 강점의 토대 위에서 시작하는 것이 용이하다.

긍정적인 '할 수 있다' 문화(can-do culture)를 원한다면, 현재 존재하는 문화의 강점을 토대로 시작하는 것이 우수한 안전문화로 향하는 가장 좋고 빠른 직통길이다. 그리고 그 행로의 출발점에서 발을 떼기 전에 착수해야 할 가장 중요한 과업이 안전전략을 수립하는 일이다.

2) 우수한 안전문화 형성을 위한 CEO의 유의점

(1) 신뢰(trust)

대부분의 조직에서는 경영진과 근로자들 사이에 일정한 불신이 존재한다. 근로자들은 경영진이 오직 이익 추구에 몰두하고 안전은 그저 정부 규제를 벗어나는 정도만 신경 쓴다고 느낀다. 근로자들의 이러한 부정적 시각을 경영진들은 불식시켜야 한다. 그렇지만 신뢰는 강요한다고 나타나는 것이 아니고, 노력해서 획득해야 한다. CEO는 안전을 중시한다는 것을 행동으로 보여야 한다. 안전문제를 노사협의회나 산업안전보건위원회의 일로 치부하고 이사회나 간부회의 의제에서 제외한다든지, 안전보건관리자를 비정규직으로 채용한다든지, 안전을 대행기관 위탁 일변도의 방식으로 관리하는 것은 신뢰와 거리가 먼 행동이다.

(2) 망각(oblivion)

물량 맞추기, 납기 준수 등을 이유로 안전을 잊어버리거나 무시하는 경우가 있다. 중소기업은 물론 대기업 CEO의 경우도 드물지 않다. 그러나 선진 안전문화를 자랑하는 기업의 경우 '안전'과 '생산'은 절대 따로 노는 법이 없다. 그 둘은 하나의 시스템으로 항상 함께 고려된다. 즉, '안전하게 생산한다(produce safely)'는 것이다. CEO가 안전에 집중하는 행태를 소홀히 하면 할수록 신뢰를 갉아먹게 된다.

재벌이든 중소기업이든, 기업에 대한 신뢰는 애고광고(patronage advertizement)로 형성되는 것이 아니다. 기업고객, 소비자고객에 대해 당신의 회사가 안전을 우선으로 한다는 인상을 주면 당신과 회사에 탄탄한 신뢰가 쌓일 수밖에 없다.

(3) 일관성(consistency)

문화는 쉽게 바뀌지 않는다. CEO가 안전을 우선순위에 둔다는 데 대한 종업원들의 신뢰는 일관성 있는 안전 노력에 의해 확보되는 것이다. 안전을 강조한다고 하는 방침에 가끔의 예외가 발생하는 상황을 기업 구성원들이 경험하게 되면, 우수한 안전문화가 형성되는 데 시간이 걸리고, 아예 변화를 기대할 수 없을 지경이 된다. 안전문화를 악화시키는 것은 잠깐이지만 안전문화를 향상시키는 데는 오랜 시간이 걸리는 법이다. 사람이란 본래 자기 하고 싶은 대로 하기가 쉬운 법이어서, 정해진 절차를 기억해 준수하는 것은 어려운 일이다. 그러므로 안전에 관한 원칙에서 일관성을 유지하는 것은 매우 중요하다.

(4) 참여(involvement)

종업원 참여를 가리킨다. 사회적 행태나 조직적 행태의 변화는 그 새로운 행태를 받아들일 것으로 기대되는 사람들이 그 과정에 포함되지 않으면 매우 어렵다. 일방적으로 강요된 변화는, 즉각적 반대는 아니라 해도, 구성원들의 회의적인 시각에 맞닥뜨린다. 종업원들은 처음에는 강요된 안전 프로그램을 준수할지 몰라도, 압력이 약해지거나 경영진의 집중도가 떨어지면 예전 관행으로 돌아간다. 반대로 만약 종업원들이 안전 프로그램 개발에 참여한다면, 그들은 의사결정에 시간과 정성을 투자했다고 느끼게 될 것이다. 종업원들이 안전 프로그램에 주인의식을 갖게 되는 것인데, 이것이 무엇보다 중요한 요소다. 주인의식을 갖는 종업원들은 이제는 경영진의 명령을 따라서가 아니라 사고 없이 안전하게 조업하는 데 필요하다고 믿는 작업 관행을 자연스럽게 만들어가게 된다.

(5) 지원(support)

CEO의 지원이 없으면 안전성과가 형편없다는 것이 일반론으로 받아들여지고 있다. 최고경영자의 지원이란 안전보건전문가가 제안하는 안전관리 프로그램에 대한 재정적 지원 및 가시적인 지원을 의미한다. 일회적이거나 간헐적인 것은 혼란과 부작용만 야기할 뿐이다. 확고한 지원은 지속적이어야 한다.

(6) 책임(responsibility)

CEO는 사업장 책임자에게 당해 사업장의 안전관리책무가 있음을 분명히 인식시켜야 한다. 사업장 책임자는 각 부서 감독자에게 부서 내 안전관리 책무가 있음을 인식시켜야 한다. 또한 결과에 대한 분명한 상벌이 없는 것은 책임 문제를 명확하게 하는 것이 아니다.

(7) 목표(goal)

CEO 수준에서 측정 가능한 목표를 설정하는 것은 결정적으로 중요하다. 측정되는 것은 목표를 향한 변화를 유발하는 요소가 된다. 어디를 향하는지 모르는데 언제 도착하는지 어떻게 알겠는가? 설정하는 목표는 각 지표별 목표치의 세트가 아니라 전반적인 목표여야 한다. 예컨대 재해율 몇 퍼센트 감소, 근로손실일수 얼마 미만 달성 같은 것들이다. 물론 재해 제로가 궁극의 목표가 되어야 하지만, 일정 기간 동안 달성할 목표를 설정해두어야 한다.

(8) 선도(initiative)

CEO가 안전문제에 직접 참여하는 모습을 보여야 한다. CEO는 각종 미팅에서 안전 문제를 토의해야 하며, 안전부서의 기능에 대한 자신의 지원과 몰입을 강조해야 한다. 말뿐 아니라 조직의 정책과 업무 절차에서 행동으로 보여주어야 한다.

맺음말
아름다운 우리나라

제도에 대한 역사적 고찰을 전제하는 사회과학의 진지한 연구는 현장의 실태 파악과 생생한 의견 청취, 다른 나라의 유사 사례 비교, 법령 해석과 판례의 수집 검토, 통계 패키지를 활용한 검증과 예측, 전문가 토론 등 오랜 기간의 노력과 고민 없이는 제대로 된 결과를 내놓기 어렵다. 그런 연구 끝에 기존의 제도나 정책 또는 사업의 문제점을 예리하게 발굴하여 제시하면 연구를 발주한 기관에서 완화된 표현으로 하라고 하거나 아예 삭제해줄 것을 요구한다. 요구에 응하지 않으면 용역수주에 불리해지고 정책간담회나 위원회에서 배제된다고 한다. 슬픈 일이다. 이런 요구가 반영된 보고서는 이미 연구물이 아니다. 나아가 이런 현상은 우리나라가 진정한 선진국으로 진입하는 데 큰 걸림돌이 된다고 본다. 이 책의 집필 동기에는 이런 경험도 내포되어 있다.

일찍이 김구 선생은 "우리가 가진 부(富)는 우리 생활을 풍족히 할 만하면 되고, 우리 힘은 남의 침략을 막을 만하면 족하다"라고 했고, 우리나라가 세계에서 가장 '아름다운 나라'가 될 것을 소망했다. 그러면서 그렇게 되는 요건으로 '외적의 침입을 받지 않는 나라, 다른 나라를 침입하지 않는 나라, 모든 사람이 물질적으로 골고루 편히 사는 나라, 정신적으로 소외된 사람이 없는 나라'를 이야기했다. 나 역시, 우리의 미래상으로 가장 바람직한 것이 '아름다운 나라'라고 생각한다. '아름다운 나라'의 기초는 '안전한 나라', 즉 '일하고 싶은 모든 사람들이 안심하고 일할 수 있는 나라'다.

나는 지금 우리의 실력으로 얼마든지 안전한 나라, 아름다운 나라를 만들 수 있다고 믿는다. 모방하지 말자. 경험을 바탕으로 삼아 연구하여 우리의 방식을 만들자. 빠르게 추적하는 나라(fast follower)에서 벗어나 창조적인 선두주자(first creator)가 되자. 우리의 재주와 정신, 과거의 경험과 단련을 바탕으로 노력하면 목표를 달성하기에 충분하다. 우리의 기업과 정부가 '안전 제1, 품질 제2, 물량 제3'이라는 정신으로 부지런히 노력하면 남들이 부러워 할 아름다운 안전한 나라를 만들 수 있다고 믿는다.

나의 애독서인 헨리 데이비드 소로(Henry David Thoreau)의 책 『월든(Walden)』에는 머클래스 인디언 부족이 축제 때 마을 한가운데에 큰 불을 피우고 모든 지저분한 물건들을 모아 사흘 밤낮을 태우는 '버스크'라는 의식을 치르는 이야기가 나온다. 지난 허물을 벗고 새롭게 출발하기 위해서라는데, 우리나라 근로자의 안전과 건강을 관리하는 방식도 지금이야말로 '버스크'를 치를 때라고 본다. 우리나라 산업안전보건의 역사가 지금 막 한 세대를 지나고 있기 때문이다.

나는 이 책을 서술하면서 일하는 사람의 안전과 건강 문제에 대처하는 이제까지의 접근법이 가속도적으로 유효성을 상실하고 있음을 이론적 논거와 함께 현장의 목소리와 나의 관찰을 보태어 예증하는 한편, 우리 사회의 체격과 체질, 그리고 환경 변화를 고찰하면서 새로운 접근법을 제시하고자 노력했다.

3년 전쯤, 공부한 것과 경험한 것을 전반적으로 정리하여 일하는 사람들의 안전과 보건 문제에 대해서 책을 써보기로 하고, 전문서인 동시에 교양서로서도 손색없는 작품을 내보자는 결심을 한 것이 이 책을 내게 된 마음의 시발점이다. 부디 이 책이 안전한, 아름다운 우리나라를 만들어가는 데 일조하기를 기원한다.

참고문헌

ILO, 협약 제155호, 제187호, 제81호.
KBS. 2015. 〈무재해 산업현장의 진실〉(2015.9.21).
고용노동부. 2010. 「보건관리자 자격제도 개선 및 선임업종 확대 필요성에 관한 연구」.
_____. 각 연도. 「사업체실태조사」. 산업재해분석.
_____. 건설업 안전보건관리비 계상 및 사용기준(고시).
≪국민일보≫, 2015.6.10.
국회예산정책처. 2012. 「산재보험 미신고로 인한 건강보험 재정손실 규모 추정 및 해결방안」.
권혁면. 2015. "사고예방과 안전문화"(ppt).
김윤배. 2015. "안전관리자 양성교육과 보수교육의 문제점"(미출간).
노동부·한국산업안전보건공단. 2010. 「석유화학공장 정비작업 근로자 보건관리 방안」(2010.1).
노동부. 2010. 「대우조선해양(주) 산업안전보건 특별감독 백서」(2010.4).
노민기. 2010. "산업안전정책의 새로운 접근"(ppt).
_____. 2015. "산업안전보건법에 대한 단상"(ppt).
대검찰청. 2015. 「범죄분석」.
대외경제연구원. 1992. 「표준 및 검사제도」.
마키노 노보루(牧野昇). 1991. 손세일 옮김. 『제조업은 영원하다』. 청계연구소출판국.
≪매일경제신문≫, 2015.6.22.
박세일. 1995. 『법경제학』. 박영사.
박희경·원용진. 2016. "언론이 '삼성 백혈병 사태를 대하는 방식': 침묵하거나 왜곡하거나."
    2016.5.21. 한국언론학회 정기학술대회.
백종배. 2009. "대우조선해양(주) 자율안전수준 평가와 안전 분위기 측정 비교".
≪소방방재신문≫, 2009.12.28.
소방방재청. 2012. 「종합상황보고자료」(2012.10.11).
스미스, 애덤(Adam Smith). 2007. 김수행 옮김. 『국부론』. 비봉출판사.
≪시사IN≫, 2015.9.8.
안홍기 외. 2015. '안전의 사회적 가치와 비용부담방향.' "국토정책BRIEF", 2015.5.20. 국토연구원.
이충호. 2015. 『안전 경영학 카페』. 이담북스.
임병인. 2015. "안전과 보건의 경제적 가치(I)"(미출간).
≪전기신문≫, 2016.8.4.
정혜선. 2016. 「감정노동의 개념」.
조달청. 입찰참가자격 사전세부심사기준.
핑글턴, 에몬(Eamonn Fingelton). 2000. 김학동 옮김. 『제조업은 영원한가』. 지식여행.

≪한국경제신문≫, 2015.6.11.

한국노동연구원. 2008. 「선진국 근로감독 운영실태조사」.

_____. 2009. 「국제노동브리프」(7).

한국법제연구원. 2010. 「기준인증제도 선진화를 위한 법제정비방안 연구」.

한국산업안전보건공단. 2004. 「건설업 재해율 조사의 산업재해예방 기여도 연구」(2004.11).

_____. 2007. 「국가안전관리 전략수립을 위한 직업안전 연구」.

_____. 2007~2008. 「반도체 사업장 역학조사」(2007년 하반기~2008년 말).

_____. 2010a. "간부워크숍 자료"(2010.12.2).

_____. 2010b. 「산업안전보건 행정조직 및 집행체제의 선진화 방안」.

_____. 2010c. 「지역별 산업재해 발생에 영향을 미치는 요인에 관한 연구」.

_____. 2012. 「감정노동에 따른 직무스트레스 예방지침」. KOSHA GUIDE H-34-2011.

_____. 2013a. 「대기업과 하도급 기업 간의 안전보건 공생협력 평가지표 개발 등에 관한 연구」.

_____. 2013b. 「안전보건 연구동향」(봄호).

_____. 2014a. 「산업안전보건시장·산업실태조사 및 활성화 방안」.

_____. 2014b. 「산업안전보건 지도감독체계 전환에 따른 효과 분석에 관한 연구」.

_____. 2014c. 「안전보건관리자 고용형태 등에 따른 산업재해 발생비교」.

_____. 2015a. 「위험성평가 내실화 방안 연구」.

_____. 2015b. 「제조업 등 유해위험방지계획서 제도의 현장 적용성 강화방안에 관한 연구」.

_____. 각 연도. 「근로환경조사서 조사지」.

ACGIH, et al. 2012. "Core competencies for the practice of industrial/occupational hygiene."

Bernstein, P. L. 1998. *Against the Gods: The Remarkable Story of Risk*.

Business & Legal Reports Inc. 2006. The ROI of EHS.

Commoner, Barry. 1987. "Comparing apples to oranges: Risk of cost/benefit analysis." A. P. Iannone, ed. Contemporary Moral Controversies in Technology.

Ehrenberg, R. G, and R. S. Smith. 2003. *Modern Labor Economics*, 8th Ed., Addison Wesley.

Friend, M. A. & Kohn, J. P. 2014. *Fundamentals of Occupational Safety and Health*, 6th ed. Berman Press.

Frost, P. J., et al. 1991. *Reframing Organizational Culture*. Sage.

Demby, Glenn. 2006. "Justifying an Investment in Ergonomics." *ASSE*.

Heinrich, H. W. 1941. *Industrial Accident Prevention: A Scientific Approach*. McGraw-Hill Books Co.

Hochschild, A. R. 2012. *The Managed Heart: Commercialization of Human Feeling*. UC Press.

Hubbard, D. W. 2009. *The Failure of Risk Management: Why It's Broken and How to Fix It*.

IAEA. 1991. "Safety Culture." Safety Series No. 75-INSAG-4.

Leblanc, R., and J. Gillies. 2005. *Inside the Boardroom: How Boards Really Work and the Coming Revolution in Corporate Governance*.

Mathis, T., and S. Galloway. 2013. Steps to Safety Culture Excellence. Wiley.

Manchester Metropolitan Univ. *Health & Safety Officer Competencies*.

National Safety Council. 2005. "The ROI of Safety and the Business Leaders Who Get It!" ASSE 에 인용된 Liberty Mutual Research Institute for Safety의 조사 결과.

Office of the Federal Safety Commissioner. "A Practical Guide to Safety Leadership"(Implementing A Construction Safety Competency Framework). Australian Government.

Peters, T. J., and R. H. Waterman. 1982. *In Search of Excellence: Lessons from America's Best-Run Companies*.

Peterson, D. 1993. *The Challenge of Change, Creating a New Safety Culture, Implementation Guide*. Core Media, Development, Inc.

Rausand, M. 2011. *Risk Assessment: Theory, Methods, and Applications*. Wiley.

Reinecke, J. A. 1986. *Introduction to business: A contemporary view*. Allyn and Bacon.

Roughton, J. E., and I. Mercurio. 2002. *Developing Effective Safety Culture: A Leadership Approach*. BH.

Swartz, G. ed. 2000. *Safety Culture and Effective Safety Management*. NSC Press.

The Business Roundtable. 1982. Improving Construction Performance Report A-3(Jan.). N.Y.

Univ. of Wollongong. 2013. WHS Training Guidelines(April).

찾아보기

지은이 / 김윤배

한국외국어대학교 대학원에서 경제학 박사학위를 취득했다. 제25회 행정고시에 합격한 후, 고용노동부 산업안전정책과장, 대전지방노동청장, 산업안전보건국장 등을 역임했고 지금은 한국교통대학교에서 안전경제정책이론, 계량안전관리론, 산업안전정책론, 안전비용편익분석 등을 가르치고 있다. 안전문제 학습모임인 미래안전문화포럼의 대표이다.

저서로 『핵심 노동관계법규 해설』(2000), 『산재감소정책방향: 인문사회과학적 시각』(2012), 역서로 『신노동조합』(1995), 『일본의 임금지불확보법 해설』(1998), 논문으로 「대처 수상 집권기 영국의 경제개혁: 민영화와 노동개혁을 중심으로」(1999)가 있다.

한울아카 1952

한국 산업안전 불평등 보고서
新산업안전관리론

ⓒ 2017, 김윤배

지은이 ┃ 김윤배
펴낸이 ┃ 김종수
펴낸곳 ┃ 한울엠플러스(주)
편 집 ┃ 배유진

초판 1쇄 인쇄 ┃ 2017년 1월 23일
초판 1쇄 발행 ┃ 2017년 2월 6일

주소 ┃ 10881 경기도 파주시 광인사길 153 한울시소빌딩 3층
전화 ┃ 031-955-0655
팩스 ┃ 031-955-0656
홈페이지 ┃ www.hanulmplus.kr
등록번호 ┃ 제406-2015-000143호

Printed in Korea
ISBN 978-89-460-5952-8 93320 (양장)
ISBN 978-89-460-6281-8 93320 (학생판)

* 책값은 겉표지에 표시되어 있습니다.
* 이 도서는 강의를 위한 학생판 교재를 따로 준비했습니다.
  강의 교재로 사용하실 때는 본사로 연락해주십시오.